乡村管理走向乡村治理

邹艳丽 著

中国建筑工业出版社

图书在版编目（CIP）数据

乡村管理走向乡村治理 / 郐艳丽著. — 北京：中国建筑工业出版社，2017.5

ISBN 978-7-112-20721-3

Ⅰ.①乡… Ⅱ.①郐… Ⅲ.①农村—群众自治—研究—中国 Ⅳ.①D638

中国版本图书馆CIP数据核字（2017）第090177号

责任编辑：焦　扬
责任校对：王宇枢　姜小莲

乡村管理走向乡村治理
郐艳丽　著

*

中国建筑工业出版社出版、发行（北京海淀三里河路9号）
各地新华书店、建筑书店经销
北京京点图文设计有限公司制版
北京建筑工业印刷厂印刷

*

开本：880×1230毫米　1/32　印张：8¼　字数：242千字
2017年5月第一版　2020年3月第二次印刷
定价：**40.00元**
ISBN 978-7-112-20721-3
　　（30365）

版权所有　翻印必究
如有印装质量问题，可寄本社退换
（邮政编码 100037）

前　言

乡村建设的研究源于 2007 年开始主持的"十一五"科技支撑计划重大项目"农村住宅规划设计与建设标准研究"课题一"农村规划技术研究"（2008BAJ08B01），该课题于 2012 年 3 月正式结题，研究成果更多基于乡村规划技术的角度，但帮助笔者掌握了相对完整的乡村规划技术支撑体系。期间，于 2011 年为研究生开设了"乡村规划理论与方法"课程，教学相长的过程中也在不断梳理乡村治理的理论基础和制度传统。2014 年跟随叶裕民教授参加了中国工程院重大项目"村镇建设管理制度"的研究，承担了子课题"以人为本的乡村规划建设管理制度创新"的主要研究工作，有机会在全国范围内进行更广泛的调查，也从全国层面思考了乡村治理的本质特征与基本内涵，并确定了乡村管理走向乡村治理的基本逻辑框架。

具体实践也促使笔者对乡村治理的思考趋于深刻，支撑性成果主要有三项：一是从 2007 年 12 月开始以总规划师的角色持续跟踪笔者主持编制的《上海庙镇总体规划》实施过程；二是从 2010 年玉树援建开始跟踪笔者主持编制的《称多县灾后重建总体规划》实施过程，关注拉司通村重建始末，并于 2012 年 3 月帮助地方政府编制完成了《称多县拉司通村历史文化名村保护规划》；三是 2012 年 5 月应东阿阿胶股份有限公司之邀编制《赤峰市后兴隆地村整治规划》，以此为基础参与乡村治理实践，探索企业可接受、社会能满意、政府可支持、大学能介入的乡村治理模式。

近十年时间的课题研究、教学活动和具体实践使我意识到，中国乡村建设是只有开始，没有结束的伟大历程。全国各地差异较大、治理能力不同，治理模式一定是多样的。从治理主体的角度进行的模式划分属于一家之言，实证选择的案例基于笔者的判断，可能并不全面，虽然解决了一部分乡村发展出现的问题或者实现了不同参与主体的目的和价值，但仍然存在各种各样的问题，真正评判还需要时间的检验。

本书写作过程中，逻辑框架得到了中国人民大学叶裕民教授和杨健教授的指正，案例研究得到了"绿十字"孙君先生、清华大学罗德胤副教授、中国建筑设计院郭海鞍主任的帮助，而中国人民大学郑皓昀、马慧佳、龚敏、戚斌、刘小兵、吴晓东等研究生帮助收集、整理资料，朱春武协助校对，中国建筑工业出版社焦扬给予了一如既往的支持，在此一并致谢。

邹艳丽
2017年1月于北京

目 录

上篇 乡村管理走向乡村治理的理论研究

第一章 中国城乡关系变迁与发展障碍 ················· 2
    一、城乡关系变迁的阶段特征 ················· 2
    二、城乡分割状态下的发展障碍 ················· 9

第二章 中国古代乡村治理制度演进与治理特征 ················· 14
    一、古代乡村行政制度演进 ················· 14
    二、古代乡村建设制度体系 ················· 21
    三、古代乡村治理基本特征 ················· 29

第三章 中国当代乡村管理制度特征与制度差异 ················· 38
    一、当代乡村管理制度的特征与比较 ················· 38
    二、当代乡村规划理论与规划管理 ················· 50
    三、当代保护村落管理制度与困境 ················· 75

第四章 国际乡村规划管理的经验与借鉴 ················· 88
    一、乡村管理法律与制度体系 ················· 88
    二、乡村规划编制与实施制度 ················· 101

第五章 中国现代乡村治理趋势与制度创新 ················· 111
    一、乡村发展趋势判断 ················· 111
    二、乡村建设理论特征 ················· 116
    三、乡村治理制度创新 ················· 123

下篇 乡村管理走向乡村治理的实证分析

第六章 乡村治理模式分类 ················· 138

	一、村庄类型划分	138
	二、治理模式	142
第七章 行政主导型治理案例		150
	一、政府主导治理模式——鄂托克前旗上海庙镇	150
	二、央企（国企）主导治理模式——华润西柏坡希望小镇	163
第八章 集体主导型治理案例		171
	一、集体主导治理模式——东莞西湖村	171
	二、社区企业治理模式——广州猎德村	181
第九章 社会主导型治理案例		186
	一、建筑师触媒治理模式——昆山祝甸村	186
	二、学者植入治理模式——信阳郝堂村	193
	三、宗教机构主导治理模式——玉树拉司通村	199
第十章 市场主导型治理案例		213
	一、运营企业主导治理模式——晋中张壁古堡村	213
	二、综合企业主导治理模式——黟县宏村	218
第十一章 合作治理型案例		224
	一、协同治理模式——巴林左旗后兴隆地村	224
	二、公私合作治理模式——成都蒲江县炉坪村	239
第十二章 案例模式总结		249
	一、主体特征总结	249
	二、模式特征总结	251
后　记		254

上 篇
乡村管理走向乡村治理的理论研究

第一章
中国城乡关系变迁与发展障碍

乡村治理制度是在城乡关系的大制度背景下形成的，研究城乡关系是研究乡村治理制度的基础。

一、城乡关系变迁的阶段特征

中国城乡关系的历史演进历经了新中国成立前重农轻商的城乡融合、改革开放前城乡完全分割、改革开放后城乡半分割和21世纪统筹城乡发展四大阶段。尤其是新中国成立后发展的自有逻辑规制之一在于其现代化走向和农业传统纠葛的历史进程[1]，奉行农村包围城市、农业支援城市和农民服务市民的策略，相应决定了城乡关系的系统性结构。

1. 新中国成立前重农轻商的城乡融合阶段（1949年前）

农业发展是中华民族的稳定之本，为了维护高度统一的政治军事统治，历朝历代都十分重视农业资源开发和发展，不断完善农业政策和耕作制度，不同程度地施行重农抑商政策，奉行以农为本、工商为末、重农轻商、尚本除末的经济策略，是乡村成为国家财富高地的制度基础，使城乡资本自由流动。宋以后，重农抑商的发展政策逐渐松动，商业和手工业发展达到了相当高的水平，促进了城乡联系，乡村财富同步增加。清末抑商政策有所放大，限制了对外贸易和国际交往，闭关锁国，严重抑制了手工业和近代工业技术的进步，乡村发展受到了影响。近代中国经历了殖民地、半殖民地和侵略战争，城乡同时受到损害，乡村出现没落趋势。中国古代城乡的人口流动通过科举等人才选拔制度和告老还乡等人才回流制度形成闭合的循环系统，各地乡村都有一批乡绅以及衣锦

---

[1] 徐勇.从"农村包围城市"到"城市带动农村"——以新城市建设引领新农村建设 [J].东南学术，2007（2）：39.

还乡的商人、官员,他们建设基础设施、发展乡村教育、修缮文庙和宗祠、维护传统建筑文化、建立乡村社会秩序,成为促进中国古代乡村经济平稳发展、乡土社会稳定有序和乡土文明承继弘扬的主要力量,乡村成为人才的福地和建设的高地。城乡之间因资本和人才自由流动,使得城乡处于均衡发展状态,城乡关系极为融合。

2. 改革开放前的城乡完全分割阶段(1949~1977年)

新中国成立后,经过3年的恢复与调整,到1952年,中国GDP为679亿元,人均GDP为119元,相当于GDP为276亿美元,人均GDP为48.4美元,非农产业就业占全部就业的16.5%,是当时世界上最落后的农业国家之一。根据当时的国际环境和独立自主的发展需要,优先发展重工业就成为了新中国成立以来直至1978年改革开放前30年间国民经济发展贯穿始终的基本方针,也是中国形成城乡封闭治理、牺牲农村发展城市的逻辑起点。

为配合优先发展重工业基本方针的实施,在城乡人口与社会发展空间关系上采取完全封闭的运行机制,即城乡分治制度:一是经济分治。城市主要实行国家所有制,绝大部分企业归国家所有,中央政府和地方政府通过计划安排所有的经济活动,将工业化发展的新增就业机会分配给新增城市劳动力。乡村实行集体所有制,主要农业产品在集体经济组织内部自给自足,非农业产品通过票制限量供应(主要是布票和糖票),新增劳动力在集体经济内部"自然就业"。二是基础设施与公共服务分治。建立了城乡相对封闭的公共服务和基础设施建设供给机制,通过票制经济(粮票、布票、糖票、肉票和鸡蛋票等)保障城市居民的基本消费需求,通过政府财政免费或象征性收费安排基本公共服务(基础教育、医疗、住房、公共交通等)。农村集体经济是乡村公共服务和基础设施建设的主体,每个乡村集体组织需要承担各自管辖范围内的基础教育、医疗卫生、农田水利、道路等公共基础设施建设。由于农村盈利空间极小,资金匮乏,乡村公共服务与基础设施水平与城市相差巨大。1980年中国农村人口占全国的82.9%,农村创造的第一产业增加值占GDP的30.0%,然而当年全国农村集体固定资产投资仅占全社会固定资产投资的5.05%。

绝大部分农村地区不通公路、不通电、没有自来水、缺医少药，乡村基本生存环境与城市有天壤之别。三是人口分治。重工业发展资金密集型特征还决定了其兼具劳动节约型特性，即虽然中国在20世纪50~70年代快速建立了全国性的重工业体系，但是劳动力需求较少，就业扩张缓慢，以至于城市自然增长的人口就足以满足城市经济发展的就业需求。[1]为了减少城市就业压力和降低进入城市的人口给城市公共服务带来负担，1958年中国开始实施严格的户籍管理制度，城乡人口封闭式管理，筑起了阻止农村人口进入城市的壁垒。

改革开放以前，中国政府通过以上三大领域的系统控制，成功地依靠城市居民推进了一场史无前例的"无城市化的工业化过程"。

1952~1978年中国GDP年平均增长6.14%[2]，是世界上经济增长最快的国家之一。同期中国非农产业增加值比重由49.5%增加到71.9%，已经完成由农业社会向工业化社会的过渡，成功地控制了城乡发展格局。由于实行城乡封闭的管理体制，中国的城镇人口比重仅由12.5%提高到17.9%，仍然处于传统的乡土社会。也由于高度集中的计划经济体制违背了市场经济的基本规律，重工业超前发展的工业化道路违背了经济发展和产业演进的基本规律，导致国家技术进步缓慢，经济效率低下，与世界其他国家的差距不断扩大，全国居民长期处于低收入、半贫困和贫困状态。

3. 改革开放后的城乡半分割阶段（1978~2004年）

这一时期城市体制改革进程的推进又细分为两个阶段。

（1）以农村发展为重点，城乡差距逐步缩小（1978~1983年）

1978年，农村经济体制改革作为党和人民群众的共同选择，以破除"一大二公"的经济制度、建立家庭联产承包责任制为核心内容，在

---

[1] 实际上，到20世纪60年代后期，重工业体系就业需求扩张慢于城市人口自然增长所增加的就业供给，导致城市失业严重。在巨大的就业压力下，中央号召"知识青年到农村去，接受贫下中农再教育"，史称为"上山下乡"，1962~1978年全国有1792万城市劳动力到农村就业，分享农村自然就业的空间。

[2] 中国城市化水平在1957年已经达到15.4%，1958~1960年由于三年"大跃进"，城市化水平更是提高到了19.7%，经过1961~1963年的调整，1964年恢复到18.4%，因此，1964~1978年中国城市化水平下降了0.5个百分点。

全国势如破竹，极大地解放和激发了农村生产力，中国农业生产突飞猛进[1]，1984年100%的村集体实现了"包产到户"，家庭成为完整的生产单位。短短6年时间，基本解决了农产品严重供不应求的问题和城乡人民群众的基本温饱问题。1978~1983年，粮食、棉花、油料等各类农副产品成倍增长，农村居民收入出现历史上从未有过的快速增长，由1978年的133.6元增长到1983年的309元，在5年间增长了1.2倍，同期城市居民收入仅增长41.5%，城乡收入比由1978年的2.57下降到1983年的1.82，1983年也成为新中国成立60多年来城乡收入差距最小的年份。

（2）以增长为导向，城乡差距快速扩大（1984~2004年）

1984年中国共产党十二届三中全会通过了《中共中央关于经济体制改革的决定》，标志着改革开始由乡村走向城市，城乡经济领域的改革全面展开。城市的市场经济体制改革极大地激发了全国生产力的发展，使中国城市成为世界上产业资本扩张最快的舞台，工业化得到快速推进，国家财富迅速积累，GDP由1984年的7208亿元增加到2002年的120333亿元，相当于14538亿美元（2002年平均汇价），人均GDP9398元，相当于1135美元，标志着中国由低收入国家进入下中等收入国家行列。

工业化促进城市经济的快速发展，引致非农产业就业急速扩张，大量的乡村人口进入城市，启动了人类历史上规模最大的城市化进程。在1978~1998年的GDP增长中，劳动力数量扩大的贡献率为24%，劳动力从农业向非农产业转移的贡献率为21%。[2] 1984~2002年的18年，中国城市人口由24017万增加到50212万，每年增加1455万。城市化水平由23.0%提高到39.1%，每年提高0.89个百分点。农村和农民继续为中国的二次工业化和城市化做出贡献：一是土地贡献。城市的发展和扩张以低价甚至无偿征用农民土地为代价，在土地财政的支持下，催生了人类历史上最壮观的乡村人口向城市的迁移。二是劳动贡献。2亿以

---

[1] 叶裕民，李晓鹏.统筹城乡发展是对完善社会主义市场经济体制的有效探索[J].城市发展研究，2012（3）：42-47.
[2] 蔡昉，王德文.中国经济增长可持续性与劳动贡献[J].经济研究，1999（10）：62-68.

上的农民工为创造中国奇迹做出了贡献，也是中国成为外汇储备大国的基础。这一进程是基于以下四大连锁性制度导向完成的，共同决定了中国在现代化、工业化不断推进的同时，城乡差距持续性扩大：

第一，国家发展以经济增长为导向，忽略人的发展需要。中国的改革开放起步于全国性贫困，无论是政府、企业家还是居民个体都将增加收入、摆脱贫困放在首位，以经济建设为中心推进现代化是中国政府长期的指导方针。全国逐步建立统一的劳动力市场，农村劳动力可以无障碍进入城市就业。进入城市的农村产业工人被称为"农民工"，处于城市的边缘者阶层。政府以增加 GDP 和财政收入为直接目标，使得乡村居民包括进入城市就业的农民的基本生活需要被忽略，农民工长期不能享受城市提供给本地居民的各种权利，包括中小学教育、公共医疗、社会保障、公共住房等。企业在缺乏政府宏观政策和法律强制规范的前提下，尽量降低劳动力价格，员工自身发展的需要被忽略。农民工个体也因为进入城市就业可以获得比在农村更多的收入，而被迫忍受较低的工资、缺乏公共服务和基本公共设施的人居环境乃至长期与亲人分离的痛苦。中国城乡二元结构延伸到城市内部二元结构，演化成"双重二元结构"。

第二，国家发展以经济增长为导向，忽略环境发展需要。改革开放后，国内外资本将中国的廉价劳动力资源、廉价土地资源乃至环境资源运用到极致，与国际中低端市场对接，将中国价廉物美的产品送到世界各个角落的数十亿消费者手中，造就了中国制造的神话。神话背后是大量的大气、河流、土壤等被污染，而这些污染大部分被乡村承担，乡村治理的经济、社会和环境成本难以估量。

第三，国家发展以经济增长为导向，忽略社会发展需要。改革开放后，全国没有及时建立公平规范的公共服务供给制度和中央对地方的财政转移支付制度，导致各区域和城市政府提供公共服务的财政能力差异扩大，直接造成了经济欠发达地区对乡村的公共服务供给以及发达地区对低收入和边缘群体（农民工）的公共服务供给两个维度的严重不足。

第四，国家发展以城市发展为导向，忽略乡村发展需要。改革开放后，城乡分治的管理制度没有得到根本改革，城市作为国家实现工业化和经济增长的空间依托,社会财富快速增加,公共服务水平显著提升,建设面貌日新月异,而乡村地区则保持了相对封闭的管理模式,各项基础设施和公共服务供给仍然以集体为主,乡村发展仍然处于半自然状态。乡村的人力资本向城市流动,而城市的财富和人才回流机制尚未建立,城乡处于半分割状态,乡村空巢儿童、空巢老人问题日益突出,农业劳动力质量严重下降,产业效率提高缓慢,城乡居民的收入比由1983年的1.82逐年扩大到2002年的3.11,城乡差距持续扩大,最终导致了国民经济发展的不平衡、不协调和不可持续。

4. 21世纪统筹城乡发展阶段(2005年迄今)

(1) 21世纪乡村发展五大事件

中国正处于乡土社会向城市社会转化的关键时期。进入21世纪以来,互为条件的五大事件促使中国乡村快速发展,乡村建设在全国快速推进。

一是2003年十六届三中全会提出五大统筹战略。统筹城乡发展成为中国长期以来指导城乡发展的重大战略,是联动解决城市化过程中城市和乡村发展中的问题,促进城市和农村共同现代化的系统方法的集合。尤其是2007年设立成渝统筹城乡发展综合改革实验区以后,2008年统筹城乡发展战略在全国广泛推进,各省陆续成立省级统筹城乡发展综合改革实验区,数百个城市建立了市级统筹城乡发展实验区。新农村建设作为推进统筹城乡发展规划的重要举措,在全国范围内得到运动式推进。

二是2005年城乡建设用地增减挂钩制度的实施。以2005年国土资源部发布的《关于规范城镇建设用地增加与农村建设用地减少相挂钩试点工作的意见》(国土资发[2005]207号)为依据,各地方政府将城乡建设用地增减挂钩作为在保护耕地、建设用地指标不足的硬约束下,拓展城市建设用地来源的主要手段,村庄规划则是城乡建设用地增减挂钩政策得以实施的前提条件,通过规划,各地快速将农村建设用地转为城镇建设用地。结合2008年各地开始推行的统筹城乡发展战略,许多地方政府将二者合二为一,乡村规划得到各级政府的空前重视。

三是2006年《农业税条例》废止。"十五"初期,中国开始了以减轻农民负担为中心,以取消"三提五统"等税外收费、改革农业税收为主要内容的农村税费改革。农业税取消试点于2000年从安徽开始,逐步扩大试点省份,到2003年全国全面铺开。2005年12月十届全国人大常委会第十九次会议决定,自2006年1月1日起废止《农业税条例》,取消除烟叶以外的农业特产税,全部免征牧业税。全面取消农业税使得我国在减轻农民负担,实行工业反哺农业、城市支持农村方面取得了实质性进展。

四是2007年《城乡规划法》颁布实施。乡村建设空间管理由无法可依转向依法行政,规划及规划管理由城市向乡村延伸,村庄规划首次明确成为法定规划,促使乡村规划理论研究兴起、标准制定日渐规范、配套政策逐步完善、试点示范方法纷呈。同时,统筹城乡发展战略以及城乡建设用地增减挂钩政策的同步实施,为落实《城乡规划法》中提出的编制、实施村庄规划提供了历史性的契合点,乡村规划在全国得到极大的普及和实施。

五是2012年城乡基本公共服务均等化制度实施。国务院颁布《国家基本公共服务体系"十二五"规划》(国发[2012]29号),提出加快城乡基本公共服务制度一体化建设,加大公共资源向农村、贫困地区和社会弱势群体倾斜的力度,实现基本公共服务制度覆盖全民,标志着乡村基本公共服务的国家投入原则的基本确立,公共服务成为乡村规划的重要内容,随着乡村规划的实施在全国范围内有序推进。

(2)21世纪城乡关系三大改善

2005~2016年连续12年,中共中央每年发布的"一号文件"全部聚焦农村和农业发展问题,足见党和政府对农村发展的高度重视。就全国而言,2005年以来三大领域的改善使得城乡关系基本协调:

一是乡村财政投入均衡增长。从整体来看,随着中国经济总量的快速增长,在乡村和农业投入占全国的比例均衡的条件下,乡村的财政投入总量也相应提高,但提高速度慢于城市,总体上仍然处于"帕累托改进"阶段。国家财政支出中农林水事务[1](相当于农业及农业基础设施)由2004年的1694亿元增加到2015年的17380.49亿元,增长了近10倍。

---

[1] 包括农业、林业、水利、南水北调、扶贫、农业综合开发和其他农林水事务等七项支出.

2015年第一产业固定资产投资15561亿元。

二是乡村基础设施建设和公共服务大幅度改善。基础设施领域，乡村公路、电力、电视建设"村村通"工程在全国普遍开展。公共服务设施领域，全面普及免费基础教育，农村医疗保险基本实现全覆盖，逐步开始施行农村养老保险制度，中央政府对全国农村的职业教育补助经费逐年提高。到2012年，全国基本实现城乡基本公共服务均等化目标，乡村公共服务水平显著提升。

三是城乡制度屏障逐渐消除。城乡实施农业用地流转、放开户籍和农民工城市保障制度，消除土地、户籍和社会保障的城乡壁垒，极大地促进了城乡二元结构的调整和优化。农业用地流转是在耕地不减少、建设用地不增加的前提下，通过空间位移，将乡村建设用地转移到城市进行高效率利用，在全国范围内普遍开展。成都市以及全国大部分中小城市都已经完全放开户籍制度[1]，破除了本地居民迁移到城市的制度障碍。所有城市都制定了"农民工"子女在"农民工"就业所在地免费上中小学的相关规定，大部分城市颁布实施"农民工"社会保障制度，部分城市允许符合一定条件的"农民工"和其他流动人口申请公共租赁住房。

通过以上三大领域的改革与发展，2005年以来，中国的城乡矛盾普遍得到大幅度缓解，农村居民公共服务和居民生活质量得到较大幅度提高，农村居民年人均收入由2004年的3647元增加到2013年的10488.9元，城乡居民收入差距四年间持续缩小。中国城乡发展转型进入一个全新的时代，国家目标由改革优化二元结构调整到以城乡一体化规划为统领，全面建立城乡发展一体化的体制机制，促进城乡一体化发展。

二、城乡分割状态下的发展障碍

1. 乡村正常运行系统调控制度缺失

中国城市化过程中的大量复杂问题的解决是点点滴滴的，虽然在

---

[1] 北京、上海、广州、深圳等具有巨大规模流动人口的特大城市仍然坚持对外来流动人口的壁垒。

不同地区、不同领域进行了大量的创新和探索并取得了一系列有效的经验，但整个中国尚未形成一整套城乡良性互动的发展体制和机制，乡村发展仍然存在着严重的结构性不平衡和区域性不均衡。经济运行领域，控制农业土地使用权的联产承包责任制和基于耕地保护的基本农田保护制度成为乡村经济的基础产权制度，而约束农业生产过程的财税制度则随着唯一的《农业税条例》的寿终正寝而缺失。社会领域，社会福利运作主要依靠"一户一宅"的普惠性住房福利化制度和基本公共服务均等化制度，目前"一户一宅"制度的可持续性受到质疑，基本公共服务均等化有很长的路要走。文化领域，忽视乡村文化和主流价值观的传播，使得改革开放前的大众忠诚随着经济发展而消失。依靠政治行政系统的管制运行在乡土社会中越来越缺少具体而有效的手段，乡村经济、社会和文化系统逐渐脱离可管控和可引导的范围（图1-1）。

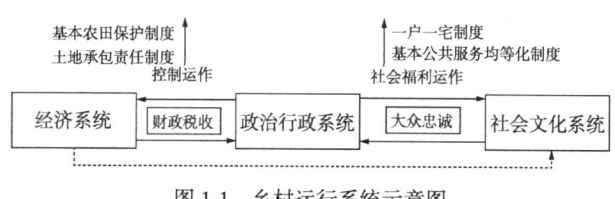

图1-1　乡村运行系统示意图

2. 城乡发展受制于两栖化时空特征

中国城市化过程中实施城乡二元管理制度，使得过去30年的城市化过程呈现出两栖化的时空特征：年轻时期留在城市，将创造、健康、活力和财富奉献给城市，但由于缺乏在城市中上升发展的机会和通道，不得不回到农村，带着衰老、疾病、无助和贫穷终极于乡村。两栖人口的不稳定和消极是城市化水平虚高、城市和乡村问题产生的共同根源，大幅度淡化、弱化了其他城乡发展和制度创新的政策效应。

（1）两栖化使城市化水平被误读

长期在城市谋生而又被拒绝在城市之外的流动人口虽作为数字被计

入城市化水平,但他们不得不徘徊于城市与乡村之间,形成了"两栖人口",使得统计显示的城市化水平高于真实的城市化水平,产生城市化水平虚高的误读,即城乡经济社会真实的发展水平和发展能力达不到统计上表现出来的正常城市化进程应有的水平和能力。2010 年中国第六次人口普查显示:中国城市化水平为 49.7%,接近进入城市社会,但是,我国真实的购买力水平、城市社会认同、城乡秩序等经济社会指标远远没有达到健康城市化 50% 所要求的水平,从而不能直接作为城市化及相关领域发展战略与政策制定的依据。城市化水平虚高已经得到学者的共识[1],但是具体虚高多少,有不同的估算方法,比较一致的意见是认同中国城市化水平虚高 10 个百分点。城市化水平虚高隐含着实际居住在乡村或未来返回乡村人口的巨量增长。

(2)两栖化是乡村问题产生的根源

中国乡村问题可以归纳为农业低效、农民低收入、农村不稳定和公共服务缺乏四大问题[2],其中除了公共服务缺乏是源于中国长期没有建立相应的财政转移支付制度以外,其他三个问题都直接与两栖人口不稳定密切相关。迄今为止的所有农业农村发展理论,不论是经典的罗斯托二元结构理论、托达罗投资农业理论、舒尔茨改造传统农业理论以及拉尼斯—费景汉模型,还是日本、德国、中国台湾等国家和地区的新农村建设理论,无一不是以减少农村人口为前提,然后投资农村农业。中国要在工业化、城市化的现代化深入发展过程中同步推进农村现代化,必须以正视和解决两栖人口为基础。

(3)两栖化制约城市的健康发展

"两栖人口"作为新增城市产业工人的主体和新增城市人口的主体,其空间不稳定性、消费悖常性和心态消极对抗性制约了城市的健康发展,主要体现在以下几个方面:

一是人力资本积累缓慢。人力资本是决定一个国家自主创新能力最

---

[1] 中国发展研究基金会在《中国发展报告 2010:促进人的发展的中国新型城市化战略》(人民出版社,2010)中提出。
[2] 叶裕民,钟治锋,米玛顿珠.中国流动人口制度障碍的宏观负面效应解析[J].现代城市研究,2013(3):21-25.

为关键的要素，在中国传统城市化格局下，中国人力资本的智力投资和健康投资都严重不足。由于极强的流动性和未来预期的缺乏，对于两栖人口，个人、企业以及政府都缺乏对职业培训投入和教育投资的动力。同时，两栖人口工作时间长，劳动强度大，居住环境差，缺乏体育锻炼条件，亚健康状况极其普遍。人力资本得不到有效积累，就业队伍整体素质长期难以提高，严重限制了制造业的技术进步和升级，导致制造业低效率。

二是城乡社会消费悖常。在城市长期不稳定和缺乏预期的背景下，两栖人口社会消费呈现低端异地消费模式，即将在城市的花费减到最低，尽可能多地将收入寄到农村老家建房，导致城市聚集了大量的"城镇人口"，但却没有聚集相应的"城镇购买力"，这是造成中国内需扩张乏力以及农村耕地快速减少的共同原因。两栖人口将支出投入到农村建房，拉动的产业主要是高耗能、乘数效应极小的钢材、水泥、地方性砖瓦砂石产业以及大量的木材砍伐，其市场需求不能形成对工业化的有效拉动，与新型工业化发展的先进制造业和现代服务业基本没有关系，后两者还给生态环境带来巨大压力。

三是社会治安问题突出。两栖人口长期被拒绝在城市之外，不能平等地享受城市公共设施、公共服务，丧失人格尊严，生活和思想相对封闭，逐渐产生并固化了所谓的边缘者文化，即态度消极，缺乏诚信，没有希望，冷漠怀疑甚至敌视一切，短期行为和极端行为随时发生，导致城市犯罪案件数及犯罪率持续上升。在中国城市的犯罪和群体性事件中，流动人口占70%左右，在流动人口比例高的大城市表现得尤为明显。

3. 城乡空间争夺前所未有的白热化

（1）城乡空间关系演进

城乡关系的变迁决定了城乡空间关系的经济、社会和生态等本质特征（表1-1）。近些年，城乡空间争夺加剧，城乡人口、财富自由流动仍然受到阻碍，城乡矛盾呈现出前所未有的紧张局面，也到了不得不解决的关键时期。

城乡空间关系阶段性特征演进　　　　　　　表1-1

城乡空间关系阶段划分	经济特征	社会特征	生态特征
新中国成立前城乡融合阶段	小农经济，重农轻商，重本抑末	告老还乡，科举制度，乡绅精英，人财双向同步流通机制畅通——礼制社会	生态环境好
新中国成立后至改革开放前重城夺乡发展阶段	计划经济，重工抑农，农产品单项输出，双系统运行	政治精英，人财流通系统基本封闭，升学、当兵、招工入城三个途径，乡剥夺乡，回乡流通系统健全——政治社会	生态环境较好，基本处于自净范围之内
改革开放后至2004年城乡独立发展阶段	市场经济，城市新区、乡镇企业同步扩展，各自发展，乡村劳动力、土地资源单向输出，城市吸纳	财富精英，劳动力进城，形成人进城、财进村的畸形半流通系统，非农业人口回乡流通系统封闭——经济社会	城乡生态环境同时下降，城乡均排放大量污染，远远超过自净范围，生态压力凸显
2005年迄今城乡交接空间争夺阶段	垄断经济，人口红利逐步消失，空间成为重要资本，城市吸纳与反哺乡村同步	建设用地总量控制与增减挂钩，城乡空间争夺加剧，政府通过程序合法性侵占，村民通过违法建设合理性坚守，乡村衰败，农业萧条，城像乡，乡像城——战争社会	城市环境提升，乡村面源污染增加、生态廊道分割，生态环境突破警戒值

（2）城乡空间关系问题

特有的中国城镇化特征使得乡村户籍人口并未改变，居住用地面积和建筑面积不降反升，但常住人口规模降低，居民的居住模式表现为更临时的状态，土地利用效率、建筑使用效率和强度逐渐降低，密度的减小导致公共配给难度加大，乡村缺乏保护，农业发展乏力，生态环境恶化。同时，为容纳大量流动人口，城市建设用地剧增，城市建成区面积从1981年的0.74万km^2增加到2015年的5.2万km^2，增长了6倍，如果加上矿区，可达到10万km^2。政府通过合法性途径不合理占据乡村建设空间，村民采取违法建设途径合理性保护乡村建设空间，使得城乡建设用地同步增加，占用了乡村大量的耕地和森林资源。

第二章
中国古代乡村治理制度演进与治理特征

乡村秩序的维护主要是通过两种途径：一是自上而下正式治理的官化"保甲"制度和工官制度，是中央权威对乡村地区实施的权力触角，即国家控制；二是自下而上的以伦理伦常为基础的"自治"制度，以自有的族权权威为代表，即精英为本。宋以后两种秩序的建立同时存在，其作用各有侧重，乡村治理在正式与非正式渠道的"一经一维"二元治理结构下形成，但在强弱对比上，不同的朝代存在一定的差异。

一、古代乡村行政制度演进

传统中国社会是一个以农业文明为核心的乡土社会，乡村治理问题是中国传统政治的一个基本问题。春秋战国以降，历代统治者为了巩固政权，建立了旨在控制基层农民的组织体系，形成了适合统治者管理和乡村发展实际的效率高、成本低、渐进性、连续化的乡村治理制度体系。

1. 先秦的国野六乡之治

西周时期，统治者控制下的基层单位分为国和野，国野之间为郊，郊内为国中，设有六乡，即《周礼·地官司徒》中的"五家为比，使之相保；五比为闾，使之相受；四闾为族，使之相葬；五族为党，使之相救；五党为州，使之相赒；五州之乡，使之相宾"。这是最早见于文字的关于乡村治理的制度性安排，说明中国乡村治理历史久远。史学家吕思勉认为："列国时代的地方区划，其大的，不过是后世的乡镇。"除《周礼·地官司徒》的佐证外，还援引了《尚书大传说》中的"古八家为邻，三邻为朋，三朋为里，五里而为邑，十邑而为都，十都而为师，州十有二师焉"。上述资料表明，先秦时期我国乡村基层的组织体系基本完备，乡村治理已经纳入国家政治控制范围之内。

2. 秦汉的三管齐下治理

秦朝中央到地方的行政管理设置中央、郡太守、县令和乡里四级建制，以郡辖县，中央政府到地方的行政层级很少，中央政权可以直接控制到乡里。两汉时期，汉武帝把全国划分为13个监察区，东汉时形成了中央—州—郡—县—乡五级建制。由于汉承秦制，乡村治理具有相似于秦的三条线索，覆盖乡土社会生产生活的人口管理、社会安全和思想素质三个方面。

（1）正式的乡里行政体系——人口管理

秦汉时期，郡县以下设有伍、什、里、乡，构成基层的行政体系。《汉书》记载："五户为伍，伍长主之；十家为什，什长主之；十什为里，里正主之；十里为乡，设啬夫，主一乡行政。啬夫有秩（即俸禄）百石，由郡太守任命；另设乡佐，由县令任命。"啬夫和乡佐都属于正式官职，享受俸禄，而伍长、什长只负责啬夫交代的事务，属于居民行政编制，没有俸禄，但是可以免除赋役。主要职责有三：一是户籍管理和赋役征收；二是协助亭长、游徼捉捕贼犯，具有辅助治安的作用；三是"纠发奸宄"，即帮助监督实施什伍连坐。

（2）亭、游徼治安体系——社会安全

亭、游徼体系是秦汉时期特有的基层乡村治安体制，亭长、游徼由县政府派官吏至乡里，和乡里行政体系没有隶属关系，主要职责是逐捕盗贼，但亭长和游徼的作用不完全相同："十里一亭"，即十里为一个亭的管辖区，亭在基层有办公地点，常驻基层，承担片警之责；游徼没有固定的办公地点，巡逻乡村，类似今巡警之职。每亭有亭长一人，汉高祖刘邦就曾任泗水亭亭长，下有亭卒四五人。亭长属于最低级的"佐吏"，月俸和乡佐相当；亭卒是地方服役人员，没有薪水。亭吏游徼都有政府统一的制服和武器。

（3）非正式的父老自治体系——思想素质

秦汉的父老体系是乡里行政制和亭、游徼制之外的另一个非正式的体系。《春秋公羊传》载："一里八十户，八家共一巷，中里为校室，选其耆老有高德者，名曰父老。其有辩护伉健者，为里正……父老比三老、孝悌官属，里正比庶人在官。"可见父老和里正有重合，里正包括在父老内，是父老中青壮者。父老在基层地位较高，虽然身份不是官，但是受政府认可，在乡村治理中起到"身行教化，调纠息讼"的作用。

3. 隋唐的弱化行政管理

隋朝废郡，中央到地方行政管理设置重回中央—州—县—乡四级建制。唐代中央到地方的行政层级开始增加，增设道，形成中央、道、州刺史（同郡太守）、县令和乡五级建制。唐朝是中国历史上最为强大的时期，乡村治理较秦汉时期有了新的变化。

（1）乡里平行类型行政体系形成，重要性下降

秦汉时期没有城乡差别，唐代开始强调城乡分类管理："百户为里，五里为乡，两京及州县之廓内，内为坊，郊为村。城内的里称为坊，城外的里称为村。里及坊、村皆有里正，以司督察。四家为邻，五邻为保。保有长，以相禁约。"亭、游徼到唐代已经取消，所以乡里承担着包括治安在内的几乎所有行政事务，但每乡仅设乡长、乡佐各一人，里设里正："掌按比户口，课植农桑，检查非违，催驱赋役"，说明里正是唐代乡里的实际负责人。"诸里正，县司选勋官六品以下，白丁清平强干者充。"里正名义上是官，但实际上官的身份在逐渐丧失，没有俸禄，仅免除劳役和赋税。自唐玄宗拓疆始，因为连年战事，租税征收困难，使得里正沦为职役，百姓没人愿意当差，只能轮着当，因此唐代成为乡里乡官向职役转变的时期。此外，唐代伍保制度（或称邻保制）最基本的职责就是维护基层治安，包括核查户口和纠告捕贼，后来衍生出催收赋役、组织经济的职责，是宋代保甲制度的前身。

（2）私社兴起，民间自治地位提高

社是古代一种基层社会组织，源于春秋之前的氏族公社，是祭祀天地的地方。春秋至秦汉，乡以上的社由政府设置，官府致祭，乡以下是里社合一，居民自己组织祭祀，不论贫富皆参加，这些社都是"公社"，由政府掌控。东汉后开始出现民间"私社"，自愿结合，最初只是宗教行为，如佛教徒组织的"法社"。唐初，官方诏令民间普遍立社，遍及城乡，自愿自由结合，结社称为义或合义，最初多按地域组成，后来

有些社打破地域界限，改由官吏、工商业者组成。社首领称社长，由成员推选，社员之间"一般贵贱，如兄如弟"。社的宗旨、职能和社人的权利义务不再是纯粹的习惯和风俗，逐渐摆脱全体村民参与共同活动的农村公社组织形式以及宗法血缘关系的束缚，采取社条、社约的契约形式加以规定，被认为是朋友之间从事共同事业、进行互助和教育的组织，具有浓厚的社会自治色彩。唐朝对于私社的态度与前朝的打压不同，提倡、鼓励私社在经济、文化教育、丧葬、宗教方面的自治和互助，但到了之后仅仅立国十年的后周，则再次被禁止。

4. 宋元明清的社会治理

北宋时期边疆强匪盛行，中央权力回收，道改称路，基层权力集中到县，县为基层行政机构。"开宝七年废乡，分为管"，正式取消了乡里行政体系，将乡里完全纳入了差役之中，用职役完全代替了乡官制度。元、明、清因袭宋制，虽在行政层级上进行了调整，但均维系了县以下乡土中国"无为政治"的格局。

（1）保甲、火甲等组织成为乡村实际的基层管理者

保甲组织本来是北宋初年零星出现的民众自发结社以抵御盗贼外寇的社会组织，到"王安石变法"将这种自发结社形式与唐朝的伍保法结合，建立了保甲制度，一直沿用到清，清末到民国初始暂停，后又在蒋介石执政时复兴。火甲开始与保甲类似，主要是村民联合灭火自救的组织，后同化。保甲制度的主要内容是：将相邻的民户按照一定数量编制成两级或三级组织，每级组织都设头目负责；保甲内各户要按一定原则抽调保丁；保甲内组织保丁轮差巡警；各保内实行"伍保法"连坐；保内设牌登录户籍情况。保甲初始时期，十家为一保，保设保长，五保为一大保，设大保长，十大保为一都保，设都保正、都副保正。到清顺治时期则是十户立一牌头，十牌立一甲长，十甲立一保正。起初保甲制主要是维护基层治安，到后来则是逐渐增加了督促农桑、催收赋役、调解纠纷、文化教育、帮助赈济等内容。保甲中各级头目只是来官府当差，并不是官，不拿俸禄，因为没有升迁的可能，常为鱼肉乡民的行当就不足为怪了。

（2）家族、会社、乡约社会组织兴起

家族组织兴起。宋以后，基层乡村不设置官方机构，而保甲等组织缺乏效率，统治者开始将注意力放在社会组织上，家族组织、私社、乡约、会社等组织开始兴起。宋之前，"刑不上大夫，礼不下庶人，法不施于尊者"[1]，家族组织一般只存在于权贵之家。到宋代，商品经济发达，贫富分化，个体农户为抵御风险，遂寄希望于血缘关系，宋理宗提出发挥圣贤蕴奥，有补治道。明朱熹顺应时代提出对传统家族制度进行改革，倡导家礼、家祭、家规、族谱，建立起平民化的家族组织，认为通过家族教化民众"忠、孝、慈"，可以保证国家意识形态及政治伦理纲常对乡村社会的长久控制。家族组织在得到统治者的认可与倡导下开始普遍建立起来。

会社组织的兴起。唐代的私社在宋以后发展出三种类型的会社：一是武装性质的会社。宋代由于战事频繁，乡村结社置办兵器练习武艺成为普遍现象，后元明时期因为中央对此不放心而停办。二是类似保甲的会社。此类会社推举社长，主要职责在于"劝农"，兼行维持风纪、防奸查非、举办社学等事务。社众的生产、生活、言行均受监督和干预。对于不务正业、游手好闲、凶恶之人，社长都可以教训，不改者征充夫役。对于勤务农耕、增值家业、孝友之人，由社长保举，受政府褒奖。若有犯禁的，而社长失职不察，就要被连坐治罪。此时，里社已经接近保甲，成了差役，失去了自治互助的性质。三是自治性会社。宋至清，乡村基层有诸如节日会、英烈会、赈济会、宗教会等诸类会社，具有临时性和专业性，自治属性最为明显。

乡约组织的出现。乡约渊源于周礼的读法之典[2]，是宋以后出现的一种乡村自治制度。北宋吕和叔受古代儒学经典《周礼》和《礼记》的启发而创立了一种乡民共同活动即相互帮助的乡村组织形式。[3] 北宋神宗熙宁九年，陕西蓝田吕大钧、吕大忠、吕大防、吕大临兄弟订立《吕氏乡约》，据自愿原则入约，"其来者亦不拒，去者亦不追"。选举约正、约副，

---

[1]《礼记·曲礼上》
[2] 张中秋.乡约的诸属性及其文化原理认识[J].南京大学学报（哲学人文社科版），2004（5）：51-57.
[3] 徐勇.中国古代乡村行政与自治二元权力体系分析[J].中国史研究，1993（4）：

主评决赏罚，约中有不便之事，聚众共议，旨在使乡人"德业相劝，过失相规，礼俗相交，患难相恤"。[1]南宋朱熹对《吕氏乡约》的内容稍加修改，定名《增损吕氏乡约》，提出："事亲能效，事君能忠。夫妇以礼，兄弟以恩，朋友以信。能睦乡邻，能敬官长，能为姻亲。与人龚逊，持身清约，容止庄重，甜气安和。衣冠合度，饮食中节。凡此皆谓之德。"[2]明清时期，乡约得到推崇，如明正德十五年（1520年）王守仁颁布了《南赣乡约》，是约凡十六条，规定了全乡人民共同遵守的道德公约，其中涉及军事训练、政治教育、道德陶冶等内容，但是后期同保甲无大区别，自治性质丧失大半。

5.清末民国的自治趋势

（1）清末乡村自治制度

清末乡村基层实行保甲制度，职能主要还是征收赋税、摊派徭役、防范造反。鸦片战争后，国家飘摇，州、县长官因迁调频繁，力所不逮，对民间疾苦不甚关心，而地方事宜只是委托少数地方士绅或乡里望族代为操持，不免掩饰欺瞒、空言搪塞，甚至借机鱼肉乡民，地方百事废而不举，公益无人过问，乡村走向破产。

1908年清政府制定颁布了《府州县以下城镇市乡自治制度》，参照欧美、日本等国自治制度制定实施。根据规定，地方自治"专办地方公益之事，辅佐官治"，由地方公选"合格绅民"，担任自治团体负责人，在地方官监督下主持地方事务。乡设置乡议事会、董事会，设乡董、乡佐各一人，由所在地的合格选民公选产生，并呈报地方官核准任用。选择本地公房或寺庙为自治公所，为日常办公场所。主要自治事宜包括学务、卫生、道路工程、工商、善举、公共营业和其他地方习俗等。从章程内容上来看，筹办地方自治无疑是利国利民的好事，对于改变乡村愚昧落后的状况和开启民智、促进文明具有积极意义。但就筹办的效果来看，也有诸多说法，如："率多未善……有名无实。""督抚委其责任于州县，州县复委其责任于乡绅，劣监刁生运动投票，得为职员及议员董事者居

---

[1]《吕氏乡约》
[2]《朱文公文集》卷七四

多数。""平日不讲自治章程,不识自治原理,一旦逞其鱼肉乡民之故伎,以之办自治,或急于进行而失之操切,或拘于表面而失之铺张,或假借公威为欺辱私人之计,或巧立名目为侵蚀肥己之谋,或者勾通衙役胥吏,结交地方官,借端牟利,朋比为奸……地方公益,不日无款兴办,或无暇顾及……怨声载道,流弊无穷。"

（2）民国时期乡村治理

20世纪上半叶中国乡村社会秩序在现代化和时局变乱中所呈现出来的不断坍塌与边缘化的状况,迎合了传统农民在世道变迁中无所适从和无所依凭的需要,传统文化所倡导的宗族权威的伦理与道统性标准让位于转型社会中庶民化宗族所更为迫切的实利主义考虑[1],细分为两个时期:

1）1919~1928年,根据孙中山先生的设想和山西阎锡山的实践,仿西方自治。1928年国民政府颁布《县组织法》,规定实行县、区、村里、闾、邻五级制,由县政府承担筹备监督全县自治之责,百户以上之乡村地区为村,不满百户者得联合数村编为一村,设村长。百户市镇为一里,设里长。满二十里者为一区,设区长,受县知事监督办理区、村、里自治事务。

2）1929~1945年,蒋介石执政,保甲再行。1928年末,国民政府将保甲运动列入了推行地方自治的纲领之中,并颁布《县保卫团法》,规定:每闾一牌,以闾长为牌长;每乡或镇为一甲,乡长、镇长为甲长;每区为一区团,区长为区团长;县为总团,以县长为总团长。配套有《邻右连坐暂行办法》《清查户口暂行办法》,其目的其实在于防共反共。到1936年,彻底将保甲融于自治之中,乡镇的编制确定为保甲,但乡村的自治制度体系也没有明令废止,至1939年国民政府实行"管教养卫合一"的新县制政策,所谓乡村自治也是以失败告终。"……仅到县为止,区以下之乡镇公所,多未设立完备,即呈报设立,亦不过为纸上空文……"1939年推行"新县制"之后,开始设立固定的办公场所,保甲

---

[1] 吴毅.村治变迁中的权威与秩序[M]//20世纪川东双村的表达.2002.

人数增加,同时给予保甲公职人员一些固定的俸禄或者是其他方面的福利。国民党最初设立保甲的意图在于加强对农村地区的控驭与治安,通过严密组织群众,完成"剿匪"工作,但在实际的实施过程中仅发挥了维护社会治安等方面的作用。抗日战争时期,保甲制度作为中央与地方之间的连通渠道,在征兵、征工、征粮、征税等方面起到了重要的作用。

二、古代乡村建设制度体系

中国古代国家法和以乡规民约为代表的民间法构成的传统中国独具特色的"朝野二元治理结构"和"二元法律体系"[1]在乡村社会的不同领域调节维持乡村秩序。

1. 乡村建设的制度基础

中国古代乡村建设的主要制度基础源于层层递进、天人合一思想,风水理论和等级制度逻辑。

(1) 天人合一理念

"天人合一"是东方思想的普遍而又基本的表露[2],是东方思维模式最高、最完整的体现,是中国古代哲学的主要基调。《周易·乾卦·文言》所言"大人者,与天地合其德,与日月合其明,与四时合其序,与鬼神合吉凶,先天而天弗违,后天而奉天时",即为天人合一思想。张载的《西铭》完整表达了天人合一思想,"民吾同胞,物吾与也"即将家庭的伦理关系扩展到宇宙,"为天地立心,为生民立命,为往圣继绝学,为万世开太平"体现了伦理伦常的基本态度。天人关系是人类与大自然的关系,在承认整体概念和普遍联系的基础上,强调人与自然合为一体,构成天地人一体的理念模式。[3]英国著名学者李约瑟认为:"在希腊人和印度人发展机械原子论的时候,中国人则发展了有机的宇宙哲学。""再没

---

[1] 周家明,刘祖云.传统乡规民约何以可能——兼论乡规民约的治理条件[J].民俗研究,2013(5): 65-70.

[2] 季羡林."天人合一"新解.传统文化与现代化[J],1993(1): 9-16.

[3] 季羡林.人文地理学与天人合一思想[A]//谢觉民.人文地理笔谈——自然、人文、人地关系[C].北京:科学出版社,1999: 13-14.

有其他地方表现得像中国人那样热心体现他们伟大的设想：人不能离开自然的原则……城乡中无论集中的，或者是散布在田园中的房舍，也都经常地呈现一种对'宇宙图案'的感觉，以及作为方向、节令、风向和星宿的象征主义。"[1] 天人合一的宇宙观是风水理论的哲学基础，深刻影响了古代中国社会的方方面面，城乡建设概不独外。

（2）风水理论

风水理论是我国古代建筑、规划、环境以及其他相关设计的基础性理论，吸纳了道、气、阴阳、五行、八卦等哲学范畴，结合了天文星象学、地理学、生态学、宗法礼制、美学、心理学等方面的知识，既具有科学性，又掺杂了很多神秘元素。中国人内心深处最理想的居住模式是：左青龙，右白虎，前朱雀，后玄武，通俗解释是用山将家围起来，基本法则则是观天、相地、乘气、择时。风水理论大肆张扬在魏晋南北朝，管辂、郭璞逐步完善了过去有关风水的理念，并将其上升为一种理论，形成了"形势宗"[2]和"理气宗"[3]等多个派别，但均秉承充分尊重和敬畏自然的生态理念。风水理论不仅是我国传统乡村居住空间形成与发展的物质基本理论，也是人们行为规则制定和执行的基本原则，主要侧重于四个方面：宏观的居民点选址、中观的空间规划、微观的建筑格局和后期的运营管理，左右乡村规划、建设和运营的全过程。

（3）等级制度

等级制度的核心是贵贱有等、衣服有别、朝廷有位、民有所让[4]，是中国古代城乡规划、建设管理最重要的制度基础。与衣冠之治的舆服制度一样，统治者为了创设理想的社会、政治、伦理道秩序而构建了完善的建筑体系，要求按照人们在社会政治生活中的地位差别，来确定其可以使用的建筑形式和规模等级，使得作为物质形态和文化现象的空间建

---

[1] 李约瑟.中国科学技术史（第三卷）[M].北京：科学出版社，1975：337-338.
[2] 唐末风水大师杨筠松、卜则巍流落江西，其后世子弟逐渐形成的风水派别，又称赣派、形法派、峦头派，注重在山川形势的空间形象上达到天地人合一，主要为择址选形之用。
[3] 开始流传于福建，宋朝王伋推行此说，又称闽派、宗庙派、理法派，注重在时间序列上达到天地人合一，其考虑因素有阴阳五行、干支生肖、四时五方、八卦九风、三元运气等，偏重于确定室内外的方位格局。
[4] 《礼记·坊记》

筑被统治阶层将建筑本体的结构与功能、形象和伦理、礼仪与秩序融为一体。等级制度在稳定和巩固统治秩序时会起到正反两方面的作用：积极方面，在建筑等级秩序的控制下，城市和建筑群和谐有序发展。两千余年间，虽朝代不断更替，但建设的基本规制未变，依托原有基础不断发展演进，促进了中国古代建筑体系的长期延续，并有效控制了行政机构和宫室进行超越经济承受能力的过度建设，对统治者的行为起到了一定的约束作用。消极方面，建筑等级秩序限制了建筑的创新和技术的发展，造成发展缓慢和停滞。[1]

2. 正式治理的工官制度

我国古代各王朝均颁布了建筑做法、工料定额等建筑法规，形成了等级森严、缜密有度的工官制度。

（1）制度特征

工官制度体现为两大特征：一是具有专门的法律法规。最早的官书是《考工记》[2]，记录城池营建的基本规则。唐代颁有《营缮令》[3]，规定官吏和庶民的房屋的形制等级。宋代元祐（1086～1094年）、崇宁（1102～1110年）时期两次颁布《营造法式》，规定宫廷官府建筑制度，其中材料和劳动日定额等甚为完整。[4] 元代设有《经世大典》，其中"臣事六篇之工典"分22个工种，与建筑有关者半数以上。明代建筑等第制度多纳入《明会典》，另外还有一些具体规章，如《工部厂库须知》等。清代颁有工部《工程做法则例》，内务府系统还有若干匠作则例，规定比较详细，并出现"样房"。二是设专门的管理机构和管理职责。周代主管营建工程的官吏在《考工记》中称为匠人。汉代国家的最高工官称为"司空"，后改为"将作"、"少匠"或"少监"等，掌修作宗庙、路寝、宫室、陵园土木之工。隋朝在中内政府设"工部"，执掌全国的土木建筑工程和各种工务。唐朝称"将作大匠"，宋代称

---

[1] 傅熹年，钟晓青.中国古代建筑工程管理和建筑等级制度研究.建筑科技[J]，2014（Z1）：26-28.
[2] 齐国政府制定的指导、监督和考核官府手工业、工匠劳动制度的书。
[3] 张十庆.唐《营缮令》第宅禁限条文辨析与释读[J].中国建筑史论汇刊，2010.
[4] 梁思成.《营造法式》注释.生活·读书·新知三联书店，2013.

"将作监"。工官制度集制定法令法规、规划设计、征集工匠和组织施工全过程的领导与管理为一体,体现了建筑设计的专业分工,并具有专门的建筑施工队伍,实现了古代城乡规划、建设管理的规范化、标准化和法制化。

(2)制度内容

工官制度因袭等级、礼制思想体现在按建筑所有者的社会地位规定建筑的规模和形制,对各级城市、衙署、寺庙、第宅建筑和建筑群组的层次分明、完美谐调起了很大的作用。唐代以来,建筑等级制度是通过营缮法令和建筑法式相辅实施的,规定衙署和第宅等建筑的规模和形制,建筑法式规定具体做法、工料定额等工程技术要求。宋营缮制度限制更严,除庑殿顶外,歇山顶也为宫殿、寺庙专用,官民住宅只能用悬山顶。木构架类型中,殿堂构架限用于宫殿、祠庙、衙署,官民住宅只能用厅堂构架。城市、衙署也有等级差别,国家特建祠庙均有定制,与一般有别。《明会典》禁止官民房屋雕刻古帝后、圣贤人物、日月、龙凤、狻猊麒麟、犀象之形,不准歇山转角、重檐重栱及藻井,但楼居重檐不在所禁之列。《明史》对各级官员宅第的等级也有详细规定:一、二品官员,厅堂五间九架,屋脊用瓦、梁栋、斗栱、檐桷青碧绘饰,门二间三绿油,兽面锡环。三至五品官员,厅堂五间七架,屋脊用瓦兽、梁栋、檐桷青碧绘饰,门二间三架,黑油锡环。若是六品至九品,则厅堂三间七架,梁栋饰以土黄,门一间三架,黑门铁环。所有品官房舍,门窗户牖不得用丹漆,至于布衣百姓,规定则更为苛刻谨严。[1] 地方官署建筑也有等级差别,违者勒令改建。清代与明代的建筑等级制度大致相同,从清顺治年间所颁条例来看,清代趋向细密和宽松[2]:亲王府门五间,殿七间;郡王至镇国公府都是门三间,堂五间,但在门和堂的重数上有差别。

(3)制度变通

工官制度的等级形制变通自上而下通过皇帝的封、赐、赏等形式施行,自下而上则采用允许士民向国家捐纳钱物以取得爵位官职的"捐官"

---

[1]《明史·舆服志》
[2] 刘森林.中国古代民居建筑等级制度[J].上海大学学报,2003(1):101-103.

等形式。乡村居民的流动虽不属于工官制度管辖范围,但从一些历史文化名镇名村和传统村落的族谱或地名志记载来看,基本为奉诏行事,亦非可以完全自由迁徙,大概遵从"普天之下,莫非王土。率土之滨,莫非王臣"之说。如《邢台市地名志》记载:据考,东、西由留原为一个村,名为"由刘",以居民由、刘二姓命名。后人将"由刘"改为"由留"和"由流","靖难之变"后山西洪洞县移民奉诏于明永乐二年迁此,分居东、西两地,即有东由留和西由留。

(4)制度执行

非按社会地位规定的建筑规模和形制的僭越逾等者即属犯法。《唐律》规定建舍违令者杖一百,并强迫拆改。如被指为模仿宫殿者,就会招来杀身之祸。《大明律》规定,凡官民房舍车服器物之类,各有等第。若违式僭用,有官者杖一百,罢职不叙;无官者,答五十,罪坐家长;工匠并答五十。若僭用违禁龙凤纹者,官民各杖一百,徒三年;工匠杖一百,连当房家小,起发赴京,籍充局匠,违禁之物并入官。即使在朝政混乱之际,逾制也会受到舆论谴责,因建筑逾制而致祸的,代不乏人。如《春秋》中多处讽刺诸侯、大夫宫室逾制;汉代霍光墓地建三出阙,成为罪状之一;北魏李世哲建屋逾制受到指责;南宋初秦桧企图以舍宅逾制陷害张浚;清和珅因其宅内建楠木装修和园内仿建圆明园蓬岛瑶台而被定为僭拟宫禁之罪。

3. 非正式治理的自治制度

(1)官方管理思想的渗透制度

中国古代乡村通过管理思想的上层渗透、德化普及、宗族约束和宗教教化等手段实现乡村治理,降低治理成本:

一是通过科举教育制度和告老还乡制度形成的社会人才选拔和流动机制。始于隋朝的科举制度促进了国家重学风气的形成和儒家文化的传播,提供了平民进入官场的上升通道。科举制度的实行使得历代国家治理奉行儒化制度,即便非汉族统一中原,亦受汉儒思想影响,许多读书人得了功名后虽不为官,但是可以回到乡里成为士绅,同时许多在朝为官者的亲友亦是扎根乡里的乡绅地主,士绅阶层所宣扬的教化内容和皇帝的治国方略相一致。[1]如此，即使地方社会自治，国家的治理之道也可以通过这种非正式的途径在乡村落实。科举的官宦选拔制度和告老还乡的养老制度促进城乡人口的正常循环与有序流动。

二是通过宗族文化传承制度和宗教传播制度形成主流社会价值观和激励机制。国之大事唯祀与戎，古代中国乡村治理通过宗族、宗教文化对居民的生产生活行为加以引导。官方提倡宗族教化，倡导等级有序的宗法文化传统，如尊祖叙谱[2]，敬宗建祠[3]，强化崇文敬教，光宗耀祖的道德激励。宗教是一种独特的软实力，官方通过信仰的力量来建立一个有尊严、有秩序的社会。我国属于典型的泛神崇拜社会，道教产于本土，佛教引自印度，因到国家精神统治作用而被官方推崇，佛教的本土化表现为南北朝时期开始大规模兴建寺庙成风，唐朝君主多奉佛教，辽代有举国向佛的传统。相比较而言，民间信仰比佛教信仰和本土的道教信仰更具有地方特色，把传统信仰的神灵和历史上的某些传奇人物进行反复筛选、淘汰、组合，构成一个并无规律性的神灵信仰体系。官民共举的理佛修行、建寺造塔、宣扬宗法和弘扬儒家思想等举措，都对乡村居民的生产生活行为进行规范和引导[4]，起到强化乡土社会制度化、自律化生活方式的作用。

（2）行之有效的自治制度

乡村自治制度包括家族组织、会社组织和乡村组织三种自治组织形式，涵盖权威、秩序和场所三个制度核心：

一是精英是乡村治理的主体。乡村的领导者和权威是族长或保长和甲长（表2-1），族长或由族人公举和民主选举，或由前任族长指定（任命），或由族中辈分较高者议定（代表投票），无论哪种方式，能任族长

---

[1] 有些乡约开篇为"钦遵圣制"，如叶春及撰写《惠安政书》的卷九"约篇"。
[2] 族谱起到了人口普查、约束近亲结婚等管理作用。
[3] 民间建祠始于明朝中期以后，与之相伴随，修谱之风也渐行于民间，如塑头村。建祠和修谱的庶民化，不仅增强了一村镇乃至一州县内族众的聚合力，而且增强了宗族权力之于族众伦理教化的统治权威。宗祠提供了一个寻根问祖，强化同宗意识的场所，各种祭祀活动则增强了宗族血缘网络的内聚力和交往。这种内聚和交往虽然与自明清以来的政府扶持有关，但毕竟不是一种地方行政性社区行为。
[4] 邬艳丽，郑皓昀.传统乡村治理的柔软与现代乡村治理的坚硬[J].现代城市研究，2015（4）：8-15.

者多为族内公认的德高望重之人。只有品行端正、家道殷实、受到良好教育之人才有机会出任保长和甲长。无论是以德服人还是以理服人，乡村权威的选拔制度都能确保治理方向和治理效果。

乡村权威的特征　　　　　　表 2-1

类型	精英标准	精英代表	权威建立合法性	权威象征	权威管理范围
族权权威	齿德并隆、品德宏深	族长	熟人社会和"氏族族规"	祠堂，点祖、时祭、清明年祭	乡村地区伦理伦常的维护
保甲制度	具有较好的教育背景	保长和甲长	管制，合法化	公所	保甲制度

二是乡规民约是乡村治理的依据。乡规民约以"孝、悌、睦"为核心，包含乡村生产生活的方方面面，是乡村治理的行动准则，其中也涵盖了乡村规划建设管理的具体要求。如《长乐梅花里乡约》第十五条规定："乡内田园屋址，各凭契据管业、如涉他地，不得蒙混欺占、至于风水山场通衢古迹地方，尤不许影射侵占，违者呈究。"《文堂陈氏乡约》第十八条规定："本里宅墓，来龙、朝山、水口，皆祖宗血脉，山川形胜所关、各家宜戒谕、长养林木，以卫形胜，毋得泥为己业，掘损盗砍。犯者，公同重罚理论。"[1] 在族长的领袖权威和"氏族族规"的基础之上通过"舆论、规劝、教化和家族族罚"等方式和各种仪式进行心理上的抚慰与强化，起到对家族成员严格约束、维护乡村地区日常的伦理秩序的作用。

三是书院、祠堂、寺庙等是乡村治理的场所。中国古代乡村的基本社会经济特征是耕读，加之科举制度基于层层选拔始于乡试，因此，最基层的乡村极为重视教育，在乡贤的带领下，由富室、学者自行筹款，模仿佛教的禅林讲经制度，于山林僻静之处大量修建乡村教育设施，或置学田收租以充经费，乡学成为我国古代乡土社会特有的教育形式。耕读、劝学、伦理纲常的教化同样提升了村民的普遍素质，而亭、塔、牌坊、桥等彰显文化的建筑物、构筑物也应运而生，使传统乡村文化气息更为

---

[1] 广州村庄规划体系的变迁　特点与创新. 转型发展 协同规划——广州村庄规划实践: 37.

浓郁。民间建祠盛行于明朝中期，宗祠是举全族之力修建的庄严、华美的建筑，并在村落中享有较高的空间等级，提供了一个寻根序祖，强化同宗意识的场所，各种祭祀活动则增强了宗族血缘网络的内聚力和交往。与之相伴，修谱之风渐行于民间。建祠和修谱的庶民化，不仅增强了一村镇乃至一州县内族众的聚合力，也增强了宗族权力之于族众伦理教化的统治权威[1]，加之寺庙等宗教教化系统的强化，为居民的道德教化提供了一套结构和符号化的象征体系。这种内聚和交往与自明清以来的政府扶持有关，更体现了基于自治基础上的乡村生活方式。

（3）民间社会的约束规则

民间社会约束一般分为两类：

一是风水理论对建筑的引导与约束。风水理论基础上衍生的建筑风水宜忌对建筑空间布局具有一定的影响，进而一定程度上影响乡村格局和居民的日常行为规范。如大门，风水除了在朝向、位置、高度等方面有所影响外，还发展出照壁或影壁等附属建筑，起挡风、挡冲、障景的作用。对于煞气，风水术上归纳了很多种不利情形，如宅前有一直路相冲则犯"枪煞"、直路不冲前而冲后为"冲背煞"、在路的反弓处安居形成"反弓煞"等。汉宝德根据我国流传下来的风水书籍，整理出了1005种宅形吉凶类型，其中宅内形80种，宅外形900多种。宅内形的宜忌包括建筑配置之吉凶、构造形式之吉凶，如在建筑配置上认为凡屋两端加小房均为不吉，在构造形式上认为丁字房、王字房、工字房为不吉，这就有利于整个居住建筑格局的规整、有序、宅外形涉及住宅外环境的吉凶评价，包括对周围道路、水塘、树木、小丘、其他建筑等物的吉凶判断，如门前有塘皆为凶，门前有树多为凶。这些宜忌多达千种，且没有理由说明，但就是这些说不清的东西在一定程度上影响了古村落的格局，而且现在还在影响人们建房买房。

二是宗教思想对居民的引导与约束。宗教道德作为宗教的核心内容之一，倡导普适的社会价值观，如佛教提倡"诸恶莫作，众善奉行"、"不

---

[1] 吴毅.村治变迁中的权威与秩序：20世纪川东双村的表达[D].武汉：华中师范大学，2002：31.

为自己求安乐,但愿众生得离苦",伊斯兰教倡导"信道而且行善者是乐园的居民",道教提倡"怜恤孤儿,救济贫民",基督教强调感恩行善,通过"十诫"约束行为,这些都对居民的建设选择产生了引导和限制作用。

三、古代乡村治理基本特征

古代乡村建设管理既体现在可视的物质空间规划建设上,也体现在可感的日常运营管理制度上,形成宏观到微观、整体与过程的方方面面,规划、建设、运营成为系统性、相互关联的逻辑过程。

1. 乡村治理制度逻辑

(1) 中央集权与乡村治理同时增强

正式渠道的中央集权不断增强。通过历代中央到地方的行政链条变化(表2-2)可以发现,中央政府一直在尝试改善央地关系,实施有效治理。政令自上而下下达,从中央到地方的行政链条越长,到末端越是强弩之末。宋以后皇权不下县实际上是划分了国家与社会的边界,城乡采取不同的治理模式,正式治理在县以上(城)得到落实,非正式治理在县以下(乡)得到加强。隋以后开始实行科举制度,读书人增多,士多官少,许多读书人得了功名后虽不为官,但是可以回到乡里成为士绅,同时许多在朝为官者的亲友亦是扎根乡里的乡绅地主,如此,皇帝的治国之道可以通过这种非正式的途径在乡村落实,所以皇帝放心地让地方搞社会自治,并通过保甲制度保证乡村赋税徭役的顺利征收,防止动乱,实现国家的有效治理。

中国古代中央到地方行政管理层级演化一览表　　　表2-2

朝代	层级数量	具体层级	特征
秦朝	四级	中央—郡—县—乡里	官员流通渠道基本畅通,中央政权可以直接控制到乡里
汉代	五级	中央—州—郡—县—乡	基本沿承秦制,汉武帝把全国划分为十三个监察区,派监察官刺史巡查郡县,不常置;王莽称帝时期刺史改称州牧,职权进一步扩大,由监察官变为地方军事行政长官

续表

朝代	层级数量	具体层级	特征
隋代	四级	中央—州—县—乡	废郡,中央到地方行政管理设置重回四级
唐代	五级	中央—道—州刺史(同郡太守)—县令—乡	中央到地方的行政层级开始增加,增设道,同时御史台派出巡察使对地方行监察之职
北宋	四级	中央—路—府(州、军、监)—县	边疆强匪盛行,中央权力回收,行政管理基本局限在县一级,道改称路,地方官被调往中央,而中央再派出央官治地方府、州事务
元代	五级	中央—行中书省(监察官非常驻官)—府州—县	在宋制度基础上加上了行省制度,各地混杂,最多五级
明代	四级	中央—省—府州—县	将行省作为一级行政机构,称为承宣布政司,长官为承宣布政使,高层政区都布按三司分权,后为继续加强中央集权,地方有事就派出督抚代表皇帝临时管辖地方事务
清代	五级	中央—督抚—承宣布政司—州府—县	本不常设的督抚演变成了一级行政单位

(2)乡村治理制度的历史背景耦合

从整个历史上来看,秦汉到明清整体上是一个逐步放松乡村治理的过程,但是因为特定历史时期的现实,可能有所波动,这些变化都对当时朝代的兴亡产生了或正或负的影响。秦汉时期,中央政府到地方的行政层级很少,中央政权可以直接控制到乡里,同时乡村自治仅是父老道德的教化,而其他如社会、文化的教育则极少,这与当时的生产力发展水平有莫大关系。唐代,中央到地方的行政层级开始增加,在加强对县以上集权的同时放松了对最基层乡村的控制,盛唐的出现与制度上私社的开放可能具有某些内在的联系。唐中后期,因为战事频繁,中央不得不从地方不断榨取物资,严重打击了地方治理的发展,而乡里官也成了被榨取的对象,唐中后期是乡里自治由盛转衰的分水岭。

宋代,因为边疆强匪盛行,作为地方治安维持的基本组织,保甲制度形成,并在全国推行,而后基层执政者为了行政便利,就将所有事务都下达到一套班子来执行,保甲由此衍生出了其他的职能,一直沿袭到民国。因此,闻钧天总结:"乡里保甲制度,在周之政主于教,齐之政主于兵,秦之政主于刑,汉之政主于捕盗,魏晋主于户籍,隋主于检查,唐主于组织,宋始正其名,初主以卫,终乃并以杂役,元则主于乡政,明则主于役民,清则主于制民,且于历朝所用之术,莫不备使。"

2. 乡村建设总体特征

(1)村落选址

中国传统村落的选址,大都以"相形为胜"等风水原则为重要依据,各地的地方志或族谱中多见该地是风水宝地的记载,有的还详细描述了其风水卜居过程和风水格局。风水选址是风水术的重点,追求空间、形象上的天地人合一,通过觅龙、察砂、观水、点穴、取向五诀来进行选址(图2-1)。如湖南岳阳县张谷英村选于"四灵地",后山(玄武)来脉远接"盘亘湘、鄂、赣周围五百里"的幕阜山,余脉为四座小山峰,盆地中央有龙形山,左右铺陈,纵横扩展。村落背依龙身,渭洞河横贯全村(图2-2)。

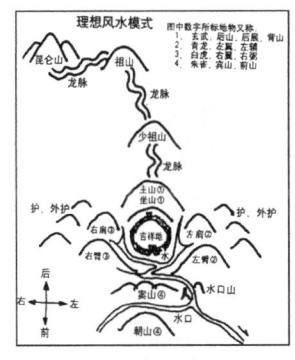

图 2-1 理想的风水模式

图片来源:《中国国家地理》

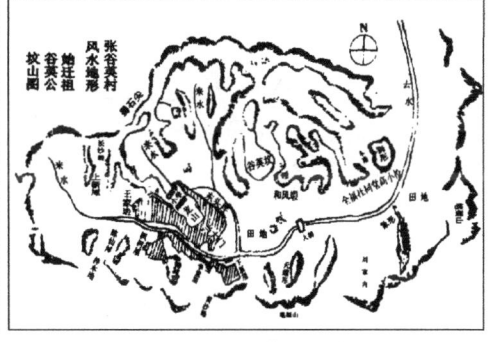

图 2-2 张谷英村地形略图

图片来源:《张谷英族谱》

(2)空间规划

风水理论对中国古代乡村空间布局的影响主要表现在村落朝向、空间形态和建筑布局等方面。风水规划思想主要包括法天象地原则,另外还有五行生克、阴阳和谐原则,并吸纳了如中轴对称的布局思想等一些传统优秀规划思想。我国房屋大多坐北朝南，不仅是为了采光，还为了避北风，是对自然现象的认识，当不具备这种条件时，风水的朝向则起到关键性作用，即根据座山和朝山来确定村镇布局的中轴线，然后形成左右对称的格局以增加村镇气势。[1]

中国传统村落多由专门的堪舆师（或称风水先生）进行规划设计并指导建设。如江西流坑于五代南唐建村，明万历年间重建为现在的规模，即是在堪舆大师杨筠松的指导下建设的，有明万历董氏族谱中"流坑舆地图"明证。《重竣南湖收支征信录》中《月沼纪实》记载，安徽宏村七十四代世祖汪玄卿曾邀请堪舆先生相地："偶指村之正中有天然一窟，冬夏泉涌不竭，曰：此宅基洗心也，宜扩之以潴内阳水，而镇朝山丙丁之火。"玄卿公相信了引水抑火的想法并传至后代。到了明初永乐元年（1403年），玄卿公的孙子汪思齐三次邀请当时号称国师的休宁风水先生何可达踏勘地形，绘制山川地势图。

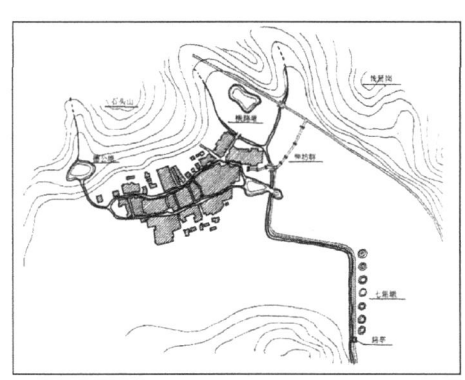

图 2-3　棠樾村平面图图

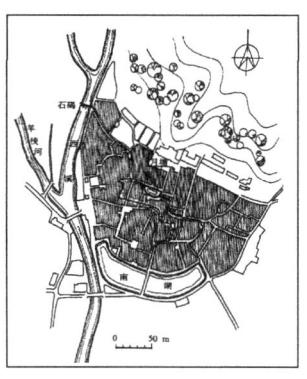

图 2-4　西递村平面图

乡村空间规划多形成趋吉意向和反映空间秩序的格局形态，称之为风水吉局，大致可以分为四种类型：一是追求完整的"山环水抱"封闭式。很多村镇都不可能有那么理想，于是就要进行砂山培补、水口关锁、建

---
[1] 巫清华. 风水与历史文化村镇保护研究 [D]. 湖南师范大学，2011.

设风水林等工程。如棠樾村在东南水口建七星墩，使村落的格局封闭完整（图2-3）。二是平面形态上的吉祥物品模拟型。如"船形村"西递（图2-4）仿船形而建，四面环山，两条自东向西流的小溪穿村而过；"牛形村"宏村隐含牛气冲天的生机；山西乔家大院整体呈"囍"字形；曹家大院整体为"寿"字形；王家大院包括红门堡（龙）、高家崖（凤）、崇宁堡（虎）、东南堡（龟）、下南堡（麟）五大建筑群和王氏宗祠；高家崖形制呈凤舞之姿，红门堡则隐王于内，暗附龙形，取意龙凤呈祥，崇宁堡显"虎卧西岗"之势，趋吉之意十分明显。三是文化意境型，包括棋琴书画、八卦、星象等意境。如苍坡村是"文房四宝"格局，芙蓉村是"七星八斗"格局，还有浙江诸葛后代的"八卦村"。浙江武义县的俞源镇，其建筑与周边的山脉、河流和田野正好构成了一个非常奇妙的太极图。很多园林造景和宅院布局也是追求八卦太极意境，如乔家大院的北面三院按逆旋八卦震、坎、乾依次由正东向西北逆时针排列建造，南面三院则按顺旋八卦巽、离、坤依次由东南向西南顺时针排列。四是伦理秩序型。隐含伦理伦常的政治推崇、文化崇尚和生活规则。如张谷英村总体布局依地形呈"干支式"，按照长幼划分干支用房纵轴分长幼，横轴为干支，主轴的近端为祖堂或上堂。

（3）设施类型

传统乡村的设施类型受社会价值观念和风水理念的双重影响，分为农业生产设施（晾晒场地）、礼仪设施（书院、祠堂、寺庙等）、交往空间（广场）和市政基础设施（风水林、风水塔、风水池、水井等）。其中祠堂是以宗姓为基本单位，是村落的精神中心，布局或以祖先的聚居地为中心，延续先辈的血脉，或强调龙脉和大地生气的来源，使地域的文脉得以承继。风水林是村落共同祖先的认同，祖先灵魂的埋藏之地，不能擅自进入或惊扰。风水塔种类繁多，常见的有两种，水口塔是村落氏族领地的声明，文笔塔则寓意氏族子弟考取功名，光宗耀祖。[1]有些地方建有具镇煞功能的风水塔，如山西郭峪村，在四面群山合围之中，东北角

---

[1] 李小波.中国古代风水模式的文化地理视野[J].人文地理，2001（6）：64-68.

有一个缺口，溪水从这里流进郭峪村小盆地。为了挡住穿沟风带来的煞气，村民在溪水入盆地的山腰处建了三座紧紧相连的风水塔。除此之外，郭峪村还建有另外三塔，也是为了镇煞之用。风水池有饮水聚财之意，祈求人丁兴旺。

（4）建筑格局

中国古代乡村居住建筑格局除了在前文民间社会的约束中已有阐述的风水禁忌和官方明确的规制规定外，平面格局还受家庭内部的伦理关系的影响，按照以家长为核心的平面人际网络关系展开，强调单一方向的秩序感，相应建筑的大小、方位和装饰也不尽相同，使得建筑群体成为理想的政治秩序和伦理伦常的具体表现。[1]

3. 乡村建设基本逻辑

中国古代乡村建设的基本逻辑是谁来建、建什么、怎么建、如何建的制度脉络。

（1）乡村建设的权威带动

按照中国古代乡村宗族与村庄的叠合关系，艾米莉·埃亨（Emily Ahern）将其归纳为三种类型：一是单一宗族占统治地位的村庄，即单姓村；二是多宗族均衡的村落，多个宗族的地位强弱差异不大；三是多宗族非均衡的村落，多个宗族有强弱之分，但都有属于本姓的完整的宗族网络。血缘网络的内聚和交往与因乡镇集市贸易的经济网络而形成的地方性市场空间不尽相同：前者主要是精神性的和文化性的，它所要传承的主要是家族文化的基质，它所要构建的则是宗族伦理性社区[2]；后者是商业性和物质性的，秉承的是公平的交换，构建的是公平的市场环境。"血缘是稳定的力量，在稳定的社会中，地缘不过是血缘的投影。"[3] 因此，无论哪种宗族与村庄的叠合类型，在具体的乡村建设过程中，乡村权威都起到带动作用，一般由一个先祖建起主要建筑院落，然后逐渐外延，后建院落按照规定的秩序和规制进行建设，少有逾越。

---

[1] 罗汉田.庇荫——中国少数民族住居文化 [M].北京出版社，2000：231.
[2] 吴毅著.村治变迁中的权威与秩序——20世纪川东双村的表达 [M].北京：中国社会科学出版社，2002.
[3] 费孝通.乡土中国 [M].北京大学出版社，2012：9.

（2）乡村社会的伦理引导

中国古代乡村是伦理社区、诚信社区和秩序社区，分布在全国25个省份，主要包括太湖流域的水乡古村落群、皖南古村落群、川黔渝交界古村落群、晋中南古村落群、粤中古村落群。部分传统村落建于中国两晋之间的"永嘉之乱"、唐代"安史之乱"、黄巢起义和两宋之间的"靖康之乱"时期，在撼动历史秩序的同时，给世代生活在中原地区的衣冠巨族们一次次沉重的打击，迫使他们寻找远离战火的山清水秀之地歇脚喘息。于是，选择"枕山、环水、面屏"的天人合一的理想风水宝地构建村落，聚族而居，解决衣食之虞，又抵御客地的风险，同时能福荫子孙。以徽州传统村落为例，因其地理位置和地形地势的缘故，在宋元以前并没有被世人所熟知，在南迁的人口流动过程中才逐渐人丁兴旺起来，而且在随迁人口中，向往上升的知识分子居多，所以徽州很好地保留了儒教理学的影响，对教育的重视形成了一种习惯。宋元以后，特别是明清时期的徽州，既是一个徽民"以贾代耕"、"寄命于商"的商贾活跃之区，又是一个"十户之村，不废诵读"的文风昌盛之乡，形成了胡姓建村于龙川、西递，汪姓选址于宏村，吴姓卜居于昌溪，罗姓定居于呈坎，曹姓立足于熊村，石姓落户于石家，倪氏扎根于渚口，江姓聚族于江村的空间格局。这些氏族尊崇孔孟儒学，倡导等级有序的宗法文化传统，尊祖叙谱，敬宗建祠，强化崇文敬教、光宗耀祖的道德激励。各个村落建有宏伟的书院，延请饱学之士谆谆施教，认同读书志在圣贤，因此文风鼎盛，不废诵读，致以才入仕者多，以文垂世者众，经商成功者无数。

（3）乡村建设的制度约束

中国古代乡村规划建设受到自然环境的影响和限制以及社会环境的血缘族亲的维系与制约，村庄规划和建筑空间布局体现了传统农耕文化的地域性适应和文化性分异，并通过传统风水理论中的约定俗成、宗法严格的伦理秩序、乡规民约隐含的建设规则、长期经验形成的朴素思想等共同引导和维护，共同构成传统村落的潜规则[1]，促进整个村落格局的规整性、协

---

[1] 王挺, 宣建华. 宗祠影响下的浙江传统村落肌理形态初探 [J]. 华中建筑, 2011 (2): 164-167.

调性和统一性的形成。宗法制度对古代乡村建设的影响体现在聚落等级、聚落空间秩序和宅居的等级营造制方面,包括官方法式和各种约定俗成的样式,作为社会共识形成的"谱",加之由地方工匠来营造村落、宅居的匠作制度,鲜有具体的空间和形体设计,因此极具地域特色和民族特色。乡规民约是一种地方性的处理地方社区事务的较为完整的社会组织体系。因此,尽管村落的空间建设往往是自发的过程,但由于村落成员对地理气候、风水信仰、生活方式和文化观念等因素基本达成共识,从而形成了独特的建构活动的传统模式和精神。由此形成的聚落格局和聚落景观,极为注重群体的塑造和整体关系的建构。[1] 在建设过程中,通过家法、族规以及其中的奖惩机制和道德约束维护乡村的社会秩序和建设秩序,确保后期建设按照既定的原则、符合预期的设想进行。如安徽休宁县茗州吴氏宗谱《做屋》云:"上自水落,下自墩垾,不得私买地基建造。此外有做屋者,亦需禀明祠堂是何地名……正脊一丈八尺至二丈止,毋得过于高大,一切门楼装修,只宜朴素,毋得越分奢侈,以自取咎。"[2] 长期经验形成的朴素思想归结到建设秩序、监造规定等诸方面,如傣族的建寨规定是先立寨心、寨门,形成十字格局 [3],实际上界定了村寨中心和空间边界。

(4)乡村建设的制度激励

中国古代乡村规划建设有赖于内部成员对居住环境的认识能力和价值评判。耕作型村落呈"点"状分布,在松散的空间结构下,依靠平等继承等制度的激励,村民自发进行公共空间和基础设施的合作建设,如寺庙、祠堂等,从而获得直接或间接的所有权保障。在宗族制度下,"同居共财"的财产制度决定了传统继承制度的分家习惯,使下一代代替上一代承担以家庭财产为物质基础的伦理义务。一般而言,尽管传统宗法制度以长子承重,在继承上拥有一定的特权,但传统乡村的分家析产仍以诸子均分为主要形式。[4] 在该继承制度下,土地的规划和建设可实现

---

[1] 金涛,张小林,金飚.中国传统农村聚落营造思想浅析 [J].人文地理,2002(10):45-48.
[2] 朱晓明.历史·环境·生机 [M].北京:中国建筑工业出版社,2002:54.
[3] 付声晖.原始宗教观念对傣族传统村落空间的投射 [J].理论界,2010(1):146-147.
[4] 焦垣生,张维.中国传统家文化下的财产继承 [J].西安交通大学学报(社会科学版),2008(11):65-70.

一脉相承，不同权属的私有土地能在家族契约下实现整体效益，而且通过族系和血缘维系的传统乡村是不同阶层人群的生态群落，乡村阶层主要通过住宅形制体现，而不是现代按照财富和社会地位划分的同类阶层的空间集聚，因此极易形成自由灵动的乡村肌理。中国古代乡村建设的基础设施和公共服务设施均为村庄百姓捐赠或共同出资、投工投劳修建而成，一般道路等基础设施为乡村百姓共同建设，而住宅及祠堂等建筑的建设则聘请传统工匠完成。如《黟北宏村编年史卷》的记载是为典型的投工投劳制度：明成化六年（1470年）的特大山洪使村子北半部的水系陷于瘫痪之后，由七十七世祖伯清公牵头，"议决凡汪门支丁，每人担石四筐，上山压土除砂下落"。成化十三年（1477年），伯清公又"谋划雷岗山按地形高差梯级垒坝数十级，用大卵石方砌"。

第三章
中国当代乡村管理制度特征与制度差异

新中国成立以来我国逐步形成城乡分治的二元制度，以城乡二元户籍制度、财政属地化管理制度、城乡分治的规划管理制度为其核心制度。[1] 乡村治理逐步走向高度集权的官治化，并在城乡分治的基础上形成以土地为核心的当代乡村规划和建设的硬性制度。

一、当代乡村管理制度的特征与比较

1. 行政管理制度

新中国成立后乡村行政管理制度的根本性变革并未和惯常的改革开放时间完全契合，相对滞后于经济体制改革，分为两个阶段：1982年前和1982年后。

（1）新中国成立后至1981年：人民公社时期，高度集权

这一时段又分为三个时期：

一是土地改革与合作化时期（1949~1957年），代表性特征是村组织行政化。新中国成立初期，国家首先向农民兑现了土改承诺，实现了耕者有其田。随后开始进行合作化，先后经过互助组、初级社、高级社。在新政权刚刚进入乡村地区以党支部为核心的一元化权力结构之前，"农会"作为一种权力机构运行，曾经起到了过渡的"保甲制度"的作用，主要承担清匪反霸、减压退租、土地改革以及培养和输送新兴村庄精英的任务（表3-1）。在乡村新秩序建立之后，根据1950年的《乡（行政村）人民政府组织通则》的规定，行政村作为最基层的政权机构出现，隶属于乡一级政权，村长、副村长等职务均由乡一级政府任命，从而将

---
[1] 许玉明，廖玉娇.城乡分治制度的若干表现及其内核[J].改革，2011（01）：60-64.

基层村庄纳入官治系统中，实现了国家权力对村庄的垂直延伸。与此同时，对中国乡村地区权威和秩序建立的长远发展起到更为重要作用的党组织深入乡村，"党支部"成为乡村权威中真正的核心。党组织通过"界定精英"、"输送干部"和"组织精英"的方式，完成对农村权威和秩序建立的实际控制。

农会与保甲制度对比分析　　　　　　　　表3-1

对比内容	农会	保甲制度
精英群体	贫农、雇农、中农、手工业者和贫苦知识分子	任职资格与培训
组织方式	以甲为单位，成立农协小组，选正、副组长各一人；以保为单位，成立农协分会，选择正、副主席各一人	保长、副保长、保国民兵队副保长、文书、保管等职事
主要职能	清匪反霸、减压退租和土地改革	剿匪清乡
其他职能	培养和输送新兴村庄精英	清查户口、联保连坐、征兵、征工、征粮、征税为主

二是人民公社政社合一时期（1958~1977年），代表性特征是乡政府与人民公社合并。通过政社合一的人民公社，打破了传统乡村血缘和宗族的组织形式，禁止宗教活动，取缔帮会，学习文化、参与政治、移风易俗成为乡村公共活动的重要内容。《农村人民公社工作条例修正草案》规定：人民公社组织可以分为公社和生产队两级，也可以是公社、生产大队和生产队三级，生产队是基本核算单位。生产大队管理委员会在公社管理委员会领导下，管理本大队范围内生产队的生产和行政工作。人民公社的主要工作内容包括：①制定生产计划；②对生产队的生产工作、财务管理和分配工作进行正确指导、监察督促，帮助改善经营管理；③领导兴办和其他农田基本建设；④在大队范围内督促生产队完成国家规定的粮食和其他农副产品的征购、派购任务，帮助安排好社员生活；⑤管理全大队的民政、民兵、治安、文教卫生等工作；⑥进行思想政治工作，贯彻执行中央的政策法令。这一时期，乡村的所有活动由国家自

上而下统一安排,乡村自主能力是最低的。

三是人民公社政社分开时期(1978~1981年),代表性特征是管理真空。1978年12月党的十一届三中全会之后,中国进入改革开放时期,乡村地区新秩序的建立从经济领域开始,而改革的核心便在于对人民公社制度的否定,开始实行生产责任制,特别是联产承包制。实行政社分开,意味着政府退出了生产者角色,使得农民的日常生活渐渐脱离政府处理事务的范围。随着政府引领经济发展的作用消失,政社合一的人民公社的权威地位随之消失,而其对乡村秩序的全面控制也不复存在,乡村出现了管理上的真空期。

(2)改革开放以来:村委会建立,乡村自治力量回归

1982年12月第五届全国人民代表大会通过的《中华人民共和国宪法》确定废除人民公社,规定乡、民族乡和镇是我国最基层的行政区域,乡镇行政区域内的行政工作由乡镇人民政府负责,实行乡长、镇长负责制,乡镇长由乡镇人民代表大会选举产生。农村居民居住地区设立的村民委员会是基层群众性自治组织,村民委员会的主任、副主任和委员由居民选举产生。1983年10月中共中央、国务院下达《关于实行政社分开建立乡政府的通知》,要求村民委员会积极办理本村的公共事务和公益事业,协助乡人民政府搞好本村的行政工作和生产建设工作。按照统一部署,大多数地区以原人民公社为单位成立乡政府,以生产大队为基础建立村民委员会,生产队改为村民小组。

在1982年《宪法》和1983年"通知"颁布之后的一段时期内,村委会的干部基本上还是由乡镇政府指定或者任命,没有实行以民主选举为核心内容的自治。1987年11月全国人大通过《村民委员会组织法(试行)》,1988年2月民政部下发《关于贯彻执行<中华人民共和国村民委员会组织法>(试行)的通知》后,国家行政权力的垂直延伸由村一级收回到乡镇级别,各地才真正开始实际意义上的村委会自治建设。"乡政村治"作为乡村社会秩序建立的基础和基本社会组织方式,其核心是乡村管理中的"村民自治",体现了市场经济背景下对村民个人权利的承认和保护,标志着国家权力在乡村地区的"全面控制"的瓦解,促使

基层生产资源的控制结构出现分化，包括乡属机构、乡镇等基础治理组织的多中心分化和生产资源支配性的中心由县、公社下落到村庄层次。

2. 经济运行制度

中国乡村通过耕地家庭联产承包和耕地保护两项制度实现乡村地区的经济运行管理。

（1）经济运行制度体系

中国乡村在面临人地关系和城乡二元结构矛盾的背景下，催生了集体土地所有制基础上均分土地的家庭联产承包制小农户经济，相比人民公社的集体生产，家庭联产承包制的农产收益完全归于农户，可有效激励农户，大量降低监管成本。同时，国家通过提高农产品收购价格、加强农资生产和优惠供应等方式以及统分结合的双层经营体制，有效降低了农户的生产和经营成本，增加了农户收益，提高了农业生产效率。基于各地资源禀赋及社会基础，家庭联产承包制度在全国范围的广泛推行衍生出6种实际操作形式[1]，其中苏南和广东南海基于机械化的集体耕作方式衍生出土地股份合作模式，模糊了农户和地块之间的直接联系，集体的剩余劳动力转移至发展基础较好的乡镇企业，通过工业生产补贴农业生产实现集体经济的繁荣。联产承包制度尽管对农民的土地承包经营权给予了一定程度的保障，但土地的产权仍掌握在由国家控制下的集体组织手中。同时，集体组织为农民提供的技术、信息、物资等作用有限，普遍存在规模不大、实力薄弱、管理制度不健全和稳定性较差等缺陷[2]，致使农民在多利益群体的博弈中始终缺乏话语权。

耕地保护制度包含土地用途管制、耕地总量平衡、耕地占补平衡、耕地保护目标责任、基本农田保护、土地开发整理复垦以及土地税费等系列制度，是基于国家粮食安全和生态安全的角度设定的，缺乏对农民在承包地上的农业生产经营活动的引导和控制。其中征用土地制度对农民利益影响最大。随着我国城市化进程的加快，地方政府在经济发展目

---

[1] 姚洋. 土地、制度与农业发展[M]. 北京：北京大学出版社，2004.
[2] 钱忠好，曲福田. 规范政府土地征用行为，切实保障农民土地权益[J]. 中国农村经济，2004(12)：4-9.

标的诱导下大量征用农地，农民的权益屡屡被侵犯。一方面，农民并未因土地征用得到合理的征地补偿，反映出土地增值收益分配不公的实质；另一方面，因土地征用导致大量失地农民成为"无地、无岗、无低保"的"三无"游民，产生严重的社会问题。这些现象从侧面反映出了我国现行的乡村治理制度的弊病：农民缺乏维护自身利益的土地权利基础和组织保障。

（2）经济运行基础变化

乡村治理的经济基础体现在两个方面：一是社会经济结构。自明清以来中国古代乡村的社会经济结构经历多次变迁，不同地域的变迁强度又有所差异。随着新中国成立以来城乡发展差距的逐步拉大，传统的农耕文化逐渐瓦解或产生变异，乡村经济基础发生变化，直接导致乡村空间结构和管理模式的分异（表3-2）。二是社会财富分布。与中国古代乡村是财富高地相比，当代乡村则是财富洼地。改革开放前，由于宏观的发展环境并未给国家增强其对乡村的整合与控驭能力提供足够的时间和资源，相反，构建中国重工业体系的大量资本需求以国家单向度地加大对乡村的索取为特征，乡村财富流入城市，导致了国家与农民利益的矛盾。改革开放后，城市作为城市化的空间载体，城市和城市居民由于地价升值而成为改革开放后社会财富增加的受益主体，而乡村和乡村居民较少获得社会增值收益，整体呈现人口和智力的流失。早期乡村居民的打工收入大部分回流乡村用于建房，造成资本大量沉淀的同时，由于收入差距悬殊和缺乏建设引导，乡村住宅建设标准、水平千差万别，总体质量不高。当前由于教育基础设施调整等因素的影响，一部分乡村居民根据自己的经济实力在县（市）、镇购房，导致回流乡村的社会财富越来越少，乡村财富严重不足。

传统与当代乡村经济基础分异　　　　表3-2

	传统乡村	当代乡村
生产方式	农耕	农工
社会保障	农业保障，家庭保障	农业保障，国家保障

续表

	传统乡村	当代乡村
收入状况	均衡，收入差距不悬殊	较低，收入差距加大
收入构成	农业生产经营+外出经商+手工业	农业生产经营+非农经营+外出务工
生活方式	田园生活方式，男耕女织	家庭分散，老幼留守
微型种养空间	存在	随着宅基地迁并移消失
宅基地	购买	福利供给，一户一宅
耕地	购买	分配承包
自住房屋	自建	自建
公共服务设施	共同建设，投工投劳	集体经济衰落，政府建设，一事一议
显性特征	健康有序	衰败混乱

3. 社会管理制度

（1）社会运行制度特征

乡村社会运行制度的核心特征体现在两个方面：

一是乡村权威。新中国成立后随着政治更迭和新的意识形态合法地位的确立，乡村的精英构成发生了根本性的变化。中国古代乡村精英，既有体制内的又有体制外的，既有政治型的精英，又有经济型、宗教型和文化型的精英，而在人民公社结束之前的新兴精英被压缩到了"体制内的政治精英"这个范围之内。20世纪50年代的乡村改造中，党的体制性吸纳开始成为跻身于乡村精英的唯一途径，其评价标准是出身贫困，"意味着根红苗正，具有革命性与政治的坚定性"。在精英重新界定的过程之中，必然带来历史选择之下一些小人物的崛起，产生了感恩忠诚型和压力政治型两类乡村精英，在乡村新秩序中扮演重要的领导角色：感恩忠诚型党员是共产党让其翻身才成为了基层管理者，基于这种感恩式忠诚，不仅能够自觉地在行为上与上级党领导保持一致，而且在贯彻实施的过程中，往往能将其效应（包括负效应）发挥到极致；而压力政治型的党员干部因惧怕惩罚，坚定不移地贯彻实施上级党组织的命令和指示,即使在政策和判断严重不符合事实,影响乡村地区的发展时亦是如此。

二是运行规则。20世纪50～70年代之间,组织的权力核心作用、精英连带机制、村庄权力的全能性特征以及村庄精英的感恩式忠诚和压力性政治,是国家全能性权力覆盖和遮蔽村庄权力的几个关键的变量。国家的政令指示常常超越行政途径,直接通过自上而下的党组织系统完成传达和贯彻实施:①通过党组织的垂直延伸,国家权力得以消除历史上村庄权力边缘的特征;②通过以党权为核心的乡村权力的全面扩展,国家权力得以渗透到乡村生活的细枝末节;③通过以党员、干部为核心的村庄精英对新政治的感恩式忠诚,国家权力得以高合法性地在乡村社会构筑;④通过压力型政治,国家得以严格地规范与约束基层干部的思想和行为,进而通过他们去规范和约束全体社员。[1] 这一时期乡村地区在经济上的特征表现为"合作化"和"集体化",政社合一体制本意在于克服小农经济的落后性,实现农业的现代化,但随后的发展使其超越了经济领域,开始干预和控制农民家庭经济生活,并辐射到村庄生活的方方面面,村政权力开始走向"全能性"的特征。

(2)社会运行基础变化

与中国古代乡村相比,当代乡村社会管理发生了三个基础性变化:

一是治理主体颠覆。传统中国乡村权威和秩序的建立过程中,无论是族权权威还是保甲制度,都体现了一种对知识分子的尊重和精英治理的思想,但在新中国成立后,整个社会的"精英评价标准"和精英构成均发生了根本性的变化:在过渡时期,阶级斗争和政治运动被作为武器,用来剥夺地主和富农等传统精英阶级的精英地位,而乡村精英的评价和遴选标准开始由"注重财富和文化的积累"转为"贫穷与革命"。1952～1978年间,乡村治理模式表现为社会权威的日益萎缩,乡村精英绝大多数流向城市,导致乡村治理难度增加,政治权力逐渐强化且缺乏相应制约,于是"国家经纪人"应运而生。自1978年改革开放以来,

---

[1] 唐凯. 历史视野中的中国国家权力 [J]. 晋阳学刊, 2007 (6): 15-18.

随着人民公社体制逐步废除，我国农村建立村民自治制度，形成了"乡政村治"的新型治理模式，而乡村治理主体也呈现多元化特征。这种委托—代理关系下的"乡政村治"治理模式产生了国家政权的内卷化，乡镇政府的公共权力控制了乡村社会的自主性权力。[1]

二是乡村秩序逐渐解体。随着乡村经济市场化和工业化、城镇化的快速推进，传统乡村由全耕社会向半耕社会演进，原本的生产生活瓦解，家庭联产承包责任制的实施，使村民呈现原子化状态，家族组织功能弱化，家族成员之间人际关系疏远，传统的家庭组织形式和功能发生变化，逐渐失去维系和整合功能，传统的乡村社会关系资本和社会价值逐渐淡化，居住的复杂性导致自利性，而维系传统乡村社区关系的血脉、精神、场所也不复存在，导致传统村落社区精神不复存在。

三是传统居住模式颠覆。乡村空间秩序是社会秩序的表征，尽管每个民族都有自己的理想居住模式，但还没有一个民族像中华民族一样形成了一整套基于风水学的理想居住模式和墓葬吉凶意识及操作理论，这是中国独有的文化，是基于人与自然关系形成的土地伦理及对待自然和土地的态度，但这个产生于前科学时代的文化遗产和文化景观，即藏风聚气的理想风水模式非但不能解决当代中国严峻的人地关系危机，而且成为了时代发展的障碍，因乡镇集市贸易的经济网络的开放而形成的地方性市场商业空间与血缘网络的内聚和交往形成的精神和文化空间完全不同，宗族伦理性社区演变为商业社区。追求经济利益和生活便利所必需的交通成为乡村发展的核心动力机制，沿路无序发展、空间追大求洋成为时代的特征，从根本上颠覆了传统的乡村建设观。

4.社会保障制度

（1）公共产品保障制度

我国乡村公共产品的供给制度经历了计划经济和市场经济两个时期，形成了三种不同阶段的制度安排：

一是改革开放前（1983年前）：政治动员，强制性。改革开放前的

---

[1] 于水.农村公共产品供给与乡村治理：主体、模式及其关系 [J].南京农业大学学报（社会科学版），2011（12）：1-8.

农村公共产品供给制度与人民公社制度紧密相关。人民公社制度凭借对人、财、物的绝对支配权和管理权，依靠大规模的政治动员和强制性的行政手段促进了农村公共产品建设，保证了农村公共产品的基本供给。这一时期，农村公共产品建设所取得的巨大成就，突出地表现在兴修水利、农田基本建设、新式农具和农机推广、农资供应、农作物病虫害防治、农业生产技术和先进增产经验的推广以及低水平的社会保障等方面。但是，由于这一时期农村公共产品的供给以计划经济为基础，是国家供给型的供给机制，所有公共产品的生产与供给只能通过计划的渠道，采用政府分配的形式来获得与解决，因此，在实际过程中，往往会出现农村公共品供给与需求脱节的状况。

二是改革开放初至农村税费改革前（1984~2004年）：自上而下、制度外。这一时期的农村公共产品供给制度的特征是自上而下的制度外公共产品供给。随着人民公社的解体，乡镇政府得以逐步建立，并开始建立了一级财政。在全国绝大多数农业型乡镇，乡镇税内收入往往不够支付乡镇行政事业人员的工资和维持乡镇日常运转所需，很少有钱来用作农村公共产品供给所需的资金。正因为如此，农村公共产品的供给和维持要依赖于制度外筹资渠道。所谓制度外筹资，主要包括农村义务教育、计划生育、优抚、民兵训练、交通建设等乡镇"五项统筹"，村组织的公积金、公益金、管理费等"三项提留"以及各种集资、罚没收入。这种制度外筹资机制具有很大的随意性，在缺乏有效监管的情况下，部分地区演变为乱收费行为，加重了农民的负担。除此之外，自上而下的决策机制并不能使农民真正表达出对农村公共产品的偏好，但县、乡、村各级组织为了应付自上而下的达标升级事务，或者是为了自身部门或组织的利益，完成了大量与农民需求无关的项目，致使农村公共产品过剩与供给不足的矛盾并存。

三是税费改革开始后（2005年后）：一事一议。农村税费改革逐渐取消了乡统筹费、农村教育集资等专门面向农民征收的行政事业性收费和政府性基金、集资，取消了统一规定的劳动积累工和义务工制度，改革了村提留征收使用办法，一定程度上减轻了农民负担，也改变了农村公共资源的筹集制度。具体体现为公共财政和乡村社区基础上的两个维度的制度建构。公共财政基础上的制度建构并不是严格意义上的公共财政，而是以中央和省市财政转移支付为基础，进行农村公共产品供给。取消农业税之后，中央明显加大了对农村公共事业和公共产品供给的投入力度，这种投入主要有两种途径：一是通过专项拨款直接由中央来负担某些项目的供给，如义务教育、乡村道路建设、新型合作医疗补助、土地开发基金；二是由中央和省市向县乡进行转移支付，以增强县乡供给农村公共产品的能力。前者主要通过自上而下的各个部门来完成农村公共产品供给的决策和实施，而后者则主要依托县乡决策来施行。乡村社区基础上的制度建构是乡村组织退出乡村公共生产事务，依托乡村社区来供给公共产品的制度安排，其中最主要的制度就是筹资方面的"一事一议"。

长期以来，我国的基础设施与公共服务建设在规划制度和财政保障上分属两个体系。《土地管理法》界定了城市总体规划、村庄和集镇规划与土地利用总体规划之间的关系。然而，现有的村庄规划常常缺乏内生机制和需求的考虑，并不能真正切合村庄的发展基础和能力，因而带来了乡村公共配套基础设施的不足等问题。在财政保证上，中央和地方财政在城市的基础设施建设和公共服务方面投入大量资金，而农村基础设施建设和公共设施服务呈现出多元供给主体的态势。大型的农村基础设施建设由于农村经济状况较差，资源动员能力不足，一般由乡镇和县政府投入兴建，属于纯公共产品。而准公共产品主要基于"一事一议"制度由乡村基层组织发动建设，在基层政府和组织缺乏财力保障的情况下，造成了城乡的基础设施和公共服务建设差距的逐年拉大。

（2）住房保障制度

我国实施"一户一宅"的住房福利化制度，即除了在城镇商品房市场上购买住房外，农民有权利在其所在的村集体范围内获得一块一定面积的宅基地用于住宅建设。农村宅基地是农村土地的重要组成部分，但中国并没有为农村宅基地专门立法，而是通过《物权法》《土地管理法》《村民委员会组织法》等法律和《关于加强农村宅基地管理的意见》等政策制度共同规范和调整。这种制度设计的欠缺在于：既没有考虑到住宅建设用地的供应很难跟上农村人口的增长和代际累加速度的加快,也没有考虑退出机制。村庄的空间秩序的维护仅仅通过国土部门的宅基地管理原则进行界定,赋予村委会极大的管理权限,政府层面无论是直接管理还是间接监管都是严重缺失的,即村庄建设用地的获得是极不规范和随意的,这也是我国很多农村地区宅基地一户多宅现象多发的根本原因。

(3)乡村社会保障制度特征

我国乡村社会保障存在三个方面的问题:

一是乡镇政府供给乡村公共产品的财力不足。取消农业税前,镇级政府为了能够完成税费任务而深度介入到农业生产和农村公共事务之中。取消农业税后,公用经费的安排由"县乡两级"转变为完全由县级政府安排,县以下财政基本破产,镇只承担"消费"功能。镇级政府作为预算单位,没有组织收入职能,即不参与税收分配,失去了"汲取"功能,缺乏介入农村公共事务和农业生产事务的积极性,对公共利益的维护采取的行政干预手段极其薄弱。镇级政府消费支出实施包干制,导致只能依靠拨付经费和专项资金进行运转和项目建设,镇建设和运营维护资金的投入缺乏可靠的预算,由于基层缺钱,对上级产生强烈的资金依赖,上下级组织之间以获得资金为目的的经济关系加速形成,公共服务设施的建设存在极强的目的性和选择性,无法实现镇域层面的统筹。农业税取消以后,中央财政也加大了对地方财政转移支付的力度。然而,考虑到税费改革前,农民合同外负担数量庞大,而中央财政在计算税费改革补贴时,较少考虑农民合同外负担的部分,从而使得乡村税费改革后,地方财政困难加剧。同时,这些资金在使用的过程中也暴露出了许多问题,比如转移支付资金在层层拨付的过程中,普遍出现了"雁过拔毛"现象,"路损"情况严重。此外,乡村债务也加剧了乡镇财政运转的困难,降低了乡镇政府供给农村公共产品的能力。这导致了乡村基层政府的双重困境:乡镇政府既无力供给农民急需的公共产品,又会伤害民众感情,失去政府的威信,使乡镇政府丧失了动员和组织各种力量提供农村公共产品的能力和积极性。

二是农民自我供给农村公共产品存在困难。人民公社体制解体后乡村行政治理理应逐渐被村民自治所取代，但在乡村生活的实际运作中，村委会及其村民小组仍带有很强的"准行政化"色彩。伴随着农村税费的改革，合并村组、合并乡镇、"减人减事减支"的改革也在不断推进，使得乡村规模的扩大与村级干部的减少同步，乡镇政府和村委会组织与村民群众的联系越来越少，在村庄组织没有集体收入的情况下，村级财力进一步削弱，大多数村级组织在行政强制和财力匮乏的情况下被迫退出公共事务。同时，农村内部社会阶层和利益群体的分化越来越明显，村庄内公众意愿的整合更加困难，农民在面对农村公共产品供给时有一种特殊的公正观：不吃亏是最重要的，而不是最终能获得多少利益。这就导致了在农民特殊公正观逻辑下的集体不行动的尴尬局面，"一事一议"的乡村社区筹资方式难以推进。

三是乡村公共产品供给的专项资金存在高交易成本。自国家提出新农村建设的战略方针以来，大量的专项资金通过各部门、各种渠道流向农村、农业与农民。专项资金的运用需要下级政府向上级掌握专项资金的相关部门申报，这实际上是公共产品供给权力的上移。一旦信息不对称，难以保证项目申报和评审过程中不会产生寻租行为，进而降低供给的效率，提高交易成本，而且自上而下的专项经费可能与农村实际的公共产品需求有一定差异，容易向资源优势地区集中，通常不是向最需要的地方雪中送炭，而是向公共产品较好的地方锦上添花，并不能准确反映出农民对农村公共产品需求的偏好，出现扶强不扶弱的现象。

随着城乡人口流动的社会现象日益突出，"空心村"、住房空置、一户多宅、宅基地闲置等已成为宅基地管理中亟须解决的问题。对此，2007年的《物权法》确立了宅基地使用权的物权性质，并明确农村村民建住宅应当符合乡（镇）土地利用总体规划，并尽量使用原有的宅基地和村内空闲地。但在实践中，村庄建设规划与土地利用总体规划之间不同步，因而居民点分布缺乏规划指导和布局控制，加之我国对农民的宅基地用途管制普及力度仍不到位，监管机制仍不完善，造成农民建房随意、居民点建设占地规模大的现象层出不穷。原因在于：在现行管理体制和机制下，规划的管理控制难以真正落实到乡村地区。

二、当代乡村规划理论与规划管理

1.规划理论基础

学术界对乡村规划建设的研究长期存在盲区,城市规划学科则一直存在着较为明显的"城市中心"偏向,较少涉及农村腹地。近年来,随着国家对"三农"问题的重视以及对城乡矛盾认识的不断深入,城市规划界的研究范围开始拓展到农村建设领域,对农村地域的陌生导致了农村住区规划编制中缺乏足够的理论准备,只能依照城市规划的经验进行,即以城市规划为参照和发展的起点,目前城市规划的理论与技术方法逐步发展,但乡村规划编制技术仍严重依托城市规划,处于探索阶段,严重滞后于城市规划的发展,普遍使用城市规划的理论指导乡村规划,并停留在计划经济条件下的城市规划认识层面,因此,将功能分区理论、级配理论、规模效益理论等较为广泛地应用于乡村规划的用地空间布局、市政基础设施与公共服务设施配置以及居民点体系规划等方面,主要目的是改变乡村建设盲目分散的混乱状况,提高乡村投入的经济效益。

(1)功能分区理论

功能分区理论来源于1933年的《雅典宪章》,即城市应按居住、工作、游憩进行分区和平衡的布置,建立把三者联系起来的交通网,以保证居住、工作、游憩、交通四大活动的正常进行。城市功能分区是按功能要求将城市中的各种物质要素,如工厂、仓库、住宅等进行分区布置,组成一个互相联系、布局合理的有机整体,为城市的各项活动创造良好的环境和条件。村庄规划借鉴城市规划的做法,根据功能分区的原则确定村庄建设用地利用和空间布局形式,主要分为居住区、公建区、生产区等,并成为了当前村庄规划的一种重要方法。

(2)级配理论

级配理论是当前我国城市与乡村公共服务设施配置的基本理论,即在分等定级的基础上确定公共服务设施配置的等级和规模。目前级配理论已经具有一定的理论延伸,"级"由单纯的行政、规模层级演化为系统和体系,"配"由单方供给转向供需匹配、量体裁衣,因此级配标准的形式也发生了变化,分为刚性标准和弹性、指导性标准。目前已经废止的《村镇规划标准》GB 50188-1993中对村镇公共服务设施的配置就采用了按中心镇、一般镇、中心村、基层村分等级配置方式。这样的配置方式在目前依然被北京等地区自己制定的农村建设标准所沿用。

(3)规模效益理论

规模效益理论也称规模经济效益理论,是指适度规模所产生的最佳经济效益,由微观经济学理论中由于生产规模扩大而导致的长期平均成本下降的理论衍生形成,主要应用于农村地区公共服务配置,即在政府公共投入短缺的前提下,公共服务设施配置和公共服务提供的基本原则是效益最大化。该理论未考虑公共服务设施配置投入的社会效益和环境效益,同时,成本计算过程中仅考虑政府投入,未考虑村民和社会的投入,仅考虑近期效益,较少考虑远期效益。

2. 规划编制历程

(1)新中国成立后到改革开放前:农村温饱生存型阶段

新中国成立后,1949~1957年全国农村地区主要进行恢复生产、重建家园工作,建设了一批新房,大幅度改善了农民的居住条件,农村卫生条件初步好转。1957年之后的20年间,中国农村以"大跃进"为开端,开展"人民公社化"和"农业学大寨"运动,农村高级合作化,农业生产由个体转为集体,村庄建设中规划了与集体生产和集体活动相适应的场所和建筑物。村庄规划的原则是适用、安全、卫生、经济、美观。[1] 村庄规划包括现状研究、总体规划和农民新村规划三部分。[2] 当时国家的战略重点是在城市构筑国家工业体系,农村的建设发展非常缓慢,低矮的土坯房是当时中国农村的缩影,村庄建设仅能满足居民生存需要。

(2)改革开放后到80年代末:农村居住条件改善阶段

党的十一届三中全会后,农民开始积极地、自发性地建设住宅和

---

[1] 郝力宁. 对农村规划和建筑的几点意见 [J]. 建筑学报, 1958(8).
[2] 王吉螽. 上海郊区先锋农业社农村规划 [J]. 建筑学报, 1958(10).

集镇，同时带来了农房占用耕地的大幅度增加现象[1]，以致1981年国务院发出《关于制止农村建房侵占耕地的紧急通知》，同年提出了"全面规划、正确引导、依靠群众、自力更生、因地制宜、逐步建设"的农村建房方针，随后又颁布了《村镇建房用地管理条例》、《村镇规划原则》对村镇规划做出了原则性的规定，确定村镇规划分为总体规划和建设规划两个阶段。该时期村镇规划基本通过"两图一书"来体现，即村镇现状图和村镇整治规划图及说明书。1989年颁布的《城市规划法》缺少对村镇规划的规范和标准，造成该阶段的村镇规划编制不严谨、实施不严肃，新旧规划严重脱节，使规划失去了其应有的现实指导意义。

（3）90年代初到21世纪初：内部生活条件提升阶段

1993年、1994年建设部相继出台了《村庄与集镇规划建设管理条例》、《村镇规划标准》GB50188—1993、《关于加强小城镇建设的若干意见》、《村镇综合评价指标体系研究》、《全国重点镇调查与发展促进政策建议》、《小城镇建设技术政策》等相关文件。2000年发布施行《村镇规划编制办法（试行）》，提出村镇规划的完整成果包括村镇总体规划和村镇建设规划，最终成果体现为"六图及文本、说明书及基础资料汇编"，开始强调近期建设。确定镇总体规划包含镇域体系规划、驻地总体规划两个层面，镇总体规划成果直接指导镇的具体建设活动。村庄规划建设滞后，形成"城市像欧洲，农村像非洲"的整体景象。

（4）2005年至今：新农村建设村庄全面发展阶段

2005年党的十五届五中全会提出建设社会主义新农村的重大历史任务。2007年建设部出台《镇规划标准》GB50188-2007，该标准侧重于镇区规划，忽视了镇域规划，对周边地域联系的研究深度不够，对镇域空间资源合理配置的调控作用较弱。2008年建设部出台了《村庄整治技术规范》GB50445-2008，用于指导我国村庄建设的长远发展。该技术规范突出村庄环境整治规划，通过"三图、三表一书"（三图是村庄现状图、村庄整治规划图和设施图，三表一书是主要指标表、工程测算表、行动

---

[1] 方明，刘军. 改革开放以来的农村建设 [M]. 中国建筑工业出版社，2006.

计划表和说明书）指导村庄建设。全国省、自治区、直辖市的村庄规划纷纷制定适合各自省情的村庄规划技术要求。从我国农村规划的发展历史来看，村镇规划编制具有明显的阶段性，每一次规划编制方法的改进和调整都与当时的经济社会发展特点和需求密不可分。村镇编制框架体系逐渐由粗到细，规划编制层次亦由少到多。[1]

部分省市村镇规划建设管理主要内容一览表　　　　表3-3

地名	村庄规划建设指导文件	主要内容
北京市	北京市村庄规划建设管理指导意见	规划制定：所在地乡镇政府 规划内容：村域范围、现状分析、规划定位、各类用地和规划要求。具体包括：住宅、道路、供水、排水、供电、电信、垃圾收集、园林绿化、村委会、卫生室等农村生活生产设施、市政基础设施和公共服务设施，对基本农田、现状耕地、林地、古树名木、地表水体、地下水等自然资源，地上地下文物、历史文化保护区和古村落等历史文化资源的保护以及防灾减灾、防止污染、节能减排、产业发展和实施计划等 规划实施与建设工程管理：土地确权、规划许可、用地审批、施工管理、产权登记
天津市	天津市村镇规划建设管理规定	规划制定：所在乡（镇）政府负责组织，村民会议讨论同意 规划内容：防灾、给水、排水、交通、电力、水利、邮电通信、燃气、热力、环境保护、环境卫生；村镇新区开发和旧区改造 规划实施与建设工程管理：规划区内建设审批流程；建设工程规划管理
河北省	河北省村镇规划建设管理条例	规划制定：乡级人民政府组织编制 规划内容：（没有明确给出）包括乡（镇）域规划、集镇建设规划和村庄建设规划 规划实施与建设工程管理；规划区内建设审批流程；村镇建设的设计、施工原则；房屋、公共设施、村镇容貌和环境卫生管理
山西省	山西省村庄和集镇规划建设管理实施办法	规划制定：乡级人民政府组织编制，村民代表议会同意 规划内容：村庄、集镇总体规划；村庄、集镇建设规划（住宅、企业、公共设施、公益事业等各项建设的用地布局、规模和发展方向；道路、防洪、供热、给水排水、消防、供电、通信、绿化、环境卫生等安排；有关技术经济指标的确定） 规划实施与建设工程管理：规划区内建设审批流程；项目开办建设手续

---

[1] 邹艳丽，刘海燕. 我国村镇规划编制现状、存在问题及完善措施探讨 [J]. 规划师，2010（6）：69-74.

续表

地名	村庄规划建设指导文件	主要内容
内蒙古自治区	内蒙古自治区村庄和集镇规划建设管理实施办法	规划制定：苏木乡镇人民政府组织编制，监督实施 规划内容：（没有明确给出）村庄、集镇总体规划和建设规划 规划实施与建设工程的管理：规划区内建设审批流程；村庄和集镇建设的设计、施工管理；建筑设计标准、项目开办建设手续；房屋、公共设施、村容镇貌和环境卫生管理
辽宁省	辽宁省村庄和集镇规划建设管理办法	规划制定：市、县人民政府建设行政主管部门和乡级人民政府负责本行政区内的村庄规划 规划内容：村庄和集镇总体规划（乡级行政区域的村镇体系；村庄和集镇的位置、规划区界限及其建设用地规模；村庄和集镇的性质、发展方向、人口发展规模；村庄和集镇、交通、供水、排水、供电、通讯等公共设施的总体安排；主要非农生产用地的分布；乡级行政区域内主要公共建筑的配置；防灾、环境保护等专业规划）；村庄和集镇建设规划 规划实施与建设工程管理：规划区内建设审批手续；建筑的设计标准、项目开办建设手续；房屋、公共设施、村容镇貌和环境卫生管理；村庄和集镇建设资金管理
吉林省	吉林省村镇规划建设管理条例	规划制定：由乡人民政府组织编制 规划内容：村镇总体规划（乡镇行政区内的村镇体系；村镇的位置、性质、规模与发展方向、村镇交通、供水、供电、邮电、商业、文化教育、医疗卫生等设施的配套；主要非农业生产用地的分布；乡镇行政区域内主要公共建筑的配置；相关防灾、环境保护、绿化等专项规划）；村屯建设规划 规划实施与建设工程管理：建住宅的申请审批流程；村镇建设的设计和施工管理、项目开办建设手续；房屋、公共设施、村容镇貌和环境卫生管理
黑龙江省	黑龙江省乡村建设管理办法	规划制定：由乡镇人民政府组织编制，经村民代表会或者村民大会讨论通过 规划内容：乡村总体规划（乡镇行政区域内集镇和村屯的布局、性质、规模、发展方向，交通、供电、邮电等生产、生活服务设施的配置，绿化和主要生产项目的安排）；集镇、村屯建设规划（住宅、公共建筑、生产建筑、基础设施等各项建设的布局、用地规模、发展方向和有关的技术经济指标，近期建设计划以及重点地段建设项目的布置） 规划实施与建设工程管理：建设住宅的审批流程；工程建设管理；建筑设施和村容镇貌管理
上海市	上海市村庄规划编制与管理导则	规划的制定：乡、镇人民政府组织编制 规划内容：村庄定位与规模研究；村域规划；农村居住点规划和近期建设规划 规划实施与建设工程管理：规划审批手续；规划调整程序

续表

地名	村庄规划建设指导文件	主要内容
江苏省	江苏省村镇规划建设管理条例	规划制定：乡镇人民政府组织编制，应当先由村民会议讨论同意 规划内容：村镇规划包括乡（镇）域规划，乡（镇）行政区域内村镇布点，村镇的位置、性质、规模和发展方向，村镇规划建设用地范围，村镇基础设施以及其他各项生产和生活服务设施的配置，建制镇、集镇总体规划和详细规划（建制镇、集镇的性质和发展方向，人口和建设用地发展规模，住宅、乡镇企业、公共设施和公益事业街道中项目建设的用地布局和功能分区，有关的技术经济指标，对建设项目或者重点地段的具体安排和规划设计编制详细规划），村庄建设规划（人口和建设用地发展规模，建设用地范围，住宅、公共设施和公益事业等各项建设用地的布局，有关技术经济指标） 规划实施与建设工程管理：规划区内建设审批手续；村镇建设与管理的要求
浙江省	浙江省村庄规划编制导则(已废止)	规划制定：没有明确给出 规划内容：村庄规划编制体系包括镇（乡）域村庄布点规划、村庄规划、村庄设计、村居设计四个部分 规划实施与建设工程管理：没有提及
安徽省	安徽省村镇规划建设管理条例	规划制定：乡镇人民政府组织编制 规划内容：乡域总体规划（乡行政区内村庄和集镇的布局、性质、规模、发展方向；交通、供电、供水、邮电、能源、文教卫生等生产和生活服务设施的配置；主要生产项目安排）；集镇建设规划和村庄建设规划（村镇规模、发展方向；住宅、公共建筑、生产建筑、绿化、基础设施等项目建设的布局；近期建设计划等） 规划实施与建设工程管理：建设申请审批标准；村镇生态环境、污染防治等原则
福建省	福建省村镇建设管理条例	规划制定：乡域总体规划、集镇建设规划由乡镇人民政府组织编制；村庄建设规划由村民委员会编制 规划内容：乡（镇）域总体规划；村庄和集镇建设规划（居民住宅、公共建筑、生产建筑、道路交通、绿化和其他基础设施等各项建设的布局，人口及用地规模；发展方向和有关的技术经济指标；防灾规划） 规划实施与建设工程管理：规划区内建设审批手续；建设工程管理技术规定；村镇基础设施建设管理规定；村镇房屋管理
江西省	江西省村镇规划建设管理条例	规划制定：乡镇人民政府负责组织编制，县级人民政府建设行政主管部门予以指导 规划内容：集镇总体规划（乡级行政区内的村庄、集镇布点；村庄、集镇的性质、规模和发展方向；村庄和集镇生产和生活服务设施的配置；实施规划的政策措施）；集镇建设规划（集镇的住宅、公共设施、公益事业设施、生产经营性设施等各项建设的用地布局、用地规模，有关的技术经济指标） 规划实施与建设工程管理：规划区内建设审批流程；村镇建筑设施和施工管理规定；村容镇貌和环境卫生管理

续表

地名	村庄规划建设指导文件	主要内容
山东省	山东省村庄和集镇规划建设管理条例	规划制定:乡镇人民政府组织编制,须经村民会议讨论同意 规划内容:集镇域规划(乡级行政区域内村庄、集镇布点,村庄、集镇的位置、性质、规模和发展方向,规划建设用地范围,村庄、集镇基础设施以及其他各项生产和生活服务设施的配置等);集镇总体规划(集镇的性质和发展方向,人口和建设用地发展规模,住宅、乡(镇)村企业、公共设施、公益事业等各项建设的用地布局、用地规模和功能分区,有关的技术经济指标等);集镇详细规划;村庄建设规划(人口和建设用地发展规模,建设用地范围,住宅、公共设施和公益事业等各项建设用地的布局,有关技术经济指标等) 规划实施与建设工程管理:规划区内建设审批流程;村镇建筑设施和施工管理规定;房屋、公共设施、村容镇貌和环境卫生管理
河南省	河南省村庄和集镇规划建设管理条例	规划制定:集镇规划的编制由乡级人民政府负责编制;村委会组织编制村庄建设规划 规划内容:村镇总体规划(乡级行政区域的村庄布点,村镇的位置、性质、规模和发展方向,村镇的交通、供水、供电、邮电、商业、绿化等生产和生活服务设施的配置);集镇建设规划(住宅、乡(镇)村企业、乡(镇)村公共设施、公益事业等各项建设的用地布局、用地规模,有关的技术经济指标,近期建设工程以及重点地段建设具体安排);村庄建设规划(对住宅和供水、供电、道路、绿化、环境卫生以及生产配套设施作出具体安排) 规划实施与建设工程管理:管理规定;房屋、公共设施和环境卫生管理
湖北省	湖北省村庄和集镇规划建设管理办法	规划编制:乡级人民政府组织编制 规划内容:没有明确给出 规划实施与建设工程管理:规划区内建设审批流程;村镇建筑设施和施工管理规定;房屋、公共设施和环境卫生管理
湖南省	湖南省村庄和集镇规划实施管理办法	规划编制:由乡级人民政府负责组织,委托有相关资质的规划设计单位编制 规划内容:村镇总体规划(乡级行政区的村镇体系;村庄和集镇的位置、性质、规模及发展方向,规划区范围,道路交通、供水、供电、通信等设施安排,确定主要非农生产业用地分布;乡级行政区域内主要公共建筑的配置,综合协调防灾、环境保护等专业规划);集镇建设规划(综合分析确定集镇的性质和发展方向;具体界定规划区范围,并确定规划区范围内常住人口和用地规模,以此作为人口和用地规模论证的基数;提出规划期内集镇镇区人口及用地发展规模;确定各类建设用地标准,规模及布局,按照《村镇规划标准》及有关的技术规范,进行地块划分,并提出各功能地块的控制指标;确定集镇内部的交通运输系统,包括道路走向、红线宽度、断面形式、控制点坐标及竖向设计;布置给水、排水、电力、电信等基础设施及其他工程管线与构筑物;安排绿化、能源、环境卫生、防灾等工程;确定文物古迹的保护和景观、风貌的建设要求;进行综合技术经济论证,提出规划实施步骤、措施和方法的建议;编制近期建设规划,确定近期建设目标、内容和实施部署,并对局部重要地段的建设作出具体的安排和规划设计) 规划实施与建设工程管理:规划区内建设审批流程;村庄和集镇建设的设计、施工管理等专业规划村镇和集镇规划的审批流程

续表

地名	村庄规划建设指导文件	主要内容
广东省	广东省乡（镇）村规划建设管理规定	规划编制：乡镇人民政府组织编制 规划内容：总体规划（按照生产发展的需要和建设的可行性，确定乡镇、村的性质，发展方向，人口和用地规模，乡镇、村的位置，交通、电力、电信线路走向，主要公共建筑物和生产用地布局，分期建设目标和环境保护措施等）；建设规划（具体安排基础设施、公共设施、生产设施、生活服务设施的用地范围和建设方案，确定各项近期建设项目的坐标、标高和实施办法） 规划实施和建设工程管理：规划区内建设审批流程；村庄和集镇建设的设计、施工管理
广西壮族自治区	广西壮族自治区村庄和集镇规划建设管理条例	规划编制：由乡镇政府组织，由具有设计资格的村庄、集镇规划设计单位承担 规划内容：没有明确规定 规划实施和建设工程管理：规划区内建设审批流程；村庄和集镇建设的设计、施工管理；房屋、公共设施、村容镇貌和环境卫生管理
海南省	海南省村镇规划建设管理条例	规划编制：乡镇政府组织 规划内容：村镇规划包括镇规划，乡规划，村庄规划（规划区范围，住宅、道路、供水、排水、供电、垃圾收集、禽畜养殖场所等农村生产、生活服务设施，公益事业等各项建设的用地布局、建设要求以及对耕地等自然资源和历史文化遗产保护、防灾减灾等具体的安排） 规划实施与建设工程管理：村镇建设的管理（规划区内建设审批流程、建设的设计、施工管理）；村镇房屋管理（权属登记）；监督检查
重庆市	重庆市村镇规划建设管理条例	规划编制：乡镇人民政府负责编制 规划内容：村镇总体规划；村镇建设规划包括集镇建设规划和村庄建设规划（根据不同地区的特点和经济发展水平，各项建设的用地布局、规模、发展方向和有关技术经济指标，道路、能源、邮电、给水排水、绿化、防灾、环卫、环保以及生产配套设施作出具体安排） 规划实施和建设工程管理：规划区内建设审批流程，村镇建设的设计、施工管理，村镇房屋、公共设施、村容镇貌和环境卫生管理
四川省	四川省村镇规划建设管理条例	规划编制：乡镇人民政府组织 规划内容：村镇总体规划和村、集镇建设规划。村镇总体规划内容：乡级行政区域内集镇、村的布点、性质、规模和发展方向；村镇生产生活设施的配之，主要工副业生产基地分布和主要公共建筑设施的配置。集镇建设规划内容：集镇各项建设的用地布局、规模、发展方向和有关技术经济指标，道路、能源、邮电、给排水、绿化、防灾、环卫、商贸市场、文化、教育等各项设施建设的具体布局，近期建设及主要地段建设的具体安排。村建设规划内容：住宅和给排水、供电、道路、绿化、环卫以及生产配套设施 规划实施和建设工程管理：规划审批流程；村镇房屋实行产权登记管理制度；村镇建设的设计、施工管理；村镇房屋、公共设施、村容镇貌和环境卫生管理

57

续表

地名	村庄规划建设指导文件	主要内容
贵州省	贵州省村庄和集镇规划建设管理条例	规划编制：乡镇人民政府组织 规划内容：村庄、集镇总体规划；村庄、集镇建设规划（住宅布局和建筑风格，道路走向、宽度，养殖和加工等产业发展用地，供水、排水、供电、通信及其他工程管线和绿化、环境卫生等生产生活设施的具体安排，本村企业和教育、卫生、体育、文化等各项建设的用地布局和规模） 规划实施和建设工程管理：村庄建设；村民住宅建设；村庄管理
云南省	云南省村庄和集镇规划建设管理实施办法	规划编制：乡级人民政府负责组织 规划内容：村镇整体规划和村庄建设规划。居民住宅和生产设施、乡镇村企业、乡镇村公共设施和公益事业等建设 规划实施和建设工程管理：管理村镇各项建设活动，合法选址意见书，审批村镇工业、民用建筑设计，审核设计、施工单位资质，监督、检查村镇建设工程质量和安全生产；检查村镇的房屋、公共设施、村容镇貌和环境卫生的管理工作
西藏自治区	西藏自治区村庄规划建设指导性意见	规划编制：乡镇政府委托具有规划编制资质的规划设计单位 规划内容：村庄总体规划（村庄的布点，村庄规模和发展方向，村庄和农牧民住宅的总体风格，村庄的交通、供水、排水、供电、通信、绿化等生产生活要素）；村庄建设规划（村庄的交通、供水、排水、通信、绿化、环境卫生等生产生活设施的具体安排以及本村企业、公益事业等各项建设的用地布局和规模） 规划实施和建设工程管理：规划实施过程的管理工作；对自然环境的保护要求；村庄建筑设计原则；村镇饮水水源的保护要求
陕西省	陕西省乡村规划建设条例	规划的编制：乡（镇）人民政府 规划的内容：乡规划（规划区范围，乡行政区域内的村庄发展布局，村庄规模和发展方向，村庄和村民住宅的总体风格，村庄的交通、供水、排水、供电、通信、绿化、教育、卫生、体育、文化等基础设施和公共设施的配置以及对耕地等自然资源和历史文化遗产保护、防灾减灾等的具体安排）；村庄规划（住宅布局和建筑风格，道路走向、宽度，养殖加工等产业发展用地，供水、排水、供电、通信及其他工程管线和教育、卫生、体育、文化、绿化、环境卫生等基础设施和公共设施的用地布局和建设要求） 规划实施和建设工程管理：村庄建设、村民住宅建设、村庄管理
甘肃省	甘肃省村庄和集镇规划建设管理条例	规划编制：乡镇政府组织编制；建设规划须经村民会议讨论同意 规划内容：总体规划（确定乡级行政区域内的村庄、集镇布点；确定村庄和集镇的规划区域范围、位置、性质、建设用地规模、人口规模和发展方向；确定从村庄与村庄之间的交通联系网、给水排水方案、供电和邮电通信线路及设备的布局、走向，名乡镇企业和主要公共建筑、公益事业设施的配置及商业网点等生产和生活服务设施的合理布局；确定乡级区域内非农业用地的配置和开发；综合编制防灾、环境保护规划）；建设规划（住宅、生产建筑、公共建筑、道路、各种工程管线、绿化等各项工程建设的专业规划及其用地规划布置；确定有关规划技术经济指标；确定重点地段建筑物体量、造型、色彩，突出具有地方特色的建筑形式） 规划实施和建设工程管理：规划区内建设审批流程；村镇建筑设施和施工管理规定；房屋、公共设施和环境卫生管理

续表

地名	村庄规划建设指导文件	主要内容
宁夏回族自治区	宁夏回族自治区村庄和集镇规划建设管理实施办法	规划编制：由乡级人民政府负责组织编制，并监督实施 规划内容：村镇总体规划和村镇建设规划（没有具体明确） 规划实施和建设工程管理：规划区内建设审批流程；村镇建设的设计、施工管理；房屋、公共设施、村容镇貌和环境卫生管理

3.规划类型本质

（1）规划类型

近些年来国家和地方政府大规模推进的村庄规划，试图通过规划引领乡村的发展，大致包括三大类型：

一是整治型规划。规划内容不涉及村庄搬迁和建设用地流转，重点是村容村貌整治、基础设施和公共服务设施的建设等，目的是通过整治改善村庄人居环境和生产条件，促进村庄经济发展与社会进步。整治性规划通常会受到村庄的欢迎，但是也存在着自上而下的规划，项目选择、地块选址以及建设规模不符合村庄发展需求，建设资金不到位，缺乏相应政策配套等问题，造成许多规划难以实施。

二是保护型规划。保护型村庄规划是指对历史文化名村以及传统村落开展的专项保护规划。我国的历史文化名镇名村保护始于20世纪80年代。1982年以来，国务院先后公布了国家历史文化名村276个，各省、自治区、直辖市人民政府公布的省级历史文化名镇名村已达529个。2012年4月由国家住房和城乡建设部、文化部、国家文物局、财政部联合启动了中国传统村落的摸底调查。目前全国现存的具有传统性质的村落近12000个。截至2016年年底，共有4批4153个村落列入中国传统村落名录，形成了全国历史文化名村和传统村落体系。历史文化名城名镇名村保护已受到普遍重视，各地相继组织开展了历史文化名村保护规划的编制工作。在保护型规划中，最突出的问题是如何处理好保护与发展的关系。目前编制的许多规划，可以在技术上很好地保护历史建筑和古村落文脉以及非物质文化遗产，但在保护的同时如何满足村庄居民现代化发展的需要是没有完全解决的规划难题。正因为如此，许多自上而下的技术性村庄保护规划难以实施。

三是搬迁型规划。搬迁型规划是近10年来占多数的村庄规划。绝大部分搬迁型规划都与城乡增减用地挂钩项目相结合，冠之以统筹城乡发展的目标。同时，搬迁型规划在不同地区的内容和结果千差万别，大致可以概括为三种类型：一是系统推进型。这种模式的乡村规划不仅在新建村庄配套完整的基础设施和公共服务，大幅度改善农村人居环境，而且配套改革城乡社会保障一体化、就业培训、中小学师资建设等制度和政策体系，并通过市场化手段建立起城乡通融的发展机制，真正在城乡之间建立起良性循环。这种模式可以在5~10年内取得巨大成就，扭转城乡对立的利益格局，实现城乡居民共创共享的新型城乡关系，使广大农民得以分享城市发展的成果。2003年以来，成都在全市域范围内有效探索系统推进的模式，并取得了系统性成就，不仅淡化了城乡二元结构，同时还大幅提升了城市的竞争力，证明了统筹城乡发展的科学性和可操作性。二是新村建设型。这种模式通过农村建设用地的整理和新农村聚居点的建设，实现了农村的集中居住。在改进农民居住条件的同时，政府利用建设用地指标流转的资金改善了农村的公共服务设施，使农村的基础设施得到了巨大的改善。但是，在此过程中，农村并没有建立起促进城乡统筹发展的机制，农村的公共服务"软件"没有跟上，使得城乡割裂和城乡对立的局面没有得到根本改善，农村依然落后。三是土地掠夺型。在这种模式下，地方政府以获取建设用地为主要目标，强行推进城乡建设用地增减挂钩项目，甚至违背村民意愿进行拆村并点，掠夺农村土地为城市建设所用。这种模式强行剥夺了农民的土地发展权利，新村建设质量参差不齐，甚至基本的公共服务和基础设施建设没有保障，农民被迫集中居住，还不得不大额度贷款建设新居，搬迁的过程意味着农民返贫的过程，在很大程度上激化了社会矛盾，并扩大了城乡居民生活质量的差距，加深了城乡二元结构，使农村失去了发展的活力。

在上述三大类规划中，地方政府推进搬迁型村庄规划的动力最强劲，其实施程度也最高，遗憾的是，在依托城乡建设用地增减挂钩开展的搬迁型村庄规划中，又以不同程度的土地掠夺性规划的数量最多，这样的村庄规划实施的后果就是广泛地激化了城乡矛盾，甚至成为新时期城乡冲突的主要原因。由于城乡土地增减挂钩导致的"强拆"和农民搬迁是最近一段时期农民上访和群体性事件的首要原因。可见，虽然中国村庄规划工作得到了前所未有的推进，但是，村庄规划质量不高，实施效果不佳，不能满足农村现代化发展和城乡一体化发展的需要。

（2）规划本质

根据新中国成立后不同时期的规划（图3-1~图3-4）可以总结出我国乡村规划的基本特征。

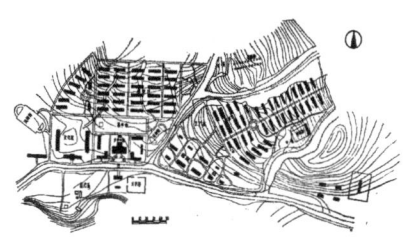

图3-1　20世纪50年代兴城县旧门乡村规划

图片来源：张树贵，于清林.辽宁省兴城县旧门乡村规划[J].建筑学报，1958（8）．

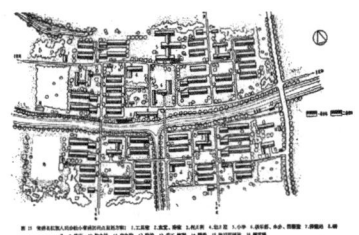

图3-2　20世纪60年代清浦县红旗人民公社规划

图片来源：李德华等.青浦县及红旗人民公社规划[J].建筑学报，1958（10）

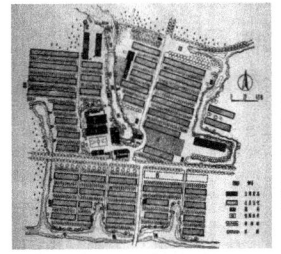

图3-3　20世纪70年代江阴市华西大队规划

图片来源：江苏省江阴县革命委员会调查组.华西大队新村的规划建设[J].建筑学报，1975（3）．

图3-4　21世初枣庄市大宗村规划

图片来源：笔者主持的"十一五"科技支撑计划课题（2008baj08b01）试点村庄

一是蓝图式规划。乡村规划沿袭我国计划经济时期的"城市规划工作是国家经济工作的继续和具体化"[1]思想,是乡村建设项目在空间上的落实,是物质性规划。较少考量乡村是否有准确计划和投资项目来源不确定性等前提。规划蓝图式规划的重要限制因素是土地指标的计划性和建设用地规模的限定性,存在如下悖论:与土地利用规划协调,则限制在土规范围之内,缺少腾挪的空间,规划科学性受到质疑;不协调,则规划无法实施。

二是自上而下式规划。乡村规划建设的公共服务投入仅考虑国家层面的教育、医疗、文化、体育等方面,因此,考虑国家投入的建设成本收益最大化,普遍以经济效益作为衡量标准,以政府为核心的成本计算方式和部门项目的运作方式使得规划决策思维是自上而下的,因此乡村规划的编制普遍采用自上而下的"标准规范决策+专家理性分析"的决策方式,相关规划规范及文件主要从编制指导思想、原则、内容的角度进行阐述。

三是精英式规划。乡村规划及实施过程中涉及多个层面:村民、村集体、企业和政府,也包括参与治理的规划师,不同参与方在乡村治理决策中的话语权是有差异的。我国当前的乡村规划主要是精英式规划,这主要取决于政府、企业和规划师在乡村治理过程中占据政策、资金、智力等权威优势,思维观念中农民是落后、愚昧的代名词,出于政绩和对农村、农业、农民了解甚少等方面的原因而采取运动式、一次性、单方面决策的项目形式,进行自上而下的价值输出,并以显性的精英价值取向和技术权威价值强行植入等方式体现。村民的意愿并未得到体现,话语权被政府、企业、规划师所掌握,在政府、企业、规划师以为村民满意的情况下成为目前主流的乡村规划模式。

4. 规划管理制度

我国乡村规划建设管理制度包括用地规划、工程规划、建设产权、建设资金管理四个方面。

---

[1] 孙敬文.适应工业建设需要加强城市建设工作[J].人民日报,1954-8-12.

（1）用地规划管理制度

土地使用合法性的获得。村庄的土地供应是非市场化的，代表性政策是"一户一宅"，具有福利化特征。在当前建设用地的严格管理制度下，建设用地的获取需要合法性途径。国土部门的土地利用管理是当前村庄土地利用最主要的管控手段，国土部门基层机构为乡镇国土所，以层级式管理为主。2000年之后土地管理的重要调整就是土地审批权限的上移，将区、县一级的新增建设用地审批权限统一上移至中央和省两级，目前以管控为主的土地管理方式，对于基本农田保护具有重要的作用，但对于村集体土地开发和建设的管制不足。由于土地利用指标需要层层分配获得，难度极大，以至于调研的江苏江阴、广东广州等地在2000年以后再未增加宅基地的供应。有限的新增村庄建设用地在众多的村庄进行分配，是一个自上而下的体系，需要统筹多方面需求，一般由国土部门的土地利用规划和城乡规划部门的村庄体系规划进行控制和分配。由于原有村庄体系规划缺乏与土地利用总体规划的协调，因此无法有效指导村庄规划的编制，不能从根本上解决土地合法性问题。由于用地的退出机制和流转机制没有建立，村与村之间的用地统筹无法实现，村庄用地紧缺和用地浪费问题同时存在。

土地使用合理性的判别。用地合法性基础上，通过规划许可进行用地类型空间秩序的合理性审核。由于传统农业社会的村庄自我构建空间秩序的能力随着当代工业社会市场经济的冲击变得支离破碎，加之乡村空间管理的政府严重缺位，乡村空间秩序的合理性缺乏有效判别。1993～2007年间，村庄建设的管理法规是建设部颁布的《村庄和集镇建设管理办法》，乡村规划建设管理工作实施双重管理[1]，但缺乏具体的管理手段。2008年《城乡规划法》实施，将村庄规划正式确定为政府的职能，并规定了乡村规划许可证制度。与城镇规划建设管理的"两证一书"相比，乡村的"一证"实际上为地方政府提供了简易化的管理手段。2014年1

---

[1]《村庄和集镇规划建设管理条例》第6条规定："国务院建设行政主管部门主管全国的村庄、集镇规划建设管理工作。县级以上地方人民政府建设行政主管部门主管本行政区域的村庄、集镇规划建设管理工作。乡级人民政府负责本行政区域的村庄、集镇规划建设管理工作。"

月住建部下发《乡村建设规划许可实施意见》(建村[2014]21号),规定乡村建设规划许可的内容应包括对地块位置、用地范围、用地性质、建筑面积、建筑高度等的要求。根据管理的实际需要,乡村建设规划许可的内容也可以包括对建筑风格、外观形象、色彩、建筑安全等的要求。

村庄建设规划行政许可的基本要件是许可依据、许可部门和许可申请。按照法定规划体系,行政许可依据应为村庄规划。与城镇规划管理的行政许可依据相比,村庄规划应至少达到控制性详细规划的深度方可作为依据进行行政许可。在原有村庄底数不清、产权不明、需求多变、政策多样、依据多元、标准缺失的基础上编制的村庄规划更多地依赖于村庄规划编制的公众参与流程,很难达到规划本身的技术价值和行政许可的准确性、惟一性和科学性要求,使得事权依据和土地使用合理性判别存在基础性障碍。因此《乡村建设规划许可实施意见》提出的"城市、县人民政府城乡规划主管部门应自受理乡村建设规划许可申请之日起二十个工作日内进行审查并作出决定。对符合法定条件、标准的,应依法作出准与许可的书面决定,并向申请人核发乡村建设规划许可证"这一行政承诺难以实现。

(2)工程规划管理制度

《城乡规划法》将乡村工程规划管理面向具体的建设分为三类工程:居民建设、乡镇企业和公共设施建设[1],目前乡镇企业和公共设施建设的乡村建设规划行政许可运转基本正常,但居民住宅的规划建设许可处于极为尴尬的境地,行政许可管理方式名存实亡,主要原因如下:一是缺乏适应性管理机构和人员。村庄规划管理缺乏与之相适应的行政资源,规划管理的基层部门只在县级政府设立,乡规划行政主管部门人员编制有限,难以承担大量乡村规划许可任务。而村庄规划建设管理具有实时性和程序简易化要求,需要乡村建设管理的权限下行,但乡镇级政府未设相应管理机构,不能承担乡村规划许可任务。即使在乡镇设立了相应

---

[1]《城乡规划法》第41条规定:"在乡、村庄规划区内进行乡镇企业、乡村公共设施和公益事业建设的,建设单位或者个人应当向乡、镇人民政府提出申请,由乡、镇人民政府报城市、县人民政府城乡规划主管部门核发乡村建设规划许可证。在乡、村庄规划区内使用原有宅基地进行农村村民住宅建设的规划管理办法,由省、自治区、直辖市制定。"

的机构,由于农村收费制度的全面取消,在乡镇政府吃饭财政状况下,许可证[1]发放也没有财政资金保障。二是技术审查标准的适用性不足。以广州市为例,在日照和防火标准层面,广州村民住宅建设大部分不满足建设标准的规定[2],若不满足规范,则审批属违法行政,且确实存在大量安全隐患,若严格按照规范审批,则需要规划建设主管部门和消防部门共同研究制定适合本地的防火规范和解决办法。三是适应性规划审查技术不足。随着城镇化的推进,原本差异不大的村庄开始分化,土地开发的动机和收益也产生明显差异,传统村庄中的土地政策和村规民约难以对市场驱动下的建设行为进行有效管制,基于城市的规划管理制度更符合大规模制造业、交通设施、居住和商业的整体性开发,而对小规模、渐进式的村庄建设则缺乏适用的规划技术、手段、流程和技术人员,这就造成了实际上的管理真空区域。四是村民缺乏申领意愿。在土地流转制度尚未推进,农民缺少农村住宅产权合法化保护的需求的情况下,即便乡村规划许可相对于城镇规划"两证一书"管理方式已经实现了简易化处理[3],但对村民而言,因为无用而缺乏申请意愿。

(3)建设产权管理制度

建设产权管理制度存在两个特征:

一是产权分异。农村地区集体建设用地按照开发权益主要分为宅基地、集体产业用地、集体公共用地三类用地,按照相关法律规定,虽然土地属于村集体所有,但是在具体的土地使用、收益分配、转让和补偿方式等方面则存在较大差异。在实施过程中,政府的法律法规条文和村庄实际执行的习惯做法之间亦存在较大差异,具体体现在以下三个方面:①土地性质发生变化。"一户一宅"的宅基地分配和土地用途使用背景下,已逐渐偏离其福利性原则,宅基地在土地价值不断市场化的过程中实际

---

[1] 每证成本费2元。

[2] 如《建筑设计防火规范》GB50016-2012中的防火间距(5.2.2强制性条文)、消防通道(7.1.8、7.1.9)等多项规定。

[3] 《广东省城乡规划条例》第51条规定:"在村庄规划确定的宅基地范围内建设农村村民住宅的,应当持村民委员会签署的书面同意意见、土地使用证明、住宅设计图件等材料,向镇人民政府提出申请,由镇人民政府报城市、县人民政府城乡规划主管部门核发乡村建设规划许可证。城市、县人民政府城乡规划主管部门可以委托镇人民政府核发本条规定的乡村建设规划许可证。"

上已转变为私有财产。②土地空间所有权分异。村集体内建设用地资源随着城市扩张而愈发稀缺,很多地区的宅基地分配方式也由无偿划拨转为有限交易的地方运行规则,即缴纳一定费用,甚至在一定范围内(行政村或自然村内)拍卖取得,这使得宅基地成为了村内具有合法身份的富裕村民的投资产品,并形成了村庄内父子几户人共用一块宅基地与一户家庭同时拥有多块宅基地的差异,也使得大多数农村地区村民所占用的宅基地面积整体而言均超过标准。③土地开发的动机和收益差异。随着城镇化的推进,原本差异不大的村庄开始分化,土地开发的动机和收益也产生明显差异,距离城市较近的村庄已逐步由非商品化的自住房转变为商品化的出租房屋,宅基地的市场价值得以体现。在此情况下,村民宅基地取得动机除满足自住需要外,部分富裕村民对宅基地的需求更多是用于投资,基于福利的宅基地分配制度与基于家庭私有产权的市场交易制度交织导致村民家庭之间宅基地面积的差异增大,同时,住宅建筑面积差异性很大,公平性和效益性的界限已经极为模糊。

二是法律缺失。按照《建筑法》的规定,农民自建低层住宅的建设行为不受法律约束[1],即农民住宅建设未能实现依法管理。虽然部分省市出台了《农村村民住宅建设管理办法》,但仍然不能弥补我国国家层面依法管理的缺失。同时,我国针对城市房地产开发、交易,有《城市房地产法》作为法律依据和准绳,限于土地制度和宅基地制度,农村住宅的依法管理同样存在法律空白。

(4)建设资金管理制度

2002年开始的税费改革[2]取消了乡统筹、村提留和农村义务工等收费和摊派项目,只对农民收取较原来税率有所提高的农业税和农业税附加(分别占常年亩产量的7%和1.4%),2005年全面取消农业税,公用经费的安排由"县乡两级"转变为完全由县级政府安排,支出实施包干制,每一项均有明确的用途,无法实现乡层面的统筹。税费改革将摊派

---

[1]《建筑法》(2011年修正)第83条规定,抢险救灾及其他临时性房屋建筑和农民自建低层住宅的建筑活动,不适用本法。
[2]《国务院办公厅关于做好2002年扩大农村税费改革试点工作的通知》(国办发[2002]25号)

的公共建设收费转变为由村民大会通过的"一事一议"制度。由于乡村的建设和运营维护资金投入缺乏可靠的预算以及基层缺钱，乡镇对上级产生强烈的资金依赖，上下级组织之间以获得资金为目的的经济关系加速形成。[1]乡村公共服务更多地依靠专项资金来提供，项目资金也称"部门资金"，在体制外循环[2]，既有着极高的自由度，也试图严格体现资金拨付部门的意志，导致乡村建设投入存在极强的目的性和选择性，政绩工程由城市走向乡村，越来越趋向于做表面文章。[3]

5. 存在问题解析

（1）理论基础与管理制度脱节

与传统乡村建设理论思想基础不同的是，当代乡村仅有城市规划理论的借鉴，缺乏建设理论，思想基础是技术至上。从规划编制的角度，当前乡村规划主要应用规模效益理论进行村庄布点规划，应用城市规划的功能分区理论进行用地布局，运用级配理论进行公共服务设施的配置。从规划管理的角度，2008年前，政府对村庄的空间干预主要是国土部门的土地利用规划，主要作用是保障农田不被非法侵占和建设用地的新增，建设用地范围内的各类建筑和设施的空间秩序维护缺乏制度的保障，政府对公共利益的维护采取的行政干预手段极其薄弱，即便遵守相关的规划理论进行村庄规划编制，在规划本身的质量受到质疑的情况下，由于维持村庄基本空间秩序的规则尚未建立，规划也很难实施。因此，就当代乡村规划理论与规划管理制度的承接关系而言，二者是脱节的。

（2）缺乏乡村保护的制度安排

我国一直奉行城市为中心的选择偏好，因此，管理制度体系也是完全基于城市发展的角度，无论是征地拆迁，还是规划建设管理。即便是对农民最有利的土地家庭联产承包责任制，作为一种制度安排，也是因为当时急于摆脱财政危机，政府在农业相对于城市工业而言显

---

[1] 张静.政府财政与公共利益——国家政权建设视角//周雪光，刘世定，折晓叶.国家建设与政府行为，北京：中国社会科学出版社，2012：217-237.
[2] 周飞舟.财政资金的专项化及其问题：兼论项目治国//周雪光，刘世定，折晓叶主编.国家建设与政府行为，北京：中国社会科学出版社，2012：183-216.
[3] 如统一粉刷、沿街造假、缺乏排水管道的旱厕改水厕等。

得不经济的条件下,通过向村社集体和农民在土地和其他农业生产资料所有权的让步,甩出农村集体管理和农民福利保障以及公共积累的一项制度交易。目前针对农村主要是关注农产品的输出功能,因此侧重于农业现代化,没有农村和农民现代化的整体制度设计,缺乏对乡村的全面保护的制度安排。

(3)参与主体的行为矛盾选择

乡村编制主体和实施主体不明确,规划工作推动困难重重。《城乡规划法》《村镇规划编制办法(试行)》均规定村镇规划由乡(镇)人民政府负责组织编制,但村和镇的规划编制主体没有区分。在实际工作中,容易忽视村庄规划。村庄规划的实施主体应是村集体,但由于村民认识问题,新农村规划涉及的土地权属、土地流转问题难以解决,导致农民对村庄规划的实施持怀疑态度,主体地位难以体现。[1]忽视公共参与,没有充分调动农民的积极性。以往的村镇规划往往是由政府自上而下编制的"见物不见人"的物质规划,忽视了居民的主体性。规划编制者又缺乏对农村的深入了解,规划成果常常不被农民了解或接受。受市场力和行政管理制度影响,乡村建设的主体(政府、村集体和村民)由于发展目标的不同,对于是否接受或对现行乡村规划管理制度的选择呈矛盾状态:

一是村委会的选择——管与不管。乡村地区的土地利用和管理传统上形成村、社两级,对于村民宅基地和房屋的日常建设和管理主要由村党委和村民委员会执行:一方面,村委会作为村民选举形成的农村基层群众性自治组织,如果严重背离村民的加建意愿,严格按照现有相关政府规定严格执法,势必会得罪大部分村民家庭,有可能在下次村委会选举中落选,因此他们对于村民在宅基地上加建改建的行为持纵容甚至认同的态度,并且为保证村集体利益,本身也进行违法建设,以支撑集体资产的经营;另一方面,随着发展阶段的变化,传统集体经济的经营模式同样面临转型升级的挑战,高标准建设、规范化运营、法制化管理逐

---

[1] 吴志东,周素红.基于土地产权制度的新农村规划探析[J].规划师,2008(3):9-13.

步成为发展的共识。因此,从长远发展和行政约束的角度,村委会亦存在规范管理的意愿,会配合国土、规划、城管部门对于严重违反相关法律、法规的行为进行举报和制止。

二是村民的选择——法外与法内。中国乡村社会秩序在现代化和时局变乱中所呈现出来的不断坍塌与边缘化的状况,迎合了传统农民在世道变迁中无所适从和无所依凭的需要。经济社会发展的快速推进使得村民社会呈现出极端自立性和强烈对抗性特征:一方面,由于土地管制政策逐渐加强,现有土地管制更加着重于新增建设用地,而对既往的违法建设用地行为实际上并未追溯,资本逐利思想使得村民的个体性加建行为逐步演变成为违章建设的群体化行动;另一方面,违法建设引发的公地悲剧凸显,整体治理与品质提升成为农村地区未来财富增值的惟一路径,村民对规范化管理和财富合法化的诉求也在增加。

三是政府的选择——放与不放。一直以来的重城轻乡的发展思路导致了政府管理的城市偏向,城市政府一般从城市利益出发,重点保障城市的重大项目和重点地区建设,增减挂钩的土地管理制度使得村集体经济发展和村民住房建设需求受到抑制。尤其是城中村和城边村,面临村庄规划的法律地位以及与城市控规不协调的问题。其根源在于收益的获取和分配。一旦按照村庄规划实施,土地收益将由村民和村集体获得,而按照控规管理,则预示着土地的收益归政府所有。因此,对政府而言,实际上面临两难的抉择,即城乡空间争夺背景下的价值选择:经济效益的过度专注抑或经济效益、社会效益和生态效益的均衡。

(4)规划编制问题

村庄规划编制存在编制体系、编制标准、编制内容和编制基础四个方面的问题。

一是村庄规划编制体系,存在如下问题:①重镇规划,轻村庄规划。《村镇规划编制办法(试行)》(建村[2000]36号)没有针对村庄提出有所区别的内容和标准。全国镇规划编制实施情况好于村规划编制。②重单个村庄的建设规划,轻村庄体系规划。《村镇规划编制办法(试行)》没有明确规定镇层面和村层面要解决的问题。实际编制工作往往重视的是镇层面的问题，缺少对村层面规划编制的相关法规指导，并且忽视了村庄体系规划的问题。③各层位的规划衔接不够，村镇规划缺失上位指导。目前，一方面，村镇规划与上层规划的衔接不足，另一方面，村级规划缺少上位规划的指导，导致村庄规划难以落实或失效。四是缺乏分类指导，规划的针对性和可操作性较弱。《村镇规划编制办法（试行）》对地区差异考虑不足，而各地，特别是县市一级缺乏专门的村镇规划编制细则，导致村镇规划难以有效指导村镇建设而流于形式。

二是村庄规划编制标准，存在如下问题：①村镇规模标准。《村镇规划编制办法（试行）》对村镇规划实行同一标准。《镇规划标准》GB50188-2007按常住人口把镇村分为小型、中型、大型、特大型四级，或按人口规模划分为基层村和中心村，一般镇和中心镇四级（表3-4、表3-5），但这种分级很难解释规划的中心村和基层村的区别。村庄规模的划分仅以人口为判定标准是不全面的。②建设用地标准。现有村镇规划用地标准适用范围虽覆盖全国的村庄、集镇和县城以外的建制镇，但全国村镇存在地域和建设水平上的差异，致使无论是人均建设用地规模还是建设用地比例均缺乏实际指导意义。以北京市为例，按照《村镇规划标准》，村庄人均建设用地指标的高限为150m^2/人，而2008年北京农村现状人均建设用地约280m^2/人，有些村庄现状人均建设用地甚至达到了1000m^2/人以上。如果按照国家统一标准编制村庄规划，村庄建设用地将大为减少，村庄本身缺乏编制规划的内在动力。③基础设施和公共服务设施的配置标准。目前，村镇基础设施配置仅考虑了道路、供水、排水、供电、邮电等工程设施，忽略了村民生活燃料、供热采暖、有线电视等设施的规划配置，致使村镇在建设过程中所需要的规划指导远超出村镇规划规范所涉及的内容。考虑到的内容也仅是原则性意见，其强制性有待加强。以道路交通为例，随着农村交通运输业的发展，有必要对村镇道路的宽度、等级配置进行深入的研究论证，加以调整。公共设施配置标准缺乏从规模等级角度对中心镇、一般镇、中心村和基层村的分类，很少考虑到公共设施的共建共享问题，公共设施的配置也没有作为强制性指标纳入规划体系。

村镇的等级划分标准　　　　　　　　表3-4

规模分级		村庄		集镇	
		基层村	中心村	一般镇	中心镇
常住人口数量（人）	大型	>300	>1000	>3000	>10000
	中型	100~300	300~1000	1000~3000	3000~10000
	小型	<100	<300	<1000	<3000

《镇规划标准》划分镇村规模等级　　　　表3-5

规划人口规模分级	镇区	村庄
特大型	>50000	>1000
大型	30001~50000	601~1000
中型	10001~30000	201~600
小型	≤10000	≤200

三是村庄规划编制内容，存在如下问题：①缺少村庄分类研究。现有的规划编制内容缺乏对村庄分类的系统研究，无法有针对性地对村庄规划建设进行分类指导。②缺乏村庄产业发展规划研究。当前的村庄规划忽视了对农村产业规划的研究。村庄自主产业发展的类型比较单一，造成产业发展方向雷同。村庄规划需要在空间资源配置、功能布局等方面对产业发展进行统筹考虑。[1]③忽视村域土地利用规划。现有的村庄规划忽略了对所有农田、林地、草场、牧场、山林进行整体性规划，以适应机械化耕种方式下的现代种植业发展需求。④忽略了对农民住房建设的引导。《建筑法》第7条规定，国务院建设行政主管部门确定的限额以下的小型工程可以不必申请领取施工许可证，使农村住宅这样的小型工程建设既缺乏设计，又缺少施工监督管理，导致农村住宅质量较差，农民因为住房造成返贫现象。⑤缺少生态保护规定。《村镇规划编制办法（试行）》没有关于农村地区生态环境的规定，而要实现农村的可持续发展，就要考虑加强对环境保护和资源利用的规划。

---

[1] 朱铁华，倪锋.北京村庄规划：实践中的反思与追问，北京规划建设，2006（3）：16-17.

四是村庄规划编制基础，存在如下问题：①规划年限较长，没有突出体现农村规划的特点和发展需要；②编制基础条件缺乏，缺少规划编制时需要的地形图等基础条件，规划编制难以开展；③规划编制单位资质不足，编制成果缺乏灵活性和强制性的统一，编制质量不高，难以实施。

（5）村庄规划实施的现实困境

村庄规划实施存在三个不足的现实困境：

一是规划实施的法律支持不足。在现有的法律框架下，即便按规划要求村民集中建房，村民也不一定能取得该规划居民点的土地使用权；农村建设项目管理未形成一套完整的规划实施管理体系，导致新农村规划实施困难。农村建设项目的一般审批程序是村民申请住宅建设，通过村民会议讨论，经乡级人民政府批准，并领取"住宅建筑施工许可证"后才能建设，而且只有通过有关部门（通常是乡级人民政府）的竣工验收后才能交付使用。但是，该程序中并未把相应的规划作为项目审批的依据，使村镇规划在实施中缺乏法律地位。[1] 管理制度缺失具体体现在三个方面：①乡村建设许可证制度。出于技术基础不足、管理人才缺乏等原因，乡规划法确定的乡村建设许可证制度并未得到有效实施，乡村建设未能实施有效的空间管制、技术引导和政策调控，乡村建设混乱状况频现。②公共建设用地管理制度。乡村公共服务制度的调整并未依据乡村固有的空间、文化特征和地域特点进行，而是更多地考量公共财政的投入效益，较少考量居民获得相应公共服务而增加的支出。同时，公共建设用地管理混乱，缺乏地域性标准，受制于部门利益，缺乏共建共享的考量和新的公共服务需求的供给。③乡村产业用地规划管理制度。乡村产业模式随着农业现代化、农村信息化、农民城市化而发生巨大的变化，相应的产业用地逐渐多样化和复杂化，适应现代农业生产方式的产业用地管理制度的缺失将可能使得乡村建设的混乱化、破碎化加剧。实施资金缺乏保障。

二是规划实施的社会支持不足：①精神困境。维系传统乡村社区关

---

[1] 邹艳丽，刘海燕. 我国村镇规划编制现状、存在问题及完善措施探讨[J]. 规划师，2010（6）：69-74.

系的血脉、精神、场所不复存在。居住的复杂性导致自立性，传统乡村居民必须唇齿相依才能生存下去的背景不复存在。在新制度经济学看来，任何人都是利己的经济人。人们只具有有限理性。人们具有机会主义行为倾向。因此，人们通常会追求眼前的利益最大化，且往往忽视长远的利益。②秩序困境。乡村治理的三个核心"精英界定—权威—秩序"之间有一个强烈的"三位一体"线性关系，对于中国农村来说，其权威与秩序的建立在一定程度上仅仅是其在特定时代"精英界定"的表现形式。但对于今天的中国乡村而言，当传统"氏族权威"下的精英标准消失，当代中国所营造的"贫穷、革命"等政治精英标准撤离，农村地区开始受到前所未有的"市场化"和西方宗教信仰的冲击的时候，以财富为标准的"经济精英"和以信仰号召力为标准的"文化精英"能否成为当代农村精英的新标准需要继续研究和考察。从"村长职责"中也不难看出，在实际工作中"村长向政府负责"确实是实际的运行规则。我国农村地区未来的自治发展仍主要取决于政府与自治力量的博弈。③理想困境。传统居住模式的颠覆。尽管每个民族都有自己的理想居住模式，但还没有一个民族像中华民族一样形成了一整套基于风水学的理想居住模式和墓葬吉凶意识以及操作理论，这是中国独有的文化，是基于人与自然关系形成的土地伦理和对待自然、土地的态度，但这个产生于前科学时代的文化遗产和文化景观，即藏风聚气的理想风水模式非但不能解决当代中国严峻的人地关系危机，而且成为了时代发展的障碍。

三是规划实施的资金支持不足。一般市场经济国家多由国家财政主导来提供农村的公共品的开支。[1] 由于宏观的发展环境并未给国家增强其对乡村的整合与控驭能力提供足够的时间和资源，相反，构建中国重工业体系的大量资本需求以国家单向度地加大对乡村的攫取为特征，在传统的生产方式、保障体系和收入状况不变的状况下，在城乡建设用地增减挂钩、不尊重农民意愿、政府主导和缺乏市场机制、土地补偿较低、

---

[1] 温铁军.如何建设新农村,经济管理文摘,2007（22）:9-12.

就业服务社会保障缺位的背景下，乡村撤村并点的土地空间调整方式使得乡村居民失去了田园生活方式、微型种养空间、可居住房屋以及部分宅基地，公共服务缺失，人居环境与规划产生很大偏差，新增大量债务，乡村凋敝，导致了国家与农民的对立，民间财富严重不足。目前我国村镇各级政府在村庄建设上缺乏稳定的资金保障，大部分村庄连规划编制费用都难以筹集，更谈不上规划实施的建设费用了。

（6）当前村庄规划问题的原因

对于当前中国村庄规划问题产生的原因，以下三个方面值得思考：

一是村庄规划理论建设滞后。中国城市规划理论先后从欧美引进，在探索中结合中国国情不断完善，初步形成具有中国特色的城市规划理论体系。但是，村庄规划实践刚刚起步，理论引进和构建都相对滞后，各地政府在摸索中前进，付出了许多重复的成本。

二是整体上村庄规划存在理念偏差。虽然是进行村庄规划，但是如前所述，许多地方政府仍然是"带着发展城市的目的开展村庄规划"，这种在"以城市为中心、以增长为导向"的理念下推进的村庄规划，无疑会产生严重的问题，除了可实施性较差以外，无视村庄发展诉求，甚至一些地方政府通过村庄规划严重剥夺了村庄发展的利益和空间，产生了严重的消极影响，乃至社会对抗情绪。

三是在规划技术和规划方法上存在三大不足：①仍然沿用城市自上而下的终极蓝图式规划，不能满足农村地区多样化的个性需求。村庄不同于城市，规模小，其规划涉及每个人看得见的切身利益。村庄规划中每一处细微的利益增加或者利益剥夺，都会及时被村民发现，并产生放大的社会反响。与城市居民相比，村庄居民更加容易也更加迫切地希望参与到规划当中，村庄比城市更加需要协商式规划，乃至合作式规划。但是当前的村庄规划，大部分在实质上是自上而下的，不能很好地倾听村集体和居民的意见，也没有很好地将村庄发展的利益诉求纳入规划之中，规划得不到民众的理解和支持，在规划实施中遇到了强大的阻力和障碍。②土地规划与村庄规划不衔接。土地规划以保护耕地为主要目标，采取逆向规模控制的规划原则，在土地规划中，大量现存的村庄居民点和建筑覆盖区域被规划为农田。这些村庄在现实中都有各自的发展诉求。反映村庄发展诉求的村庄规划与土地规划存在大量的冲突，在规划编制过程中又缺乏两部门的有效果沟通，导致规划实施过程中，项目在土地审批环节停滞，规划项目不能实施。③信息不对称。在中国大部分地区还没有建立完整的村庄规划基础信息平台。村庄空间结构虽然比城市简单，但是，村庄的建筑分散、碎片化，产权个体化，与工厂、公共服务设施、农田、山林相互交织，任意空间的规划调整都可能引起超乎预料的社会反响。村庄规划的信息对称对于降低信息获取成本及与村庄博弈的交易成本及管理成本，乃至对居民的教育与培训成本，都起到至关重要的作用。一些村庄信息不准确、不对称，降低了村庄布点规划时区域用地平衡的技术难度以及规划实施管理的难度。

建构村庄规划理论，树立以人为本的村庄规划理念，改进和完善村庄规划方法和技术，是城乡一体化时代中国村庄规划发展的基本方向和内容。

三、当代保护村落管理制度与困境

1. 传统村落保护的制度演进

我国传统村落保护经历了历史文化名镇名村单轨制保护和传统村落双轨制保护两个阶段。

（1）历史文化名镇名村保护单轨制阶段（1986~2011年）

以《历史文化名城名镇名村保护条例》出台为分水岭，历史文化名镇名村保护经历了两个阶段：

一是部门规章阶段（1986~2007年）。我国历史文化名城名镇名村保护始于1982年《文物保护法》将历史文化名城列入不可移动文物的保护范畴，国家文物局首先获得官方授权从事名城保护管理。随着对传统文化价值认识的加深以及保护形势的日益严峻，学术界对加强历史文化名镇名村保护的呼声渐强。1986年《国务院批转建设部、文化部关于申请公布第二批国家历史文化名城名单报告的通知》（国发[1986]104号）首次提出"对一些文物古迹比较集中，或能较完整地体现出某一历史时期的传统风貌和民族地方的镇、村寨进行保护",标志着官方保护工作正式开展[1],形成了三管齐下的部门管理格局的雏形,并由历史文化名镇名村单体文物性、纪念性建筑保护向以文物建筑所处传统平常性建筑为基质的区域整体保护转变。2002年9月建设部发布《关于全国历史文化名镇(名村)申报评选工作的通知》(建村[2002]233号),决定在全国范围内分期分批评选、命名全国历史文化名镇和名村。2002年12月新修订的《文物保护法》明确提出历史文化村镇的概念,首次将历史文化村镇保护纳入法制轨道[2],以法律形式确立了其在我国遗产保护体系中的地位,并授权国务院制定具体办法。2003年起,建设部和国家文物局先后颁布《中国历史文化名镇(村)评选办法》(建村[2003]199号)和《中国历史文化名镇(村)评价指标体系》(建村[2007]360号)等相关评选规范性文件,分批次公布和命名"中国历史文化名镇名村",保护工作取得突破性进展。2006年6月国务院下发《关于公布第一批国家级非物质文化遗产名录的通知》(国发[2006]18号),批准文化部确定的第一批国家级非物质文化遗产名录,历史文化名城名镇名村保护管理内容得到突破性进展。2007年10月颁布的《城乡规划法》对历史文化遗产的保护规划进行了原则规定,并在第31条第2款指出:"历史文化名城、名镇、名村的保护以及受保护建筑物的维护和使用,应当遵守有关法律、行政法规和国务院的规定",即通过准用性规则[3]的运用,弥补了《城乡规划法》在历史文化名镇名村保护规划编制和实施上的不足,形成了多部门制度约束的管理特征。

二是法律保障阶段(2008~2011年)。2008年4月,国务院颁布《历史文化名城名镇名村保护条例》(国务院令[2008]524号,以下简称条例),正式确定了中国历史文化名镇名村的命名,历史文化名镇名村的保护实现了法制专门化。2009年1月,住房和城乡建设部(以下简称住建部)、国家旅游局下发《关于开展全国特色景观旅游名镇(村)示范

---
[1] 彭志辉.历史文化村落保护操作模式研究——以东莞市茶山镇南社村为例[D].华中科技大学,2006.
[2] 赵勇.中国历史文化名镇名村保护理论与方法[M].北京:中国建筑工业出版社,2008.
[3] 系指法律的内容本身没有规定人们具体的行为模式,但可以援引或参照其他相应内容规定的规则。

工作的通知》(建村 [2009]3 号), 制定了《全国特色景观旅游名镇(村)示范导则》和《全国特色景观旅游名镇(村)示范考核办法》[1], 旅游部门开始参与历史文化村镇的保护和开发工作。2011 年 2 月国家出台了《非物质文化遗产法》(主席令 [2011]42 号), 规定对属于非物质文化遗产组成部分的实物和场所进行保护, 使得历史文化名镇名村保护的注重实体转向兼具传统文化的全面保护。2012 年 11 月, 住建部和国家文物局联合发布《历史文化名城名镇名村保护规划编制要求》(建规 [2012]195 号), 提出保护规划编制的科学性、规范性和可操作性的要求。

(2) 传统村落保护双轨制阶段(2012 年迄今)

2012 年是传统村落保护的部门运行阶段。2012 年 4 月, 住建部、文化部、国家文物局、财政部(以下简称四部门)联合下发《关于开展传统村落调查的通知》(建村 [2012]58 号), 首次联合启动中国传统村落的调查, 将民国以前建村的传统建筑风貌完整、选址格局保留传统特色或非物质文化遗产活态传承的村落均列为调查对象, 试图将少量精品的历史文化名镇名村保护(528 个)扩展为更大范围的传统村落(1.2 万个)保护, 标志着我国进入历史文化名镇名村和传统村落的双轨制保护阶段。出于保障传统村落保护资金的需要, 财政部第一次参与出台保护文件。同年 9 月, 四部门联合出台了《传统村落评价认定指标体系(试行)》(建村 [2012]125 号), 成立了由多学科专家组成的专家委员会, 评审《中国传统村落名录》。[2]

2013 年以后传统村落保护进入中央重视阶段。2013 年的中央 1 号文件《关于加快发展现代农业, 进一步增强农村发展活力的若干意见》中第一次出现传统村落保护的内容, 标志着传统村落保护得到了国家最高层面的重视。2014 年的中央 1 号文件《关于全面深化农村改革加快推进农业现代化的若干意见》明确提出"制定传统村落保护发展规划, 抓紧把有历史文化等价值的传统村落和民居列入保护名录, 切实加大投入

---

[1] 住房和城乡建设部、国家旅游局决定开展全国特色景观旅游名镇(村)示范工作 [J]. 城市规划通讯, 2009(2): 8.
[2] 冯骥才. 关于传统村落整体保护的思考 [J]. 文明, 2013(03): 8-9.

和保护力度"的要求。2014年4月，四部门再次联合发布《关于切实加强中国传统村落保护的指导意见》（建村[2014]61号），将传统村落保护政策具体化，一些传统村落大省大市也相继出台保护办法。2015年的中央1号文件《关于加大改革创新力度加快农业现代化建设的若干意见》再次提出完善传统村落名录和开展传统民居调查、落实传统村落和民居保护规划等要求。2015年6月，住建部、文化部、国家文物局、财政部、国土资源部、农业部、国家旅游局等七部门联合下发《关于做好2015年中国传统村落保护工作的通知》（建村[2015]91号），要求做好中国传统村落纳入中央财政支持范围的申请，开始年度专项督查，实施挂牌保护制度，严格乡村规划建设许可，完善多部门、多角度协同保护机制。至此，传统村落保护由注重物质形态的保护转向文化空间、精神财富、生态环境的整体性、系统性保护，保护范围逐步扩大，保护类型日益多样，保护内涵逐渐深化，保护系统日渐增强。

2. 传统村落保护的历史特征

经济发展背景下的国家"重城轻乡"治理理念由来已久，不同时期的城市化政策框架体系中，乡村始终为城市发展输出自然资源、劳动力和空间资源。当乡村作为空间资源并具有隐含的经济价值时，传统村落保护的形势更为严峻。现有部分传统村落能够保留下来多数并非法律制度管控下的主动性保护结果，而是消极状态下的遗漏性遗存。

（1）"重城轻乡"农产品输出背景下的传统村落被动保留阶段（1949~1977年）

我国界定的传统村落产生于民国前。新中国成立后，由于城市为主的建设方针和构建重工业体系的需要，城市通过剪刀差（低资源价格、高工业产品价格）剥夺了农民的产品，获得了乡村地区提供的廉价资源和大量资金作为生产资料。这一时期，城市发展的人口和空间压力较低，由于乡村地区为城市现代化支付资源和资金成本，导致乡村发展十分缓慢，传统农耕方式得到延续，并一直处于相对贫困状态，因此，除自然影响外，虽然在"文革"时期传统村落重要的乡村公共建筑局部受到一定程度的破坏，但是传统村落格局、空间形态和建筑形式遭受的人为破坏并不明显，大多数传统村落基本得到被动式的保留。

（2）"征地政策"实体空间占用背景下近郊传统村落被动毁灭与主动破坏阶段（1978~1996年）

改革开放以后，我国城市化速度加快，城市发展、产业扩张所需要的资金通过外资渠道得到缓解，人力资本通过广大农村剩余劳动力得到解决，城市人口规模和经济总量提高需要占用大量的空间资源。为获得城市建设用地拓展空间，在1982年5月国务院公布的《国家建设征用土地条例》和1986年6月出台的我国第一部土地大法《土地管理法》的支撑下，地方政府通过强制手段占用近郊区的农村集体土地作为城市建设用地，拆迁城市近郊的传统村落，导致被动式消失。同时，受个人逐渐富裕、老住宅不适合现代生活方式以及外来人口出租市场需求广泛增加的影响，村民通过拆旧建新扩大建筑面积，用于自住和外来人口出租屋或商铺，使得传统村落机体发生变异，造成主动式消失。这一时期得以存留的传统村落主要有两种类型：一是区位条件较好的传统村落，由于具有旅游经济价值，得到旅游开发而得以主动式存留；二是区位条件较差、偏远地区的传统村落，不具有空间经济价值，而具有旅游经济价值的预期较长，因此并未纳入政府或企业开发与保护的视野，而且这些区域的居民相对贫困，建设量较少，使得这些传统村落得以忽略式、遗漏型存留。

（3）"总量控制、增减挂钩"数字空间占用背景下的传统村落被动消失阶段（1997年迄今）

1997年4月国务院作出冻结非农业建设项目占用耕地一年的重大决策，进行非农业建设用地大清查和土地整理。1998年8月，新修订的《土地管理法》通过，确立土地用途管制和建设用地总量控制制度。为此，我国相继出台了村庄合并以及行政区划调整政策，如2000年6月中共中央、国务院《关于促进小城镇健康发展的若干意见》（中发[2000]11号）鼓励采用迁村并点和土地整理等方式进行小城镇建设。国土资源部随后发出的《关于加强土地管理促进小城镇健康发展的通知》（国土资发[2000]337号），第一次明确提出建设用地周转指标，主要通过"农村居民点向中心村和集镇集中"、"乡镇企业向工业小区集中"和"村庄整理"等途径解决。[1] 对目前我国土地政策具有重要影响的《国务院关于深化改革严格土地管理的决定》（国发[2004]28号）第一次提出增减挂钩政策。[2] 2009年起，国土资源部改变了土地批准和管理方式，将挂钩周转指标纳入年度土地利用计划管理[3]，地方政府为获得城市建设土地指标，纷纷加快撤村并点进程。这一运动在全国范围内推行，使得前一时期原本得以幸存的偏远地区的传统村落面临灭顶之灾，消失速度加快。

3. 传统村落保护的制度困境

当前我国基本形成了自上而下的传统村落保护体系，保护制度处于部门规章的权限范围内施行状态，即便如此，支撑保护的动机和配套政策与支持发展的动力和相关鼓励政策的对抗中，力量相差悬殊，保护政策处于整体失势和局部失效状态，传统村落仍然面临不断消亡的态势。

（1）现有基本认识不利于传统村落保护

当前，对传统村落的本质认识并不清晰，忽略了传统村落自身的生命机体属性，因此对待传统村落有两种态度：一是将传统村落作为物质遗产，按照文物古迹的方式进行保护（死的形式）；二是依托传统村落所具有的经济价值发展旅游（死或假活的形式）。死的保护方式是文物遗产、标本式的保护方式，而发展旅游、迁出居民，类似于把机体放在福尔马林液里或制作成木乃伊，处于假活的状态。事实上，传统村落兼具濒危动植物和文物古迹的综合特征，是活着的有机体（表3-6），因此，正确的保护方式是将传统村落作为不断成长发展的生命体，采用类似于濒危植物或衰老的动物机体和病体的发展保护方式，在严格保护空间肌理和空间结构的前提下，增加替换匹配（适配）功能，进行适当的修复和改造，恢复正常运转机能，体现具有时代印记的传承式保护。

---

[1] 百度百科.城乡建设用地增减挂钩[EB/OL]. http://baike.baidu.com/link?url=3Dn27Aq-Guld6qKx8fiwJXNYZbpjIMdNBBUQM6BFxGDO7Giaezs_awtu7IsoUIM³zVGpIHl8oKU_gSATyXLzVK, 2014-10-06

[2] 陈联海.关于农村建设用地整理的思考[J].四川地质学报, 2009（z1）:163-167.

[3] 覃莉，周旭.增减挂钩不可因噎废食[J].中国土地, 2010（7）:33-35.

传统村落、文物古迹与濒危动植物保护认知方式对照一览表　表3-6

对比内容	文物古迹形式的认知	濒危动植物形式的认知	传统村落综合认知
基本认识	珍贵、不可替代、不可再生的遗产	濒危、珍贵、不可替代、可再生、活着的有机体	濒危、珍贵、不可替代、可再生、活着的有机体
发展趋势	可保护、可存留、不可修复、原真性	灭绝是自然规律，可生长，年轮特性	可保护、可存留、可生长、可修复，既有原真性，又有时代印迹
保护特征	死体态度：标本保护、假活、代价高昂	活体态度：设立保护区、人工种植和加工利用	活体态度：设立保护区，完整保护、发展保护，输血，恢复造血机能

当前对传统村落保护的主体把握并不准确，忽略了传统村落利用的利益整体属性。传统村落保护属于维护公共利益，是各级政府和居民责无旁贷的责任。自2003年历史文化名镇名村保护制度实施以来，保护工作主要是政府主导的自上而下的行为。[1] 目前传统村落保护的物质空间和文化价值的整体性维护已经得到学术界的普遍认同，但公共利益和私人利益之间的整体性辩证关系并未得到明晰的制度确认和广泛的社会认同，相应的制度设计中对其中作为重要组成部分的村民在保护过程中的地位和作用考量不足，广大村民缺乏参与的渠道。由于共同利益的维护是在个体利益受约束的情况下实现的，因此，居民个体理应参与共同利益的获益分配，同时，传统村落的保护过程中居民个体同样应作为保护主体出现。当前，部分作为资源而具有经济价值的传统村落存在两种利益分配格局：一是地方政府和开发企业以保护利用为由将村民全部迁出，实际是将传统村落的保护责任和整体利益让位于企业，剥夺了原住民的个体利益；二是政府、企业和原住民共存，均享有一定的收益，但分配机制普遍存在争议。

（2）现有法律法规不支持传统村落保护

传统村落保护的法律法规存在如下问题：

---

[1] 佚名.我国传统村落保护制度研究[EB/OL].http://wenku.baidu.com/link?url=LZg4lW6MVZQpJpYUHd5klcHwK-q0ZjpqCguc02cKUljuW2btvp-DhqpZ0smXYaF4ndevjN-P51LZwaEZZlOLsA6mBG_mnBYhJ_2gyNgH-E7. 2014-11-02.

一是缺少法律支撑，配套政策缺乏。法律方面，目前我国建立了《城乡规划法》《文物保护法》《非物质文化遗产法》和《历史文化名城名镇名村保护条例》等"三法一条例"作为名镇名村保护框架体系，但传统村落概念不明晰，缺乏传统村落保护的系统性、整体性、专门性的上位法支撑和明确的目标界定及专门的管理要求，只能选择性、参照性地执行"三法一条例"。我国绝大多数遗存下来的传统村落建筑及其文化遗产与形态，一方面具有文物的特征、属性和价值，另一方面又往往介于"文物"与"非文物"之间，同时具有现实使用功能和空间更新要求，因此《文物保护法》《非物质文化遗产法》不能也不宜将其全部涵盖而纳入保护范畴之内。对传统村落的保护也难以按照《历史文化名城名镇名村保护条例》的要求执行。目前国务院下发的有关传统村落保护的行政规范性文件在上位法律法规缺失的情况下出台，虽然具有时效性，但不具备法律法规的强制约束性，一些地方虽然出台了地方性法规，但其局限性非常明显，难以从本质意义上保护传统村落。同时，我国传统村落数量众多，分布地区广泛，地区社会经济发展差异大，国家很难制定统一的保护政策，迫切要求地方根据实际情况制定传统村落的地方性保护法律法规，受地方立法条件限制，相关保护政策的制定和落实较为滞后，存在极为严重的政策基础问题。配套政策方面，我国传统村落保护缺乏财税金融、土地管理、空间管制、产权制度、奖惩制度等保护规划实施的配套政策和机制。以传统建筑产权为例，由于传统村落的历史建筑年代久远，经历了较多的历史变迁，产权模糊，往往出现三种情况：①各方在义务承担上相互推诿，不愿担负修缮历史建筑等义务，导致传统建筑的自然破坏；②产权之争甚至导致历史遗产的直接破坏；③难以使最能实现保护目标的一方确实享有产权。传统建筑的产权制度的缺失既阻断了社会资本进入传统村落保护的通道，也造成了传统建筑的直接和间接破坏。

二是保护政策矛盾，制度冲突频现。基本保护政策的矛盾根源在于现有传统村落保护制度根植于文物保护制度，政策制定较少分析传统村落的具体情况和城乡差别。文物保护侧重于个体保护、实体保护，与传统村落的整体保护、开发保护、文化保护存在一定的差异。依据《文物保护法》的规定,传统村落属于不可移动文物。依据相关规定,不可移动文物的开发模式是囊括性的,国有不可移动文物的开发模式一般仅限三种:建立博物馆、保管所或者辟为参观游览场所,作其他用途的,须经法律规定的上级部门核准,因此,私有不可移动文物的开发同样受到很大的限制。相比而言,《历史文化名城名镇名村保护条例》规定的历史文化名城名镇名村开发模式是排除性的,除相关条款规定的禁止性或限制性活动外,其余活动均可实施,这更有利于历史文化名镇名村和传统村落的开发和保护。按照法理规定,条例属于行政法规,其法律效力低于法律,即《文物保护法》是《历史文化名城名镇名村保护条例》的上位法,《历史文化名城名镇名村保护条例》的相关内容必须首先符合《文物保护法》的规定。纵观传统村落的保护开发状况,大都突破了《文物保护法》的相关规定,这也是部分地方政府和居民担心开发受到限制而不愿意申报传统村落的原因之一。关联制度方面存在外部冲突。在快速城市化的大背景下,土地管理政策和传统村落保护政策共同施行的过程中存在根本性的矛盾。长期以来我国施行的农村集体土地所有制下的民宅基地分配制度,并未针对农村宅基地管理专门立法,而是由相关法律和政策共同规范。[1]《土地管理法》(2004)规定农村村民一户只能拥有一处宅基地;国土资源部《关于加强农村宅基地管理的意见》(国土资发[2004]234号)强调,禁止城镇居民在农村购置宅基地;国务院办公厅《关于严格执行有关农村集体建设用地法律和政策的通知》(国办发[2007]71号)规定农村住宅用地只能分配给本村村民,城镇居民不得购买宅基地、农民住宅或小产权房[2]。应该说,约束和管制的相关法律规定极为原则,甚至是矛盾的,导致村民对宅基地上的住宅建设具有极大的随意性,如《物权法》规定宅基地使用权人依法对集体所有的土地享有占有和使用的权利,有权依法利用该土地建造住宅及其附属设施等,都给予

---

[1] 朱文亮,司金龙.浅议我国农村宅基地改革[EB/OL].http://www.docin.com/p-427205252.html. 2014-10-11
[2] 刁其怀.新中国成立后农村房屋与宅基地制度的历史变迁[J].中国房地产,2012(6):66-76.

所有权和使用权的充分保护。《土地管理法》(2004)第62条规定,农村村民建住宅,应当符合乡(镇)土地利用总体规划,并尽量使用原有的宅基地和村内空闲地。《历史文化名城名镇名村保护条例》(2008)第23条规定,在历史文化名城、名镇、名村保护范围内从事建设活动,应当符合保护规划的要求,不得损害历史文化遗产的真实性和完整性,不得对其传统格局和历史风貌构成破坏性影响。《文物保护法》(2007)第22条规定,不可移动文物已经全部损坏的,应当实施遗址保护,不得原址重建。这些保护性法律的相关规定与农村的"一户一宅"和有权"原址重建"的土地和物权等相关规定是矛盾的。一些传统村落基础设施落后,建筑年久失修,居住建筑需要继续承担使用功能,在缺乏保护规划和建设的有效引导的情况下,居民在传统的老建筑中插建新房,体量巨大,风格迥异,严重破坏了传统村落原有的结构肌理和空间秩序,给传统村落风貌造成毁灭性的影响。

三是危害难以界定,惩处力度较轻。危害界定方面,由于破坏传统村落整体侵害的是公共利益,破坏的是传统村落的科学价值、历史价值、生态价值和经济价值,无法和直接侵害造成的损失进行比照,因此,对破坏传统村落的社会危害程度和损失很难明晰界定和全面评估,导致具体确定处罚标准时缺乏足够的行政处罚和司法量刑依据。惩处力度方面,我国司法惩处采用罪刑相适应原则[1],贝卡利亚在其传世之作《论犯罪与刑罚》中指出:"犯罪对公共利益的危害越大,促使人们犯罪的力量越强,制止人们犯罪的手段就应该越强有力。"[2]但事实上,我国支持传统村落保护的"三法一条例"界定破坏传统村落的违法行为属于民事违法和行政违法,规定的行政代执行仅考量修复侵害的经济成本,导致违法成本低,处罚力度轻,法律威慑力不足。

(3)现有监管机制不适合传统村落保护

传统村落保护的监管制度存在如下问题:

---

[1] 百度百科.罪刑相适应原则[EB/OL].http://baike.baidu.com/view/645573.htm?fr=aladdin,2014-11-06.
[2] (意)贝卡里亚.论犯罪与刑罚[M].黄风译.北京:中国法制出版社,2005.

一是依靠自我监督约束，监管体制权责不一。国家层面，传统村落的监管作用极为有限，体现为传统村落保护采用行政授权的形式进行管理，依据《文物保护法》，历史文化名镇名村和引申出的传统村落应属于不可移动文物保护范畴，应归属国家文物局保护与管理。依据《非物质文化遗产保护法》的规定，非物质文化遗产部分属于文化部管理。参照《条例》要求，住建部和国家文物局共同行使全国传统村落的申报和批准、保护规划的实施监督等管理工作。同时，行政规范性文件不断授权国务院四部门[1]或七部委[2]共同承担监管等责任。上述部门一般采取不定期巡查和派驻督察员等形式实施监管，其中不定期巡查时间间隔长，不能做到随时监督，而督察员派驻制度没有普及所有包含历史文化名镇名村和传统村落的城市，因此，对地方政府的监督作用极为有限。地方层面，传统村落的行政管理权责不一。传统村落的保护和监督实施属地管理。从传统村落保护的具体工作出发，其规划、修缮、开发等几乎全部事项均属于规划建设行政部门的职责范畴，具体的行为则需要地方城乡规划（建设）主管部门会同同级文物主管部门、文化部门等进行批准。地方相关主管部门各行其职，共同监督管理传统村落的保护工作，既负责传统村落的保护监督，又负责传统村落的建设管理，自我监督等于缺乏监督约束，不利于实现依法高效保护历史文化遗产。同时，共同监督管理的行政体制下传统村落保护权责不一，保护规划的编制、实施、监测和管理的主体不尽相同，导致职能划分不明确，使得相关部门在遇到有利事项时相互争夺事权，在遇到不利事项时相互推诿，极大地降低了行政效率，不利于传统村落的保护。具体保护的执行机构则由于职权小、编制少，在涉及传统村落方面的决策过程中缺少话语权，难以协调相关部门的工作，并不能将传统村落保护政策落到实处。社会层面，传统村落的社会监督制度缺失。传统村落的破坏违法行为显示的社会监督背景是"民不举，官不咎"的社会生态，按照现有法律规定，只有利害当事人具有申请法律救济的权利，由于传统村落破坏缺少具体的被侵害主体，

---

[1] 住房和城乡建设部、文化部、国家文物局、财政部。
[2] 住建部、文化部、国家文物局、财政部、国土资源部、农业部、国家旅游局。

因此少有向当局提出追诉请求的，反映了传统村落保护的行政司法行为的被动性和社会监督严重不足的特点。

二是缺乏保护动力机制，保护资金严重不足。传统村落保护既缺少政府、居民的内在动力，也缺乏民间的外在助力，保护资金的需求总量难以估算，存在较大的资金缺口：国家保护资金投入的非稳定性。国家层面，相关监管机构投入的保护资金具有随意性和非常规性特点，总量看似巨大，但平分到同样基数较大的传统村落后不过是杯水车薪，同时，常规性的文保基金按照现行政策规定，不能用于私人产权的建筑，虽然《关于做好2015年中国传统村落保护工作的通知》（建村[2015]91号）预示了传统村落保护资金纳入中央财政支持范围的趋势，但具体的政策和资金总量的落实还需时日。地方保护资金投入的非固定性。虽然"三法一条例"等法律法规和《国务院关于加强文化遗产保护的通知》（国发[2005]42号）等相关文件要求各级人民政府要将文化遗产保护经费纳入本级财政预算，但任期制GDP考核机制背景下的地方政府面对的行政压力和经济压力则是实实在在的，按照经纪人资金投入产出规律，在财政资金的分配上，保护历史文化遗产不能带来直接的利益，只会白白耗费大量财政资金。因此，在保护动力严重缺失的情况下，政府很难将过多的资金投入传统村落保护，对于上级的政策命令往往采取"搪塞应付"的对策，甚至为了实现经济效益，不惜违法拆除、破坏传统村落。社会保护资金投入的非法定性。传统村落的乡土建筑的维修费用远远高于新建建筑费用，在没有国家和地方政府的资金资助和缺乏传统建筑升值空间的情况下，现有内部居民除自身情感的维系外，缺乏投入资金的内生动力，而行政规定社会团体、企业和个人参与文化遗产保护的途径只能是捐赠和赞助，基于产权、土地等具体管理政策的约束使得社会资本投入资金保护缺乏法定路径、外在动力和必要的权益保护。应该说明的是，致力于传统村落保护的专家、学者乃至民众具有极为可贵的历史责任感和民族使命感，但仅仅依靠理念并不能有效保护文化遗产，理念更需要有制度的支持。

（4）现有技术标准不支撑传统村落保护

传统村落保护的技术标准存在如下问题：

一是缺乏监造技术与人才。传统村落保护的重要原则是原真性、完整性，其中专业技术人才的作用就显得尤为突出。由于传统监造技术萎缩，建造、修缮乡土建筑的民间工匠越来越少，掌握地方乡土建筑的形制样式和特色工艺的工匠已经后继乏人，而且职业学校、高校培养的相关专业人才较少，传统技艺流失，严重制约了传统村落乡土建筑保护工作的正常开展。[1]

二是缺失规划技术与标准。我国历史悠久，自然条件复杂，各地区在自然环境、文化背景、经济发展等方面的地域性差异明显，因此直接导致传统村落在聚落景观、民居形态、风俗习惯等方面呈现出不同的外在特征。[2]目前，规划技术远远落后于传统村落的保护，具体体现在：①规划基础不足。不少传统村落对自身拥有的历史文化资源底数不清，对资源的种类、数量、年代、工艺、材料等基本信息没有建立档案，导致在保护管理中缺乏科学依据。[3]②规划标准不够。传统村落类型多样，保护范围广，既包括物质与非物质文化遗产，又包含自然景观与生态环境[4]，同时保护对象复杂，传统建筑差异较大，加之地方经济发展水平参差不齐，因此，难以制定统一的保护标准和规范。③规划水平不高。由于传统村落概念的提出晚于文物保护单位、历史文化名城、街区和村镇，因此其保护规划的编制也大都模仿前者的形式，加之对传统村落本质特征理解的失误，传统村落的产权性质、土地类型复杂多样，缺少与具体实施者——村民的沟通，规划政策性不强，导致规划很难指导具体实践。

---

[1] 夏海燕，夏利民.孝感市周边地区乡土建筑保护与研究[J].工程建设与设计，2012（8）：137-141.
[2] 李军环.传统民居与地域文化——乡土建筑研究与当代地域建筑创作的几点思考[J].城市建筑，2011（10）：14-15.
[3] 住房和城乡建设部副部长仇保兴在第四批中国历史文化名镇名村授牌仪式暨历史文化资源保护研讨会上的讲话.[EB/OL http：//www.ahexpo.org/a/200903/24112751.shtml]，2008-12-25
[4] 周乾松.我国传统村落保护的现状问题与对策思考[N].中国建设报，2013-01-29.

第四章
国际乡村规划管理的经验与借鉴

发达国家和地区的村镇规划建设大多经过了数十年的理论探索和实践检验，建立了相对完善的法律和制度体系。

一、乡村管理法律与制度体系

1. 建立完备的规划立法体系和管理制度

各国在乡村规划过程中，都很重视法制建设[1]，根据自身的行政体制，对应不同层级的政府管理机构形成一套规划立法体系。美国因为联邦政府在制定土地政策上采取回避的态度，更多地把社区建设的任务交给州政府和地方政府，因此在规划立法体系上较为松散，英国、德国、法国和日本的规划立法体系则较为严整。

（1）英国

英国规划法规体系起步较早，被公认为城乡规划立法最为成熟、规划体系最为完善的国家之一，并形成了以《城乡规划法》（The Town and Country Planning Act）为核心，包含城乡规划规则（Town and Country Planning Orders）、城乡规划通告（Town and Country Planning Circulars）、城乡规划条例（Town and Country Planning Regulations）、城乡规划指令（Town and Country Planning Directions）、规划政策指导书（Planning Policy Guidance）和战略规划指导书（Strategy Planning Guidance）等法律性文件的规划管理制度体系（表4-1）。

---

[1] 周金堂，黄国勤.国外新农村建设的特点、经验及启示[J].现代农业科技，2007（17）：204-207，210.

英国乡村建设管理法规目录　　　　　　　表 4-1

类别	法规名称
城乡规划类法规	1932 年、1947 年、1953 年、1954 年、1959 年、1962 年、1963 年、1968 年、1971 年、1972 年、1974 年、1977 年、1985 年、1990 年《城乡规划法》；1987 年《城乡规划（使用分类）条例》；1990 年《城乡规划（发展计划）规范》；1990 年《规划（文物建筑与保护区）法》、《规划（有害物质）法》；1991 年《规划与补偿法》、《城乡规划（发展计划）规范》；1995 年《城乡规划（通用容许发展）条令》；2004 年《规划与强制性购买法》、《城乡规划（区域与规划）（英格兰）规范》、《城乡规划（地方发展）（英格兰）规范》、《城乡规划（过渡安排）（英格兰）规范》、《规划政策条例（乡村地区的可持续发展）》
规划执行类法规	2000 年《城乡规划（调查程序）（英格兰）规范》；2002 年《城乡规划（执行通知与上诉）（英格兰）规范》、《城乡规划（执行）（书面陈述程序）规范》、《城乡规划（执行）（听证程序）（英格兰）规则》、《城乡规划（执行）（检察员决策）（英格兰）规则》；2005 年《城乡规划（临时性停止通知）（英格兰）规范》
土地管理类法规	1961 年《土地补偿法》；1972 年《土地收费法》、1980 年《地方政府规划与土地法》；1981 年《用地申请法》；1986 年、1988 年、1997 年、2002 年《土地注册法》；1988 年《公共土地（注册修正）法》；1994 年《强制性购买土地规范》；2004 年《规划与强制性购买法》
环境保护类法规	1935 年《限制带状发展法》；1955 年《绿化带建设法》；1968 年《乡村法》；1981 年《野生动植物与乡村法》；1985 年《野生动植物与乡村环境（修订）法》；1990 年《环境保护法》；1994 年《保护（自然栖息地）条例》；1999 年《城乡规划（环境影响评估）（英格兰与威尔士）规范》；1999 年《城乡规划（树木）规范》；2004 年《可持续与建筑安全法》；2006 年《自然环境与乡村社区法》
乡村道路类法规	1949 年《国家公园与乡村道路法》；2000 年《乡村可通行法》
乡村农业类法规	1947 年、1967 年、1970 年、1986 年、1993 年《农业法》；1967 年、1979 年、1991 年《林业法》；1988 年《农场与乡村发展法》

资料来源：李兵弟. 部分国家和地区村镇（乡村）建设法律制度比较研究. 北京：中国建筑工业出版社，2010：8.

英国现行规划体系中乡村建设管理遵循的法规主要有《城乡规划法》（1990）、《规划政策条例：乡村地区的可持续发展》（2004）、《乡村法》（1968）、《规划与强制性购买法》（2004）。乡村管理依据的政策主要有中心居民点政策、乡村住宅政策。其中，《城乡规划法》具有纲领性和原则性的特征，实施细则是由规划主管部门所制定的各项从属法规，特定的规划议题则以专项法为依据，相关内容见表 4-2。

英国乡村建设管理的主要规定　　　表4-2

法规名称	涉及乡村建设管理事权的内容	作用
《城乡规划法》	全国范围内规划的制定与行政事权对等	地方层面上的各项规划由地方政府制定，但须符合区域层面规划的指导原则
《乡村法》	基础设施和公共设施的供给；规划建设地方乡村公园，保护自然景观和人文景观	完善乡村建设系统的各个方面
《规划政策条例（乡村地区的可持续发展）》	乡村环境质量、经济及社会发展。这些政策应用于乡村地区，包括村镇及更大范围内相对不发达的乡村及大城市边缘地区	规定了乡村可持续发展的原则，较好反映了英国最近时期乡村法规所关注的重点及时代特色，具有很强的代表性
《规划与强制性购买法》	改变规划许可期限、允许地方规划机构通过地方发展条例实现地方上允许的发展等诸多举措	加快了主要基础设施项目的进程，提高了社会参与效力和质量，并使规划援助得到资金保障

1968年《乡村法》赋予乡村委员会以下任务：一是对三个方面的乡村问题进行长期研究和评估，包括提供和完善乡村基础设施和公共服务设施，保护并改善乡村景观和人文景观，保证满足人们到乡村休闲娱乐的需要，并与地方规划局及相关政府部门共同处理过程中产生的不同利益机构之间的冲突；二是支持、鼓励并提倡个人或机构提出不同的解决方案；三是给中央政府各个部门提供有关乡村各种事务的咨询意见；四是及时向地方政府部门传达任何个人或社会团体提出的意见；五是保障地方政府部门执行法律赋予他们的权利；六是积极开展针对乡村问题的调查和研究；七是向中央政府部门提出解决乡村问题的建议；八是主持和设计乡村建设实验，制定相关乡村建设管理规范，并借以处理乡村发展中的问题；九是通过合法手续，委员会可按照协议或以强制方式购买土地，利用这些土地进行乡村建设。

英国规划立法与行政体制紧密相连，城乡规划控制管理主要分为中央政府（central government）、郡政府（county council）和区政府（district council）三级（图4-1）。立法体制上采用中央集权制，城市规划审批的依据是国家统一制定的《城乡规划法》和其他城市规划的辅助性法律法规。

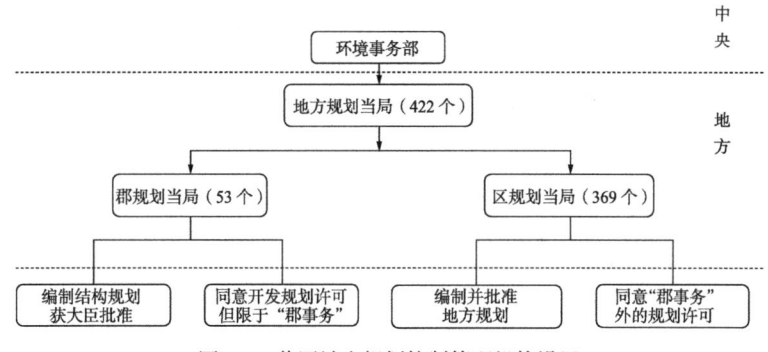

图 4-1　英国城乡规划控制管理机构设置

英国在乡村建设中突出地方自治决策管理。1968 年《乡村法》把过去中央政府的乡村代理机构变成了"乡村委员会",由其来负责英国乡村规划的编制与实施。乡村委员会独立于政府部门之外,并独立执行它的职责。同时,委员会的组成人员能反映各社会利益集团的利益并且更具社会权威性。乡村委员会有权要求地方政府(即县政府或区政府,包括伦敦市政府和其自治政府)考虑两件主要乡村事务:一是参考城镇或建成区位置来确定乡村位置;二是考虑现有基础设施和公共设施是否能够满足人们享受乡村环境的需求。

(2)德国

德国城乡规划的立法体系和行政体系分为联邦级(Bund)、州级(Land)和社区级(Gemeinde)三个层次(图 4-2)。社区是德国最低一级行政管理机构,社区有权在法律规定的范围内自行管理本地事务。社区的自治法规主要包括城镇内的公共交通、道路建设、供电、供水、供气、城镇建设规划,还包括学校、剧院、博物馆、医院、运动场及游泳池等设施的建设和维护。超过小城镇能力的工作,则由上级行政机构——县完成。较大的城市不属于任何县,成为"县外市"。各社区有权自行征税,包括土地税和工商税,可增收当地的消费税和附加税。[1]

---

[1] 吴志强. 德国城市规划的编制过程 [J]. 国外城市规划,1998(2):30-34.

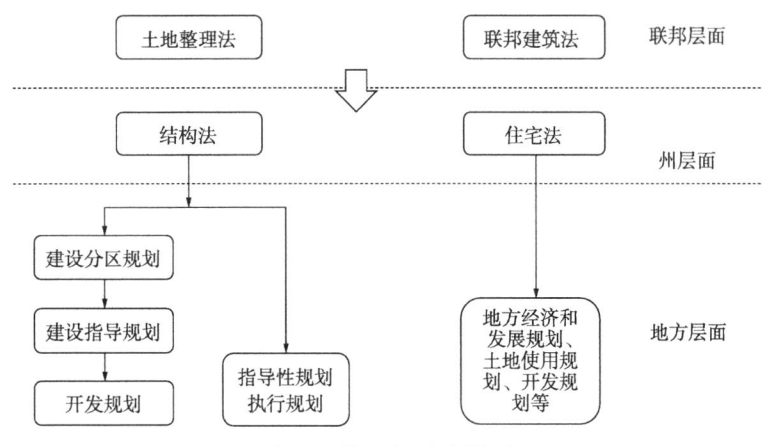

图 4-2　德国城乡规划体系

影响德国乡村发展的重要法律有两部:《土地整理法》和《联邦建筑法》。[1] 1953 年的《土地整理法》提出，改变乡村居民点的布局是改善乡村居民基本生活条件的重要措施。从"建成区"意义上来说，德国村庄与城市中心一样，都是建成区，只是在土地使用规则上有所不同。因此，村庄的开发建设也要服从德国最重要的综合性城乡规划建设法规《联邦建筑法》，该法律在 1986 年、2004 年和 2006 年分别作了修订。它最大的意义在于："村庄更新"被确定为一个极重要的规划工作，该阶段的目标是完全改善村庄的基础设施和公共服务设施。

支撑村庄更新的还有一系列建设法规，如 1946 年的《住宅法》，1950 年的有关土地使用的《结构法》及其指定的各类土地使用的政策、规划和程序。联邦政府要求每个州制定各自的《结构法》(Structure Law)，《结构法》则授权每个地方政府决定它们地区的土地使用分区，制定《建设分区规划》及有关土地和空间开发与建设的《指导规划》和《执行规划》。对《建设分区规划》进一步细化，即形成《指导规划》，其目标是协调被更新村庄的所有建设项目，以保护居住环境和自然环境，在它的约束之下需要制定一个《开发规划》用来完成村庄更新过程中建成

---
[1]　叶齐茂. 发达国家乡村建设考察与政策研究 [M]. 北京：中国建筑工业出版社，2008.

区内部用地和建筑环境的调整。另外,《建筑使用规定》(The Building Use Regulation, BauNVO)规定了允许村庄建设的建筑物类型,包括居住建筑、小园林、商店等,不允许建设商业性办公建筑、多层停车场、工厂和公交中转站,娱乐设施则需要立项批准。同时,地方政府还必须按照《住宅法》负责制定地方经济和发展规划、土地使用规划、开发规划等,州政府负责协调地方政府的上述规划。

德国村庄更新是从土地整理和土地改革的工作范围内衍生出来的一项关于农村地区可持续发展的任务。1954年德国颁布《联邦土地整理法》,联邦各州根据实际情况也相应制定了州土地整理法规及相关的法律条文,如巴伐利亚州土地整理法规、巴伐利亚州村庄更新条例等。1965年德国政府对建筑法典进行修订时,德国议会要求德国政府就城市规划在农村发展和改善农村基本生活条件方面的作用作出明确的阐述,从此,有关村庄更新的条款成为建筑法典的内容之一,也使得联邦建筑法典对村庄更新具有了举足轻重的作用。除此之外,联邦国土规划法、州国土规划法和州发展规划通过区域规划手段对村庄更新起到控制作用。村庄发展规划和村庄更新规划的制定不得与上述法律相悖。其他相关法律如联邦自然保护法、景观保护法、林业法、土地保护法、大气保护法、水保护法、垃圾处理法、遗产法、文物保护法等也是制定村庄更新规划必须遵守的法律和法规。[1]在德国农村社会转型的过程中,村庄更新逐渐被纳入国家整体规划体系之中。根据国家整体规划,德国先后制定了一系列相应的具体项目实施计划。这些项目的完成,一方面推进了农村地区产业结构的改善和村庄的城市化发展,保护了农村地区的自然环境、人文环境和文物古迹,另一方面也巩固了村庄作为居住和生活空间的可持续发展。[2]从村庄更新详细规划制定的过程可以看出,村庄发展规划是针对村庄综合发展的概念性规划,具体的实施则通过以项目为主的村庄更新规划来实现,一般由地方政府编制。对于上一级规划中所提出的村庄更新目标,将确定不同的项目并制定相应的详细规划(表4-3)。

---

[1] 时玉阁.国外农村发展经验比较研究[D].郑州大学,2007.
[2] 时玉阁.国外农村发展经验比较研究[D].郑州大学,2007.

村庄更新详细规划制定流程　　　　　表4-3

步骤	流程
主体	社区政府 / 专业机构 / 专业协会 / 居民团体 / 居民
基础研究	自然环境、基础设施、村落发展、休闲与休憩、文化、教育、社会、农业、工业、第三产业、旅游
侧重点	村庄优势 - 劣势分析、村庄发展蓝图、村庄发展规划的讨论
规划重点	环境保护规划、文化规划、村庄发展概念性规划、交通规划、通信规划
规划实施	实施村庄更新规划（实施计划 / 组织 / 资金 / 项目管理 / 项目咨询）
具体项目	文化项目、旅游发展项目、公共服务项目、基础设施项目、自然保护项目、环境保护、村庄建筑改造项目、文化保护项目

（3）法国

法国城乡规划法规体系由国家、区域（含大区和跨大区）和地方（含市镇和跨市镇）三个层面的城市规划法律法规以及与城市规划相关的其他法律法规所组成（表4-4），其中，低层次的法律法规必须符合较高层次的法律法规的规定。从空间的使用范围来看，法国的城市规划法并非仅仅局限于城市化地区本身，恰恰相反，作为有关物质空间环境开发的通法，城市规划法的适用范围覆盖了法国的全部国土：不仅适用于城市化地区，同时也适用于乡村地区。

法国城市规划立法体系[1]　　　　　表4-4

地域范围	城市规划法律法规	与城市规划相关的法律法规
国家	城市规划基本原则 针对山区和滨水地区的规定 城市规划基本规定	公共服务纲要
区域、跨大区和大区	国土规划整治指令 具有同等效力的指导纲要	跨大区规划政治与国土开发指导纲要 大区规划政治与国土开发指导纲要

---

[1] 刘健.20世纪法国城市规划立法及其启发.国外城市规划，2004（5）：16-21.

续表

地域范围		城市规划法律法规	与城市规划相关的法律法规
地方	跨市镇、城市化地区、城市化密集区、其他特定区域	国土协调纲要	地区自然公园宪章 特定区域发展宪章 城市化密集区计划 城市交通规划、地方住宅计划、商业发展纲要
	市镇或跨市镇	地方城市规划或市镇地图	影响土地利用的土地公共用途规定

从整体层面上说，法国的城市规划体系中，开发规划分成四类：国家规划（National Plan）、行政区规划（Regional Plan）加上双层体制结构的规划，即城市地区（City Region）范围内的长期战略开发规划和市镇级的城市土地利用分区规划。其中最为重要的是长期战略开发规划（SDAU）和城市土地利用规划（POS）两个层次。前者是对城市地区、城市周边的郊区和农村地区以及城市周围各类开发区的战略性用地发展规划。城市土地利用规划则用于指导城市的日常建设，即作为建设许可证的审批依据。二者的编制是不同步的，战略规划是对今后几十年城市发展的预测及计划，而在此期间，城市土地利用规划可能不断修改以适应新出现的问题。

法国的政治体制是共和制，因此，地方政府没有制宪权，这种制度决定了中央政府集中领导的政治传统，再加上法国的基层政府单元有36000个，如果在规划上没有省、区域、中央的控制，将会产生严重的社会经济和环境问题。因此，从1945年到1985年的整整40年间，法国采取了国家集中管理城镇规划的制度。法国行政管理主要分为四级：中央、区域、省和公社（市镇）（表4-5），中央向各省派出地方行政长官，仅在公社层面实行普选产生市政议会和市政议会推选市长的制度。这些中央派驻的地方行政长官的一般工作包括：空间规划和经济发展、乡村建设、城市更新、公共卫生等，区域的地方行政长官负责协调和指导派驻省里的地方行政长官的工作。

法国城镇规划管理体制　　　　　　表 4-5

管理层级	行政主体	与乡村建设有关的内容
公社（市镇）	市政议会、市长	制定城市规划，颁发建筑许可证
省	省议会、省长	维护和建设省级公路，组织乡村公共交通，包括学校的校车；开发和管理渔业港口；对乡村地区公社的道路、公共卫生、供电、建筑基础设施，如给水排水和消防、环境保护、土地开发等，提供财政补贴
区域	区域议会、区域首长	制定区域的空间规划和发展规划，制定和签署区域与中央政府的发展合同，组织区域的铁路交通
中央	书记处	协调区域工作，协调制定符合中央政府计划的区域计划等

在很长的一段时间里，《建设规划》都是法国集中管理规划建设的惟一的规划文件，它保证了地方受中央政府的直接规划指导。但随着战后经济复苏，城市经济进入高速发展阶段，城乡建设规模逐渐扩大，法国逐渐认识到仅仅依靠《建设规划》是不够的，因此，法国逐渐将乡村的规划和开发权从中央政府集中管理过渡到地方政府，1983 年 1 月 7 日和 7 月 2 日颁布的地方分权法律把公社的规划和开发权利以法律的形式确定下来，并严格规定：一个公社不能改变国家原先已经制定的土地使用规划的基本原则，只能在这个基础上制定他们的规划。一个公社可以获得它自己的规划权的前提是：它已经有了国家制定的土地使用规划。这样可以尽可能地减少因为规划和开发权的分散而引起的环境生态问题和社会矛盾。实际上，规划和开发权分散到地方成为了中央推行国家发展规则的工具。同时，以法律的形式建立起地方发展管理的机制，即地方规划必须遵循它的上级规划的原则，作为最终法律文件的地方规划仍然受到中央规划部门的管理，并要求地方政府与地方利益集团和居民形成一种合作关系，共同处理地方事务。[1] 同时，法国通过设立"地区发展奖金"、"手工业企业装备奖金"、"农业方向奖金"加速了农业的现代化进程。1960 年，法国颁布了《农业教育指导法案》，建立农业教育培

---

[1] 叶齐茂. 发达国家郊区发展系列谈之三：战后法国郊区的发展：集中规划的郊区 [J]. 小城镇建设，2008（6）：53.

训体系，以法律确保法国推行农业教育，培训农村人才，有效地促进了新农村建设。

（4）日本

日本的新农村建设从1961年开始，是在《日本国土综合开发法》和《国土综合开发规划》[1]等国家整体战略制度和框架内进行的，极其重视法制建设，制定与"全综规划"紧密相关的法律政策体系，以法制确保新农村建设正常进行：从1961年开始，日本政府颁布了《农业基本法》、《农业现代化资金筹措法》等一系列法律，并修订了《农地法》和《农振法》等法律；从1999年起，日本又出台了《食品、农业、农村基本法》、《山区振兴法》等配套法律，并制定了具体的实施计划；之后，日本政府又制定了《农村地区引入工业促进法》、《新事业创新促进法》、《地区中心小城镇建设及产业设施重新布局促进法》等。韩国根据村落特点制定了《农渔村整修法》、《山林基本法》和《有关促进林业及山村振兴之法律》、《地方小城镇培育支援法》。

日本国内乡村建设措施的要求均体现在町村改造核心战略中。町村改造核心战略在于实现山、水、田、林、路的综合整治以改变农村的面貌，保持山川优美的农村特色，追寻有魅力而又可持续发展的乡村生活。为了破解这一改造的核心战略，日本乡村建设者通过制定统筹城乡建设、乡村产业综合、乡村传统保持、自身组织农协和基础设施建设等五大战略包一一实现（表4-6）。

日本町村改造战略内容分解表　　　　表4-6

分解战略	战略主要内容
城乡统筹建设	城市商业、娱乐业的布局和建设规模按照城市对农村的合理辐射确定
乡村产业综合	鼓励乡村地区多种产业形态，提高村民的兼业化
乡村传统保持	农村坚持及富有民族特色的、风貌精致且讲究乡村生活情趣
自身组织农协	建立技术指导、产业服务、村庄建设的自主的农民基础组织
基础设施建设	市政基础建设、提升村庄发展能力

[1] 自1962年日本国会批准第一次全国综合开发规划至今，日本先后制定了5次"全综规划"。

2. 形成健全的制度保障体系和政策体系

乡村是一个复杂的系统,除了规划建设部门和规划法律法规的建设和制约以外,在横向上需要其他部门提供协助指导乡村规划建设的法律文件,共同形成良好的制度基础。这同时也涉及与乡村建设有关的多个部门之间的利益协调,保证其他部门在乡村建设中给予规划建设部门以支持。

(1)美国

美国城乡规划体系在以下制度建设方面值得中国借鉴:

一是金融制度。战后,美国联邦政府在继续执行《国家住宅法》的同时,通过联邦住宅局(FHA)的住宅贷款担保制度来影响城乡发展方向。自联邦住宅局建立开始,其主要任务就是通过振兴住宅工业推进就业。它主要依赖于私人企业而不是直接依赖于政府的资助。因此,联邦住宅局既不建房也不提供住宅信贷,它所做的是为购房者的长期借贷向私人银行提供担保。事实上,联邦住宅局推进了今天我们所熟悉的住宅贷款制度,这个制度使成千上万的中产阶级家庭在过去的乡村地区拥有了自己独门独院的住宅。另一方面,这个住宅贷款担保制度不仅是一个金融制度,也是一个政府贯彻其发展导向的机制,政府的住宅贷款担保事实上成为了政府贯彻它的意志的手段,在战后这个特定时期,它以多种形式鼓励人们到乡村居住(表4-7)。

美国住宅贷款担保制度鼓励条款与内容　　　　表 4-7

鼓励条款	主要内容和影响
鼓励独门独院的住宅	20世纪50年代,联邦住宅局提供的独门独院住宅和公寓楼的住宅贷款担保比例为7:1;制定专门条款,允许专门为白人中产阶级在乡村地区购房提供贷款的机构运行
鼓励到乡村去	联邦住宅局使用一套特殊的标准来决定它可以给什么人在什么地方提供什么样的贷款担保
设定住宅和街区建设标准	设立新住宅建设最低标准,包括宅基地规模、退红线和住宅宽度等。按照这个标准,只有乡村地区才可以建设联邦住宅局认可的住宅
住宅建设引导的经济发展	联邦政府仅仅对住宅建设进行干预,许多事情交由市场解决。从土地价值上讲,住宅开发更有经济价值;同时,建筑业的工业化也带动了其他产业的快速发展

续表

鼓励条款	主要内容和影响
购物中心的建立	为了改善第一次郊区化浪潮下的"卧城"社区,大型百货店、商业街、郊区购物中心以及后来盛行的全封闭购物广场(Mall)逐渐进入郊区
工业向乡村地区转移	公路和货运的发展加速了工业从市中心向乡村的迁移,它从根本上改变了城市经济的运行方式和城市经济的规模,随之而来的就是就业人口的外迁,到1963年,美国工业就业人口的50%以上在郊区
公司总部向乡村地区的迁移	随着通信和道路网络发生巨大变化,很多公司开始分散经营部门,越来越多的就业者居住在郊区,而郊区的土地价格较为低廉,税收也比市中心低。随着大公司向郊区迁移,为大公司服务的整个系统(会计、律师、工程师、股票交易、银行等)也迁往郊区

二是生态制度。环境问题从20世纪60年代开始就是美国社会的一个关注点,公众的压力最终导致了20世纪70年代美国国家环保局(NEPA)的宣言和相关法律的出台。其中《清洁空气法》、《清洁水法》和《濒临物种法》从根本上影响了美国乡村城镇化的进程,它们从区位和形体上把城镇化的规模限制在生态环境允许的范围内。《清洁空气法》发布于1970年,要求州政府要么制定自己的实施规划以满足新的空气质量标准,要么面对联邦政府的基金撤销的结果。《清洁水法》发布于1972年,限制了对湿地的覆盖,鼓励在全国范围内清理河道。随着工业的搬迁,按照《清洁水法》恢复水体,许多旧城镇的河湖海的岸边成了公园和混合使用的场所。《濒危物种法》发布于1973年,制止了许多大型公共工程,如纽约市的濒水高速公路项目,降低了城镇化给生态系统带来的影响。

三是基础设施制度。1956年的《州际公路法》是第一部导致美国采取蔓延式或郊区化模式发展的基本法律,它从空间上决定了哪些乡村部分将成为城市或城市的一部分,它甚至改变了传统的城市概念和规划技术本身。这部法律的初衷在很大程度上是满足防务要求,特别是防空疏散的要求,因此,联邦政府承诺承担道路建设费用的90%,州政府仅承担10%。后来许多城市正是利用这笔基金建设了大量放射和环城的公路。虽然这些大规模的道路建设改变了城市原有格局,但同时它们也改善了城市与郊区间的联系,推动了郊区化的进程。另一方面,环状公路形成了开发大型多功能中心包括办公园区、旅馆、购物中心的机会。从本质上说，高速公路系统推动了城市核心商业区以外开发活动的蔓延。

（2）德国

土地不论对哪个国家来说，都是稀缺资源，如果把土地全权交给市场，由开发商运作，必然很快就会导致土地流失等严重后果。因此，即使是西方土地私有制的国家，政府仍然对土地使用、买卖和开发采取严格控制的政策，并不断完善整理、更新政策以适应形势走向。德国的乡村规划建设政策中"土地整理"和"乡村建设"是两个最为重要的方面，德国的第一部乡村规划法律文件即《土地合并法》，要求所有的省必须改善乡村生活条件。1965年《联邦空间调整法》同样贯彻了这一要求，1953年的《土地整理法》奠定了以后乡村规划的核心原则：村庄更新的主要任务是土地整理，改善地方交通，保护和控制乡村居民点的建设。这部法律把土地整理规定为乡村更新的主要内容，把优先发展土地整理规定为核心政策。另一方面，从公共事业的发展目标出发，政府有权通过规划的方式和法律手段强制征购私人房地产业以建设公共道路、公共建筑、公共给水排水和生态环境保护等工程。

（3）英国

发达国家的居住模式相对于我国而言分散得多，而且其城镇化水平相对较高，因此在很大程度上，乡村居民点布局政策主要是针对过于分散的居住模式制定相应的对策，以控制对自然区域的侵蚀。欧洲国家的做法往往是通过建设乡村中心居民点，改善乡村居住质量，建设完善的基础设施和公共服务设施，使乡村居民点在经济、社会和教育机会上与城镇相同，保证生活在乡村与住在城镇相差无几。同时，在满足安全卫生的前提下，推行紧凑型居民点规划模式，对选定为中心居民点的原乡村居民点实施填充式开发，而不允许再扩大他们的规划边界[1]，欧洲的城乡均衡发展模式有效避免了美国式的郊区蔓延。

英国中央政府制定国家的宏观住宅政策（即农村居民点布局政策），

---

[1] 邹艳丽. 浅议城乡统筹背景下乡村发展格局的调整[J]. 小城镇建设，2012（5）：33-37，41.

地方政府则制定各个地方的住宅政策，至 20 世纪 80 年代，英国住宅政策实现了每一个乡村家庭有一所"可以负担得起的住宅"的基本目标。英国住宅政策的内容主要包括以下四个方面：一是规划应当先行。乡村规划应是鼓励可持续发展的规划，应是集社会、经济和环境为一体的规划。二是政府补贴随后。乡村住宅政策中总有一组关于政府财政支持的政策，英国多年来在乡村经济住房建设上采取的是合作制，即中央政府与地方政府合作，政府和非政府组织合作。三是整理村庄土地。到了 20 世纪 80 年代，真正可供住宅开发的大规模土地已经凤毛麟角，因此对已有村庄建设用地进行整理势在必行。四是善待闲置住宅。英国住宅政策鼓励充分利用乡村中的闲置住宅，比如肯特郡建立了一个称之为"别闲着"的项目，采取地方政府与房主进行合作的方式把闲置房改造成为经济用房。总之，住宅政策不是一个仅仅关于"住宅"的政策，它的出发点是住宅，但落脚点却是在整个乡村建设。

二、乡村规划编制与实施制度

1. 乡村规划编制标准与重点
（1）规划编制标准齐全

在发达的工业化国家，改善和提高乡村居住质量成为了乡村建设的长期核心任务。"居住"的内涵涉及整个居住社区及其社区设施，国内在谈论居住时常常只考虑到住宅本身，而在发达国家看来，"居住质量"既包括改善住宅，也包括通过规划设计和建设来改善和提高乡村居住区的质量。

在发达工业化国家，乡村住宅及其宅基地都是商品，参与市场交换。除了住宅本身的质量外，整个居住社区及其社区设施也是决定乡村住宅的市场价值的重要因素。政府的公共资金不直接用于私人的乡村住宅，而是用于引导乡村住宅的健康发展，尤其是指导乡村居住的规划设计和建设。因此，各国政府住宅部门不断修正各自的住宅指南，从住宅及其住宅组团的形体和获得社会服务方面制定了一系列详细的居住参数，用以推动乡村居民点的更新和开发建设，其中某些条款逐步成为了约束乡村住宅质量的强制性标准。[1]

在具体的约束形式上，不同国家根据各自的情况分为导则式和指标体系式，如澳大利亚[2]维多利亚州采取地方政府使用规划设计规范约束乡村建设形式，《优秀设计指南》是维多利亚州规划法规中一个关于住宅开发的特别条款，目的是求得地方居民与开发商利益之间的协调，并将居住开发的所有方面归纳为12个设计要素。英国则采取地方政府使用居住质量指标体系引导乡村建设的形式。自20世纪90年代以来，英国政府制定并数次修改《居住质量指标》。这个指标体系不具有强制性，只是一个判断乡村居住质量的工具，用于引导人们从居住质量上来估价居住建筑，而不是根据居住建筑的费用来估价建筑。

《优秀设计指南》和《居住质量指标》主要内容比较　　表4-8

《优秀设计指南》（澳大利亚）		《居住质量指标》（英国）	
主要指标	相关内容	主要指标	相关内容
住宅与街道	确认设计照顾了现存邻里特征或有正面影响	位置	规定在距所评估住宅一定距离内，必须能够达到的各位服务设施
建筑规模与高度	从街上和邻近建筑的角度，考察规划中建筑的视觉效果	视觉影响	是否与周边环境、建筑物、道路模式等配合恰当，现存自然、人文景观是否得到保护
用地覆盖	待开发用地上的建筑用地面积不应超出分区规划规定的最大建筑用地面积	布局	与相邻道路的关系、噪声、日照、私人公共空间等
保持能量效率	确认规划中建筑的朝向和布局可以减少对不可再生能源的使用	景观	是否具有生物多样性、公共空间中的绿化和水景等
车辆停泊	要求每个住户应拥有两个停车位，并规定了车位的具体设计参数	开放空间	私人和公共空间之间是否具有明确的分界、公共开放空间的安全性

---

[1] 叶齐茂. 发达国家乡村建设考察与政策研究[M]. 北京：中国建筑工业出版社，2008：7.
[2] 澳大利亚是由六个联邦和两个特别行政区组成的国家，国家没有统一的规划法，各州议会为自己州的土地使用规划和环境保护立法，由州政府来执行。

《优秀设计指南》（澳大利亚）		《居住质量指标》（英国）	
主要指标	相关内容	主要指标	相关内容
对舒适的影响	针对建筑高度严格规定了退红线距离，以减少对现存住宅的影响	道路和交通	方便和安全是居住区车行和人行道路、交通规划的目标
开放空间的阴影	保证现有住宅私人开放空间的75%至少从早上9点到下午3点间得到5个小时的日照	其他：住宅规模、住宅布局、噪声控制、采光和服务、住宅的出入路径、建筑的能量消耗、绿色和可持续性、居住的舒适度	
俯视	避免对现有住宅私人开放空间和卧室窗户的俯视		
私人开放空间	一个住宅应有80m²或待开发用地20%的私人开放空间		
其他：雨水渗透、重要树木保护、边界墙、已有窗口的采光、院前篱笆			

从发达国家关于乡村居住建设的规划标准和内容上能够清晰地看到国外乡村建设的导向，即把住宅与位置、布局、景观、视觉影响等周边环境相联系，评价居住的舒适度，从而将住宅建设与村庄建设联系起来。20世纪90年代以来，发达国家也逐步形成了一套判断乡村发展健康与否的标准，共有6个方面24条（表4-9）。除了上述规划法规本身必须具备一定的限制性以外，这些标准也从引导市场向改善和提高乡村居住质量的方向上转变，以便借助市场和当地居民的力量实现共同目标。

发达国家乡村发展健康与否的标准　　　　　表4-9

（1）经济的可持续发展	（2）社会的可持续发展
功能混合与土地使用的多样性	社区：不同社会群体混合居住
适合于不同教育背景的多样性的工作机会	卫生：良好的自然环境，丰富的自产农副产品，健康的精神生活
适合于不同经济部门和经营规模进入的产业结构	社区安全：交通安全的街道，邻里和睦并相互关照
独立的地方经济	平等和选择：不同收入水平的人有适当的住所

续表

（3）自然资源	（5）社区环境
空气：减少交通拥堵，减少私人机动车辆在居民区内的出现	美观：步行尺度的景观小品
水：控制对地方水资源的使用，完整的污水处理和回用	公共场所：有吸引力的公共空间
土地：比较高的容积率，以减少村镇建筑用地的使用	文化遗产：挖掘与保持地方文化特色
土壤：垃圾特别是有机垃圾在当地的回收	社区意识：每个人视那里为他的家
（4）社区公共设施与服务	（6）生态状态
道路系统：以公共交通为导向，适合于步行的道路设施	交通能源：尽可能减少人们的出行距离，同时，以公共交通为主导；方便安全的步行（包括自行车）交通系统
公共设施：人人可以分享的医疗、教育、零售和娱乐设施	建筑能源：节能型建材，有效节约能源的建筑布局；尽可能在社区范围内共同使用可再生能源
建筑空间：适合于不同收入水平的多样化的住宅；适合于不同商业和社会机构的用房	生物多样性：给野生动物和植物留下生存空间
开放空间：易于接近的街头公园和休闲场所	生态循环：尽可能把村庄与周围环境间的循环圈封闭起来，如水、能量、食品、资源

（2）规划编制重点突出

发达国家乡村规划编制有一些明显的侧重方面以应对战后的快速发展导致的问题：

一是城乡统筹。国外发达国家乡村地区由于高度城镇化，因此更多的乡村规划是兼顾城市和乡村地区的区域规划。以英国最乡村化的西南英格兰地区为例，它的规划就是把乡村地区作为重点研究内容，同时兼顾城市地区的区域发展规划。西南英格兰地区乡村规划是目标导向型规划，它将建设可持续发展的乡村社区（包括集镇、村庄以及散落的居民点）作为规划的目标与任务。根据人口、经济、社会等相关方面的基础数据，分析乡村地区的运作方式、功能特点以及发展的内在需求，研究城乡以及不同乡村地区的功能联系与差异，这是规划的重点内容；然后，在功能分析的基础上将区域划分为若干次区域，制定区域空间规划以及交通发展战略；最后，整合其他规划的相关观点，并根据区域空间与交通规划制定次区域发展策略，主要包括住房、就业、旅游、交通、基础设施、休闲娱乐、农业、矿物、垃圾处理等几个方面（图4-3）。

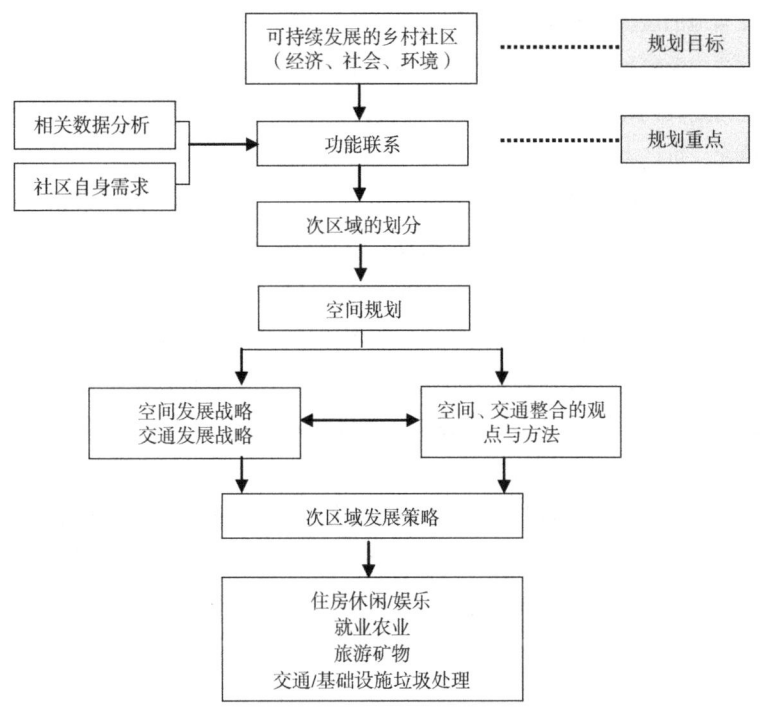

图4-3　西南英格兰乡村规划的思想与框架[1]

目前，城乡统筹已经成为我国规划编制的重点内容之一，尽管我国城乡统筹规划以及城市化进程所处的阶段与西方发达国家有较大差别，但其对乡村地区的研究，特别是成熟的规划方法对我国城乡统筹规划仍具有一定的启示与借鉴意义：①重新认识乡村地区规划的重要性，强调乡村空间的完整性和合理界定，在规划内容上，除了乡村居住空间，生

---

[1] 胡娟，朱喜钢.西南英格兰乡村规划对我国城乡统筹规划的启示.城市问题，2006（3）：94-98.

产、旅游、设施等空间类型也要统筹考虑;②功能分析是城乡统筹的基础,合理的城乡联系是建立在一定的功能分工基础上的,其中城乡产业之间的协调是重点;③明确不同规划层次的城乡统筹规划的内容与任务,如西南英格兰地区的乡村规划主要在三个层面上进行——区域、次区域以及当地的层面。规划范围不同,规划的任务和深度也会有所差别。西方发达国家打破行政边界的做法在我国很难推行,目前而言,县(市)域空间是我国城乡结合最为直接的地域空间,是城乡统筹规划的最佳空间单元,可以考虑加强县域层面村镇规划编制技术体系的研究。

二是乡村人居环境与可持续发展。二战以后,西方发达国家相继进入城市快速发展与高速城镇化时期,特别是在大城市周围,住房和贫民窟问题亟待解决,因此,为了防止城市大规模无序蔓延,各国相继出台了一系列阻止城市蔓延、保护乡村生态环境的政策。比如英国的绿带政策,与我国的绿化隔离带政策相似,即在城市周边建立大规模的绿带,给城市发展划定一个形体的界限。到目前为止,英国共有14个大规模绿带地区。从土地利用的角度讲,只要是"建成区",包括我们所说的"村庄居住区",英国都称之为"城市"。因此,不仅是大城市,其他城镇,甚至村落都有自己的绿带,这些绿带不仅建立在公共土地上,还建立在私人土地上。英国政府制定的《21世纪地方发展纲要》从四个方面考虑了可持续发展的乡村规划:①在可持续发展的规划设计中,应当采取生态学的方式去考察社区,重新研究社区与它的背景的关系,如自然景观、生态系统、水和能源等。②在可持续发展的规划设计中,应当尽可能强化地方社区独立的和综合的功能。一个地方对汽车的依赖会产生环境污染、交通设施使用不平等、过量使用土地和能源等问题,因此,避免地方社区在区域中的功能衰退,减少对汽车的依赖,是用可持续发展的方式去规划设计社区的重要内容。③在可持续发展的规划设计中,采用人的尺度、土地与空间的混合使用、人群的混合居住、维护地方的社会资本等基本准则。④应当调动各方面积极参与社区可持续发展的规划设计,使每个人都能负起尽可能减少对生态系统的干扰的责任。美国除了出台上述生态保护的政策之外,还在规划管理上认识到必须对城镇发展加以限制，以保护日益恶化的资源环境，从20世纪开始逐渐提出"发展管理"和"精明增长"等管理理念和技术，其中包括类似于英国绿带政策的"楔形开放空间和走廊"规划，要求沿交通走廊进行开发，而在交通走廊之间保留楔形开放空间（农田和森林）。"精明增长"的意义可以概括为以下七个方面：①保护开放空间；②划定边界以限制发展向外扩张；③紧凑式开发和土地的混合使用，适于步行和公共交通；④更新旧城镇中心、近郊区和濒临倒闭的商业区；⑤发展可靠的公共交通以减少对私家车的依赖和支持其他开发模式；⑥区域的规划协调（特别是交通和土地使用）；⑦公平分配公共财政和公平负担税赋，包括大都市区域内的经济住宅。

2. 乡村规划编制程序与方法

（1）规划编制主体明确、程序规范

由于很多发达国家的城镇化水平已经超过了70%，即实现了"乡村的普遍城镇化"，从非农业人口向主要中心城镇集中转变为非农业人口在广袤的乡村地区分散开来，其直接形成的结果就是城镇与乡村的规划边界日益模糊，因此一般没有专门针对乡村的规划编制主体和编制程序，即发达国家城与乡的规划编制主体和编制程序是一致的，但由于政治体制不尽相同，因此在乡村规划建设过程中表现出来的特点也有所差别。

（2）建立有效的公共参与机制

以政府为主导、以农民为主体是众多发达国家乡村建设成功的关键，有学者指出：政府、非政府和私营（以赢利为目的）机构在促进农村发展方面都存在局限性，这意味着在改善农村生计和农民生活质量上，它们无法充当惟一的依靠。农村发展必须基于农村居民自身的观念和决心，使他们达至政治上自决、经济上自救和生活上自助的良好结果，才是新农村建设成功的关键。与中国类似，欧洲国家在近几十年内逐渐认识到乡村社会问题日趋复杂化，大多经历了一个从垂直管理、直接干预，到事权下放、公共参与的过程，其中法国和德国更具有代表性：

一是法国的"对话"机制。战后40年间，战略规划和建设规划是指导法国城市规划建设的两个主要法律文件。1967年的《土地定位法》确定，战略规划只是一个远景规划，是政府的一种导向，具有预测性，不具有法律效力，而建设规划是关于地面建筑物建设的形体规划，尺度小，时间短，具有法律效力，建设规划受到战略规划的指导。不仅如此，《土地定位法》还要求中央政府与地方公社一起建立一个由双方代表共同组成的"对话机构"，就战略规划和建设规划进行协调。当时这个机构的组成人员都是官员，因为他们认为，有关空间布局的权利完全属于公共权利，不能与私人利益集团分享。到1985年，法国城镇发展的管理进入了"分散化"管理时期，地方利益集团才有了参与地方规划的权利。[1]

二是德国的农民全程参与机制。在20世纪70～80年代，德国政府普遍进行直接干预，通过垂直方式推动乡村地区的土地整理和村庄更新；政府使用法律和财政的手段来消除不确定因素，从而保证一切都是静态的和可以预计的。这样，政府主导，个人受制，规划以政府认定的问题为出发点，而这些政府认定的问题可以通过政府提供的项目及其资金来解决，决策以权力为基础，因此，决策的内容需要宣布，然后由受制方去执行，土地整理和村庄更新的决策和执行都是线性的。[2]到了20世纪90年代，德国政府开始认识到，乡村社会问题的解决不完全是政府的责任，社会的发展和复杂程度不再允许使用垂直方式。于是，在土地管理和村庄更新上，政府管理从垂直方式走向水平方式：①从层次导向转变为网络导向，由直接干预转变成国家作为乡村建设的一方参与其中。②任何乡村发展目标的实现都在很大程度上依赖于参与乡村建设的各方，包括政府、利益集团、市场和个人，大家共同负责，乡村发展的决策也就具有不确定性。政府不是通过规则和程序来实施管理，而是通过地方利益集团和个人的协商来实施管理。③政府与之协商的对象是根据当地存在的问题来确定的，他们既是协商对象，也是决策者。在水平管理状态下，包括政府在内的各方应当认识到它们之间是利益攸关的，它们既希望从参与的其他方那里获得，也要准备为其他方付出，以便达到双赢。④参与各方都是自愿的，任何一方都可以进入或退出决策过程，因此，管理是动态的，不一定完全

---

[1] 叶齐茂.发达国家乡村建设考察与政策研究[M].北京：中国建筑工业出版社，2008：7.
[2] 叶齐茂.发达国家乡村建设考察与政策研究[M].北京：中国建筑工业出版社，2008：7.

可以预测。⑤决策依赖于参与各方的利益。⑥决策过程循环往复，政府通过对话后作出决定，然后把决定送达利益各方。⑦规划过程不是项目导向而是管理导向。根据《联邦建筑法典》，公民在规划制定过程中有权参与整个过程，提出自己的建议和利益要求。[1]在法律的保障下，德国村民积极参与到新型农村的各项建设之中，通过平等参与和协商，缩短社区政府、专业机构、专业协会和村民的距离，加强相互之间的沟通与交流，调动村民参与村庄更新的积极性。社区政府通过讲座、集会、媒体以及网络等平台，将有关信息及时传递给村民，广泛向村民征询意见，针对村庄更新提出具体措施（图4-4）。

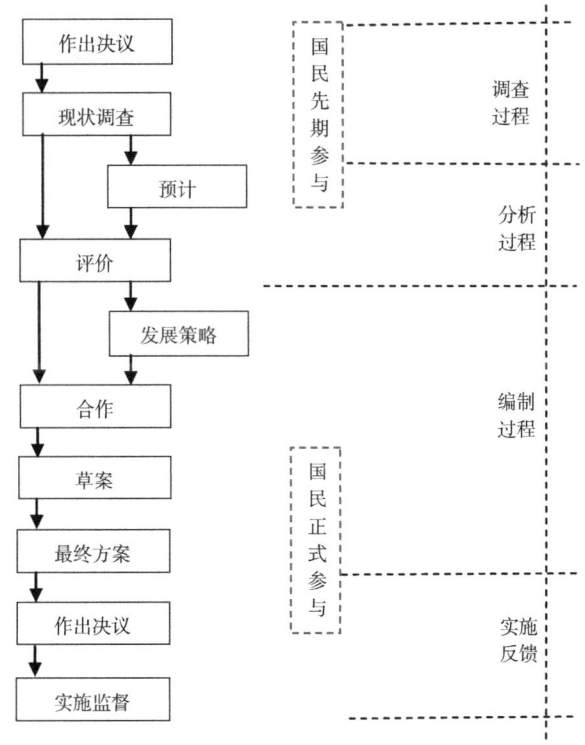

图4-4　德国乡村规划中的公民参与

---

[1] 时玉阁. 国外农村发展经验比较研究 [D]. 郑州大学，2007.

（3）乡村建设主导方式明确

村庄建设开展较早和较好的国家基本都是有着较长农业发展历史的传统农业国。在工业化开始后，一些发达国家不同程度地存在着农业人口的大量流失和农村社会的凋敝。但随着工业化的实现和经济的发展，几乎所有的先进国家都走上了一条"工业反哺农业，城市带动乡村"的村庄建设之路。综观世界各国的村庄建设实践，一般具有两个阶段：政府主导阶段与民间推动阶段，而在这两个阶段中，又有几个比较明显的建设演变规律，即前期以政府主导为多，后期以民间推动为多。"政府主导"即政府在农业产业发展和村庄建设过程中居于主导地位，如韩国、日本、中国台湾，将其模式概括为"日—韩—台"综合农协模式。"民间推动"即各种非政府组织在农业产业组织和村庄建设等过程中居于主导地位，如在欧盟各国具有广泛影响的农业互助组织、农业合作社和农村信贷合作社。非政府组织虽然取代了部分政府的职能，但政府的监管、引导和扶持必不可少。随着村庄建设和农村社会的发展，非政府组织扮演着越来越重要的角色，甚至在某些政府不便出面的场合具有不可替代的作用。[1]

---

[1] 葛丹东.空间至机制：基于乡村视角的村庄规划建设研究[D].浙江大学建筑工程学院，2008.

第五章
中国现代乡村治理趋势与制度创新

一、乡村发展趋势判断

1. 乡村行政管理走向乡村全面治理

乡村行政管理走向乡村全面治理主要基于以下四个方面的变化：

（1）乡村主体发生转变

目前我国乡村居住的主体是"386199"[1]，这些人在未来乡村发展中将逐步被城市发展稀释。未来的乡村居住主体包括原有的种田能手、衣锦还乡的农村年轻人、告老还乡的中产阶层等三部分人群。他们的共同特点是受过良好的教育，有思想追求，有能力达到发展的需求，有个性化的追求，但需要培养认同感。乡村参与主体的利益需求需要参与性决策表达，因此过去的单纯由政府决策和建设主导的管理模式需要向公众参与的多元决策和以新主体为主导的建设的治理模式转变。

（2）乡村功能全面转型

在中国城市化发展过程中，乡村的功能长期被定位或为城市提供健康和丰富的农产品。农村发展的目标被定位为"农业现代化"。我们认为，农村现代化比农业现代化更加全面，更加重要。农村现代化不仅是农村自身发展的必然要求，同时也构成了城市现代化发展的外部环境与条件。为此，在城乡一体化发展时期，乡村功能必须体现农村现代化的全部要求，包括四大功能：

一是生态保护和建设功能。城市化时代，人口高度聚集，人们健康的居住和生活对外部环境的依赖性加强，生态环境恶化和自然灾害给城市社会造成的破坏性要远大于分散居住的传统农业社会。城乡一体化对

---

[1] 386199 指的是妇女、儿童和老人。

广大农村区域的生态环境建设与保护的功能性要求大为提高，乡村生态建设成为城乡可持续发展的核心和关键。乡村生态与城市形态如若出现问题会导致严重的国家性生态问题，因此必须重视农村生态功能。

二是文化传承和游憩发展功能。中国是由农业文明演化和发展而来的，农业文明和中华传统文化在农村地区体现得更加具体而细致，特别是地方性建筑文化、历史文化、饮食文化、行为文化、风土人情、地方艺术、语言文学等非物质文化遗产，广布于农村地区，其丰富性和文化魅力将构成中国后工业化社会文化传承和发展的重要载体，也是新型城市化时期农村旅游业发展的主要资源依托。游憩功能是工业化后期城市居民由物质消费转向精神消费的组成部分，与城市中由技术支撑的生态享受同样重要，需要保持良好的风景和文化传统等乡村景观文化功能的发挥。

三是农村居民的健康居住与发展功能。20世纪90年代以来，在以政府主导和资本运作形式体现的快速城镇化、市场化模式下，乡村的人才、资源、资金不断被抽空，乡村的生产、生活、生态和文化日益脆弱，城乡差距不断扩大，乡村越来越不宜居。中国是个人口大国，即使到2030年达到了70%的城市化率，仍然有约4.5亿左右人口居住在农村，接近于欧盟人口的总和。如此巨大规模的农村人口，其健康居住和生活永远都是国家现代化的重要组成部分，也是真正实现城乡一体化、建立和谐城乡关系的基础性条件。既要保证该部分群体的生活质量和利益诉求，还要实现国家粮食的供给和生态安全，都需要将乡村作为人口空间载体的重要组成部分来维系和发展，其中首要的是乡村生活功能的发挥。

四是绿色农产品的生产与供应功能。农产品生产与供应，作为农村地区的传统功能，在城乡一体化发展时期，其重要性更加凸显。乡村地区的绿色农产品的生产体系和供应体系不仅是农村居民的主要收入来源，还是保障城市居民健康生活的基础，其国计民生的基础功能的性质将得到前所未有的强化。城市消费者对食品安全的关注和反思是乡村农业发展的契机和驱动力，因为健康农产品供给决定着所有居民的生活质量。

(3) 乡村治理时机出现

乡村治理的经济基础有三个：一是大量农村人口温饱问题早已解决；二是国家具有强大的财政转移支付能力，通过国家财政转移支付，为农民合作提供外部资源粘合剂；三是乡村公共服务供给多元化趋势已然出现。当前乡村治理的社会基础已然出现，体现在：一是城乡空间秩序重组的关键时期。对基于乡村发展的重要性的认识已经成为社会共识。二是乡村社会秩序重构的关键时期。需要回归乡村治理的本源和常态，建立基于信任的文化和环境自信的乡村社会网络系统。三是乡村生产规则重建的关键时期。城市消费者对食品安全的关注和反思是乡村农业发展的契机和驱动力。

(4) 乡村治理社会倒逼

乡村问题错综复杂，其根源是传统秩序崩溃，而新的乡村秩序尚未建立。新中国成立以后的农村集体化运动彻底破坏了原有的乡村秩序，依靠国家政权深入阶层建立的政治秩序仍然以行政指令的形式实施乡村管制，无法有效回应乡村生活的全面需求，党委领导下的村民自治未能建立良好的乡村秩序，需要回归乡村治理的本源和常态，建立基于信任的文化和环境自信的乡村社会网络系统。

乡村社区与城市社区规划建设管理差异对比一览表　　表 5-1

对比内容		城市社区规划建设管理	乡村社区规划建设管理
本质特征	基本功能	生活与生产分离	生产与生活紧密结合
	社会类型	陌生人社会、法制社会，独立个体	熟人社会、伦理社会，集体意识
	价值判断	公正	舆论导向
	决策特征	个性化，独立，有长远考量	攀比，从众，重私利
	空间特征	封闭	开放
	人口特征	开放	封闭（成员权隐含经济利益）
	土地房产	土地国有，产权单一，可买卖，边界完整	集体所有制，不可买卖，可继承，边界细碎，权属复杂
	生态景观	人工为主	自然为主
	生长方式	植入、拼贴	内生、渐进

续表

对比内容		城市社区规划建设管理	乡村社区规划建设管理
规划特征	上位规划	总体规划	镇村体系规划（可能没有）
	基础信息	充分、透明	不充分、不透明
	服务主体	政府、企业（落实意图）	村民（体现意图）
	规模界定	用地规模固定	人口、用地规模均相对固定
	意愿调查	通过市场，趋势判断，相对稳定	个体调查，频繁变更
	规划编制	可能有，大部分没有具体的使用对象	有具体的使用对象和使用要求
	规划标准	有标准可依，按照市场定位	村民和集体经济条件决定
	控制手段	空间条件控制	土地控制，一宅一基地
	规划重点	整个地块	基础设施与公共服务设施
	基础设施	高技术	适宜技术
	考虑因素	拆迁安置，可以忽略自然条件	整治，少拆迁，尽可能少改变自然
实施特征	实施主体	地方政府	居民自建住宅，政府或集体提供公共服务
	建设行为	地产商商业行为，购买	非商业行为，福利形式获得宅基地
	实施特征	大规模开发	小规模改造
	实施方式	合同	共识，乡规民约
	实施速度	项目时间短，建设时限取决于政府计划和企业决策	较长，循序渐进，建设时限取决于居民收入水平和原有建筑质量
	建设投资	多元投资	居民为主，需要探索权责划分
运营特征	运营时间	定期维护	随时维护
	运营费用	花钱买服务，高成本运营和管理	不花钱或少花钱，尽量自给自足，低成本运营和管理
	运营费用	城市建设维护费，固定的资金支撑	投工投劳，集体收入或集资，政府投入不稳定

2. 乡村技术规划走向乡村全面建设

乡村规划走向乡村建设是乡村规划作为技术性阶段走向乡村规划、建设、运营管理的系统性过程。

(1) 乡村建设过程管理

乡村建设过程管理体现在四个方面：

一是规划编制管理。乡村规划理论向生态化、人文化理念回归，体现为：物质空间规划尊重自然生态理念、基于生活圈理论的空间布局技术尊重人本理念、基于景观环境技术营建的尊重人文理念和对接主体目标的为了人民理念。乡村规划的核心是对接主体目标，重点解决村庄空间结构、空间布局及边界问题，通过空间规划基本原则明晰初步规划，通过规划导则明确规划指标，结合地区一般性要求进行微调。

二是规划实施管理。乡村规划实施主要解决农村最为关心的村庄宅基地建设等问题，推动乡村规划中"两规合一"的实现，通过乡村规划师指导、村民参与贯穿始终规划实施中的"放权"，实现"抓两头、放中间"（抓规划编制和规划监督，下放规划实施）。基于我国乡村规划管理行政资源与管理现实的矛盾，需要通过降低管理层级解决行政资源与农村数量的冲突，形成"县审批（一站式管理）—乡镇颁证—村庄监督"的管理模式，乡村规划委托主体至乡一级。

三是规划监督管理。管理实践中由于监督主体模糊造成规划监管缺位，乡村规划编制、实施过程均难以体现最广大村民的实际利益，因此需要重视乡村规划的监督机制构建：一是构建多元监督主体，包括村民、社会力量（人大、政协中设规划专业委员会）、乡村规划师、乡镇设稽查执法队伍、县市规划局（行政复议）等；二是明确监督管理流程，明确向谁举报（首查部门）—确定行政处理期限—以何种方式回应—如何反馈并评价（监督信箱、回应期限等措施）等系列流程。

四是规划实施评估与规划调整管理。建立第三方评估队伍，成立由村民参与的规划实施评估中心，明确村庄规划评估量表（做什么）、乡村规划导则（怎么做）。明确规定：没有规划评估不能进行规划调整。

五是规划运营管理。探索恢复投工投劳制度和常态化的乡村运营投入与管理机制，确定政府、集体、个人的责任。以垃圾收集为例，部分省区实施"村收集、镇运输、县处理"的制度，有的地域极为辽阔或地形较为复杂的乡村地区，因地制宜地实施治理制度。随着社会资本进入基础设施和公共服务领域，一些地区通过 PPP 形式整合县（市）域污水和垃圾处理设施，通过政府缺口性补贴等形式实现县（市）域污水和垃圾的统一处理。

（2）乡村建设的村民地位

为确立乡村建设的村民主导地位，需采取以下措施：

一是采用乡村协作式规划，村民参与贯穿始终。乡村的发展定位要切实反映村民对于乡村发展的了解，避免村民反对的"透支性发展"；规划编制环节，反复与村民座谈磋商，避免村民不情愿的"行政性规划"；规划实施环节，及时与村民沟通，反映村民意见，避免"差异性实施"；规划监督环节，发挥村民的主体作用，避免不公平的"临时性规划"；规划实施评估与规划调整环节，反映村民想法，避免村民不知情的"突发式调整"。

二是简化规划管理流程。参考乡村中的口诀式村规民约，建立简单易行又富有刚性的流程，主要包括时间、地点、谁做、怎么做、时间限定等规划管理内容。

二、乡村建设理论特征

1. 乡村建设理论基础

现代乡村规划从实施的角度应依托公共政策理论、协商式规划理论、公共产品理论、公众参与理论、控制权理论、治理理论和生活圈理论等七个方面的基础性理论，实现三个方面的理论与实践探索：一是逐步厘清了乡村规划的时代本质，跳出了我国传统物质性、蓝图式规划的羁绊，是过程性规划、参与性规划和政策性规划，是典型的公共政策；二是将乡村基础设施和公共服务设施作为公共产品进行规划，明确了乡村发展的公共产品的基本属性和分类，按照生活圈理论，强调以民为本，为乡村建设多元投入提供了理论支撑，为建设实施提供了制度化的解决方案；三是应用治理理论、控制权理论、协商式规划理论和公共参与理论，探索和理解层级协同、部门整合、社会参与的乡村治理全过程的规划编制及实施的系统性方法。

（1）公共政策理论

针对村庄规划，我国官方并未如城市规划[1]一样提出明确的公共政策理论界定。公共政策是在多元主体的参与下经由政府进行的权威性价值分配的动态过程和动态博弈，其制定、实施和评估实际上是一种政治过程，当前部分村庄规划的制定和实施过程已经具有公共政策特征：一是乡村规划的制定主体及其合法性；二是乡村规划形成一致的公共目标；三是乡村规划的核心作用与功能在于解决公共问题，协调与引导政府、村集体、村民以及企业等各利益主体的行为；四是乡村规划是准则、指南、策略和计划；五是乡村规划是一种乡村公共管理的活动过程。

（2）协商式规划理论

协商式规划是协商式民主理论基础在城乡规划领域的具体体现，是基于"规划是对社会各项利益的平衡，是在协商和妥协基础上形成的社会共识"的认识形成的，强调规划要充分反映不同利益群体的社会诉求，通过充分的沟通和协商达成一致的认识，在维护公共利益的前提下实现各方利益平衡。协商式规划是契约式的自下而上的规划，重视公共利益的维护、规划制度的构建、民生需求的表达、规划政务的公开和规划实施的权威，通过法定程序将成果转化为法定文件和乡规民约，成为社会共同遵守的行为准则。协商式规划在中国应具有多规协调的部门协商、供给需求平衡的社会协商、目标协同的层级协商、高度参与的共同协商的特征。

（3）公众参与理论

《城乡规划法》明确规定了城乡规划公众参与的基本原则，要求规划编制、审批，监督检查等过程都必须征求公众意见或受公众监督，城乡规划的公众参与的法律地位正式确立。公众参与是一种具有功能意义的合法化程序[2]，是一项公民权利[3]，是"政府—公众—开发商—规划师"

---

[1] 《城市规划编制办法》第3条规定，城市规划是政府调控城市空间资源、指导城乡发展与建设、维护社会公平、保障公共安全和公众利益的重要公共政策之一。

[2] 陈镇宇.城市规划中的公众参与程序研究.北京：法律出版社，2009.

[3] Sherry Arnstein.A Ladder of Citizen Participation[J]. Journal of American Institute of Planners, 1969（35）：216.

的多边合作。公众参与乡村规划的基本目的是让规划方案更全面地反映民众需求，使利益诉求在规划编制中得到体现，并取得民众的支持和理解。通过权利救济弥补乡村规划中的政府失灵，有助于提升村庄规划的科学性和可接受性，化解村庄规划所面临的合法性危机，为村庄规划提供合法性的基础，一般包括制定、选择、实施和反馈四个阶段。

（4）控制权理论

控制权理论（周雪光、练宏，2012）的基本逻辑是在政府组织内部，正式制度规定不同层级之间的权威关系，组织中的委托代理关系由于信息不对称、目标不一致和有限理性而无法指定和实施完全合同。因此，上下级关系中的实际控制权因任务性质、信息分布、环境不确定性和相应的交易成本而可能被分配在不同的层级上。控制权包含三个维度：决策权、检查验收权、实施与激励。常态过程是中央政府掌握前两种权力，而将实施权和激励权下放给地方政府。[1] 由于基层更了解和贴近市场和社会，因此权力的适当下放有助于基层治理水平和效率的提高。

（5）公共产品理论

公共产品理论可以从马克思公共产品理论与西方公共产品理论两个角度来讨论。马克思公共产品理论从以人为本、整体和供给的角度，围绕着社会存在和发展的共同利益需要研究公共产品、公共服务的本质及其供求问题，市场只是供给公共产品的手段。西方公共产品理论以个人或消费占有为研究的出发点，认为公共产品是弥补市场失灵的产物，围绕着消费偏好以市场需求为导向研究其供求问题。我党的"十八大"报告、2014年和2015年中央1号文件、《国民经济和社会发展第十二个五年规划纲要》以及《国家基本公共服务体系"十二五"规划》均提出了城乡基本公共服务均等化的战略目标，即从国家层面认同了农村基本公共服务设施的公共产品属性。根据人们需求的公益性程度及其需求满足中对政府的依赖程度的不同，可以将乡村公共服务分为"基本公共服务"、"准基本公共服务"和"非基本公共服务"三类（表5-2）。政府是基本社会

---

[1] 周雪光．从"官吏分途"到"层级分流"：帝国逻辑下的中国官僚人事制度．社会，2016(1):1-33.

公共服务的提供者,是非基本社会公共服务的倡导者和参与者,是部分准基本公共服务的提供者和倡导者,同时又是整个社会公共服务的规划者和管理者。[1] 按供给方式及服务特征的不同可分为五类(表5-3):自治型是不能依靠市场机制,需独占服务产品使用权的服务,如农村自己的文体、公共事务;保护型是不能依赖市场机制,而又不能独占服务使用权的服务,如低保服务、伤残服务等;专业型是以专业技术支撑,能够依赖市场机制,而不能独占使用权的服务,如教育、医疗;运营型是可以依托市场机制,实现社区对服务产品的共有使用权的服务,如便民利民的商业服务等;职能型作为政府传统职能在农村的延伸,主要指村委会。

乡村基础设施与公共服务设施的经济属性与分类　　　表5-2

行业	项目	竞争性	排他性	自然垄断性	物品属性
供热燃气电力设施	热能生产和传输	高	高	低	私人物品
	燃气生产和输送	高	高	低	私人物品
	输电	低	高	高	公共物品
	配电	中	低	高	公共物品
水资源供排水设施	制水	高	高	中	私人物品
	供水管道	中	高	高	准公共物品
	私人终端设备	高	高	低	私人物品
	排水管道	低	高	高	准公共物品
交通基础设施	公共交通	高	高	高	公共物品
	农村道路	低	低	高	公共物品
	交通标志、信号	低	低	低	公共物品
环境基础设施	固体废弃物收集	中	中	中	准公共物品
	固体废弃物运输	高	高	中	准公共物品
	固体废弃物处理	低	中	中	准公共物品

---

[1] 杜弋鹏.北京市发布"十一五"时期社会公共服务发展规划——让发展成果惠及首都市民.光明日报,2006-10-31.

续表

行业	项目	竞争性	排他性	自然垄断性	物品属性
环境基础设施	固体废弃物利用	高	高	中	准公共物品
环境基础设施	固体废弃物填埋场	低	高	高	公共物品
环境基础设施	公园、休闲地	低	中	中	公共物品
环境基础设施	绿化、绿地	低	低	高	公共物品
环境基础设施	基本卫生设施	低	低	低	公共物品
公共服务设施	教育场所、设施	低	低	高	公共物品
公共服务设施	医疗场所、设施	高	高	中	准公共物品
公共服务设施	商业场所、设施	高	高	低	私人物品
公共服务设施	文体场所、设施	低	低	中	公共物品

不同服务设施的制度选择　　　　　表 5-3

服务类型	服务设施	提供者选择	生产者选择
自治型	社团机构、文化活动中心、农资放心店、体育公园/健身场地、寺庙	村集体或村民、社团	村集体或村民、社团、小企业、个人
保护型	社保服务站	政府	政府、村集体或村民、企业
专业型	托幼、小学、中学、村医务室/保健站、爱农信息驿站、科技站	政府	政府、社团
运营型	银行/储蓄所、邮政所/电信服务点、超市/集贸市场、餐饮、公用礼堂、网络服务站、敬老院、合作经济组织	政府、村庄、社团	政府、社团、企业
职能型	村委会	政府	政府

（6）治理理论

治理理论是自 20 世纪 70 年代开始，在西方社会逐渐兴起的，推动新公共管理运动的发展。社会自治力量的崛起促使人们开始思考政府与市场之间、政府与社会之间的关系。新公共管理理论更主张公共部门引进市场机制，而治理理论的兴起，更进一步拓宽了政府改革的视野，将政治、经济、社会、文化等众多领域都引入了视野[1]。治理主体呈现多元

---
[1] 陈广胜. 走向善治 [M]. 浙江大学出版社，2007：95.

化,不仅涉及公共部门,还将私人部门纳入其中,主体之间权利相互依赖,责任界限模糊,并以调和为基础。[1]

(7)生活圈理论

生活圈一词来源于日本,最早出现在日本《农村生活环境整备计划》法规中。生活圈是某一特定地理的、社会的乡村范围内人们的日常性生活、生产的诸活动,具有平面上的圈层分布、拥有集团的方向性与地域的领域性等重叠属性的特征。以一定人口的村落、一定距离的圈域作为基准,按照聚落—基层村落圈—第一次生活圈—第二次生活圈(市镇村)—第三次生活圈进行层次划分(表5-4),但各地具体空间范围存在一定的差异。设施配置规划以居民的设施利用行为作为基准,并将掌握的圈域作为基础组建生活服务系统。

生活圈基本特征一览表　　　　表5-4

生活圈	参考交通方式	参考出行时间(分钟)	等效服务半径(km)	最大服务面积(km^2)	服务单元	设施类型
基本生活圈	步行	20	0.5~1	3	村镇社区/行政村	幼儿园、卫生室、文化站、小型休闲活动广场、小商店、垃圾收集站、公共厕所、污水处理站
一次生活圈	步行	30~60	2~4	50	中心村/镇	小学、科技站、小超市
二次生活圈	自行车	30	4~8	300	中心村/镇	中学、中心卫生院、大中型超市
三次生活圈	机动车	30	20~25	2000	中心镇/县城	高中、职业中学、中心医院、商场

资料来源:根据广州市部分村庄规划成果整理,各地差异较大,需根据实际情况确定。

2. 乡村规划本质特征

(1)乡村规划是综合性规划

乡村规划是综合性规划,强调生产与生活结合[2],体现乡域与村庄发

---

[1] 俞可平.治理与善治[M].社会科学文献出版社,2000:270-271.
[2] 张尚武.城镇化与规划体系转型——基于乡村视角的认识[J].城市规划学刊,2013(6):19-25.

展并举。当前乡村规划多部门项目规划，少地区全域规划，运行规则差异较大，如财政部门管一事一议，环保部门管环境集中整治，农业部门管农田水利，交通部门管公路建设，建设部门管居民点撤并等。因此，乡村规划应强调多学科协调、交叉，需要规划、建筑、景观、生态、产业、社会等各个相关学科的综合引入。

（2）乡村规划是制度性规划

2011年我国的城市人口历史性地超过农村人口，但在非完全城镇化背景下，乡村规划与管理的复杂性凸显：一是产业收益的不确定性导致村民收入的不稳定性；二是乡村建设资金来源的多元性；三是部门建设资金的项目管理转向综合管理。乡村规划与管理的表征是对农村地区土地开发和房屋建设的管制，实质是对土地开发权及其收益在政府、市场主体、村集体和村民之间的制度化分配与管理。与此相悖，我国的现代乡村规划是建立在制度影响为零的假设之上的，制度的忽略使得规划远离了现实。[1] 因此，乡村规划与管理的重心、管理方法和管理工具需要不断调整，使得实施制度的重要性凸显。

（3）乡村规划是服务型规划

乡村规划是对乡村体形和空间环境的整体构思和安排，既包括乡村居民点生活的整体设计，体现乡土化特征，也涵盖村域农牧业生产性基础设施和公共服务设施的有效配置。同时，乡村规划不是一般的商品和产品，实施的主体是广大的村民、村集体乃至政府、企业等多方利益群体，在现阶段基层技术管理人才不足的状况下，需要规划编制单位在较长时间内提供技术型服务。

（4）乡村规划是契约式规划

乡村规划的制定是政府、企业、村民和村集体对乡村未来发展和建设达成的共识，形成有关资源配置和利益分配的方案，缔结起政府、市场和社会共同遵守和执行的"公共契约"。《城乡规划法》规定乡村规划需满足经村民会议讨论同意、由县级人民政府批准和不得随意修改等原

---

[1] 赵燕菁.制度经济学视角下的城市规划（上）.城市规划，2005（6）：40-47.

则要求，显示出村庄规划具有私权民间属性，属于没有立法权的行政机关制定的行政规范性文件，不同于纯粹的抽象行政行为的公权行政属性，具有"公共契约"的本质特征。

三、乡村治理制度创新

1.乡村治理制度框架

乡村治理的本质是构建一种制度安排，解决谁来做、做什么、怎么做、谁受益的问题，而政府应提供适宜的基础设施和公共服务，并建立专门的乡村财政筹集机制。

（1）治理理念

我国乡村治理是一个只有开始没有结束的庞大工程，乡村治理的表象是让乡村凌乱的生活更具品质，实质是增加乡村活力，积聚人力资本，促进居民富裕，重塑乡村秩序。在乡村治理过程中，农民是最终实施和决策的主体与农民被动接受两种不同的模式转换的基础是对待乡村规划建设管理的态度的转变（表5-5）。[1]

乡村治理基本态度的转变　　　　表5-5

当前乡村治理态度		本原乡村治理认知	
总体特征	具体体现	总体特征	具体体现
乡村城治	用对待城市的规划理念和方法规划本质与运行机制截然不同的乡村	乡村乡治	尊重乡村自身发展规律，体现尊重自然、尊重当地文化的乡村规划理论与方法
乡村逆治	夷平重建，盲目撤村并点，政策变化频繁	乡村顺治	有机更新改造，政策连贯性、一致性
乡村快治	跃进式、跨越式，短期行为	乡村善治	逐步式、渐进式，长效机制
乡村乱治	缺乏规划建设管理	乡村法治	将乡村规划建设管理纳入法制轨道

---

[1] 邬艳丽.我国乡村治理的本原模式研究:以巴林左旗后兴隆地村为例[J].城市规划，2015（6）：59-68.

续表

当前乡村治理态度		本原乡村治理认知	
总体特征	具体体现	总体特征	具体体现
乡村府治	以政府行政管制作为主要手段	乡村自治	在整体科学框架约束和政府引导监管下的自管理、自运行
乡村失治	缺少社会约束，社会治理投入不足	乡村礼治	重构乡村社会秩序，增加乡村运行投入

乡村治理的基本态度反映在各参与方，则体现为政府的治理理念、规划师的规划理念、农民和集体的乡村自治理念及涉农企业的经营理念，也包括某些乡村第三方（社会团体、非营利组织、宗教机构）等的参与。乡村治理过程中各参与方的角色、工作方式随之发生变化，既体现为国家层面的政策引导、资金帮扶，地方政府的配套政策、基础设施和公共服务设施的提供及广泛的教育培训，也体现为企业产业运作模式和适当的帮扶，更体现为规划师提供整体规划及进行长期的技术咨询，还体现为第三方社会力量广泛参与乡村资金供给、社会监督、公正价值观的培育和居民素质的提高。具体的参与主体的理念与角色见表5-6。

乡村治理不同参与主体的理念与角色　　　表5-6

参与主体		理念	角色	工作方式
政府	中央政府省级政府	治理理念（城乡分治转变为城乡合治）	项目投入转为目标控制	适当放权，事权、财权匹配，出台乡村发展法和配套法律法规，制定标准，提供相应资金
	地方政府		建设主体转变为调控主体	制定具体标准，管理制度创新，提供基础设施和公共服务设施
农民及村集体		自治理念	成为决策主体、建设主体	被动受益转为主动参与方案制定和乡村建设及运营管理
规划师		规划理念	尊重自然、尊重传统、尊重居民	联络式规划，商业规划转变为服务规划，物质性规划转变为公共政策
涉农企业		经营理念	让利于民、共同发展	参与乡村产业化体系建设

（2）治理模式

乡村治理存在官本和民本两种模式：

一是"官本"模式。乡村治理过程涉及多个层面：村民（村集体）、涉农企业、地方政府和国家，也包括参与治理的规划师，不同参与方在乡村治理决策中的话语权是有差异的。我国当前的乡村治理大部分采用"官本"的治理模式，这主要取决于政府、企业和规划师在乡村治理过程中占据着政策、资金、智力等权威优势，思维观念中农民是落后、愚昧的代名词，出于政绩和对农村、农业、农民的了解甚少等方面的原因而采取运动式、一次性、单方面决策的项目形式，进行自上而下的价值输出，并以显性表达的授之以"鱼"的方式体现。这一过程中村民的意愿并未得到体现，话语权被政府、企业、规划师所掌握，在政府、企业、规划师以为村民满意的情况下成为目前主流的乡村治理模式。为形象地表达政策效果和简化模型，以政府或企业投入与村民之间的连线形成的半径代表乡村公共服务的实际水平。"官本"模式下单一政府投入的政策效果：政府内部部门分制的特征导致的政策分散使得政府实际投入下降，导致乡村公共服务水平降低（图5-1）。"官本"模式下的多元投入，虽然总投入增加，但由于缺少系统性政策设计，导致项目重复、设施整合不足或与居民需求不符等，并未达到促进乡村公共服务水平提高的政策效果（图5-2）。

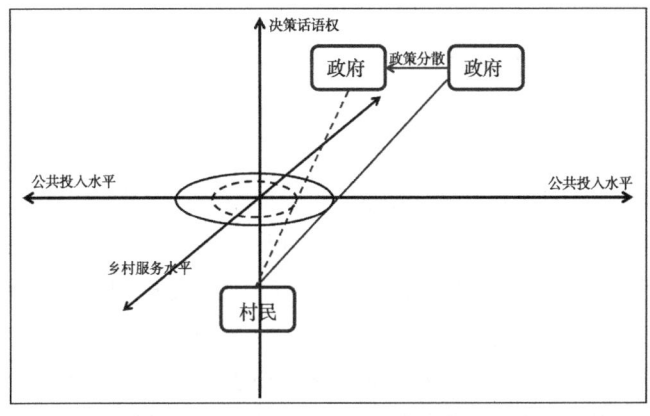

图 5-1 "官本"模式下政府投入效益解释

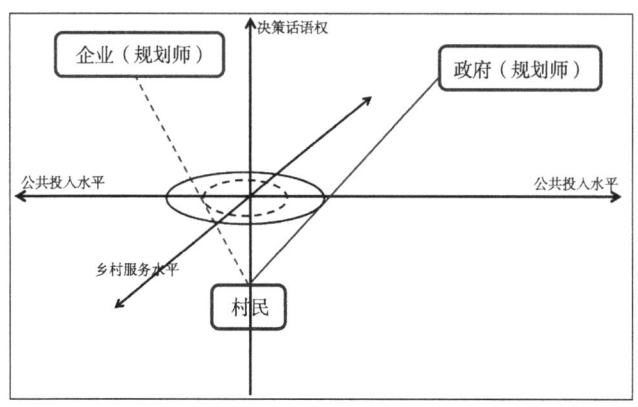

图 5-2 "官本"模式下多元投入效益解释

二是"民本"模式。现实整治过程中不乏居民、政府、企业、规划师多赢的案例,其中一个关键的显性特征是居民决策话语权的提升,即"民本"的本原模式,是乡村治理常态化、长远性、协商式的系统性决策形式,并以"授之以鱼"的显性表达和"授之以渔"的隐性显示两种方式并存体现。这一过程中,村民的意愿得到最大体现,村民的积极性得到极大调动,成为乡村建设和运营管理的主体,政府、企业、规划师以原则界定、政策约束、标准制定、意识引导、资金投入等形式参与乡村治理。

实现乡村治理模式由当前的"官本"向本原的"民本"模式的转换将促进乡村公共服务水平的边际效益的提高。由图 5-3 可以看到,"官本"向"民本"模式转换的过程中,由于政府的治理理念发生变化,政府将在乡村治理决策过程中的话语权让与村民,决策地位由①转变至②,所有政府部门由于全部以满足村民需求为目的而达到的系统性整合使得政府公共投入达到了 1 + 1 > 2 的效果,形成政府合力,政府公共服务投入水平增加③,这一过程中由于农民的主体地位提升,使得其从乡村治理的旁观者、被动受益者变为主动参与者、建设者和主动受益者,村民投入增加④,从而使得乡村公共服务水平的边际效益显著增加。图 5-4 解释了在政府、企业和规划师等乡村治理的参与方的治理理念均以农民利益为最根本目的的状态下,各方投入力量形成政策合力,引导居民参与治理,促进公共服务水平的极大提高。

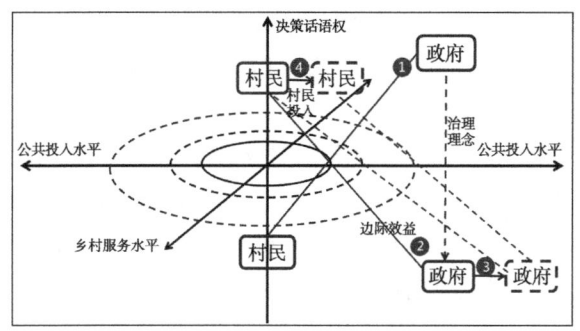

图 5-3　治理模式转换的政府投入效益解释

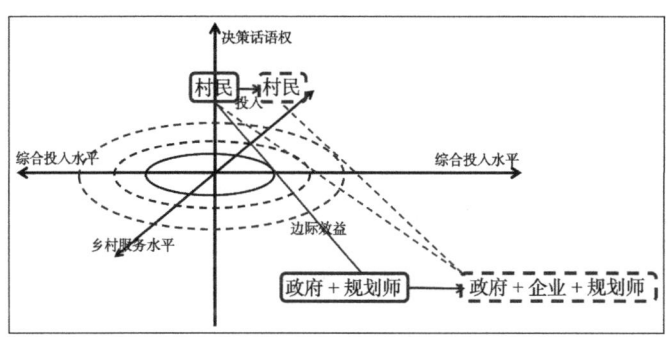

图 5-4　"民本"模式下多元投入效益解释

（3）治理内容

治理内容包括以下几个方面：一是乡村规划的编制和实施。乡村规划是乡村治理的切入点,协商式规划将有助于规划方案真正反映村民的需求,真正付诸实践,真正促进乡村生活的全面改善,真正实现乡村自治。二是公共服务设施建设。基本公共服务均等化是乡村治理的物质支撑基础。基本服务均等化既考虑了代际的公平,又兼顾了投入产出效益的基本合理性,是未来一段时间内政府公共投入的基本原则和立脚点。三是宅基地管理。宅基地的科学化、规范化管理是乡村治理的核心手段,乡村建设的重点是广大居民的住宅的规范化建设和有效管理。宅基地管理是住宅建设的平面基础，住宅的设计管理是立体控制手段。四是公共秩序的建立。当前乡村社会处于失序和无序状态，传统乡村治理中的乡村精英已不复存在，非正式的治理制度已然瓦解，广泛的教育培训和第三方参与是重构乡村秩序的基本方法，带动村民回归理性、质朴和本原。

（4）治理路径

以人为本的乡村治理框架体系包括动力、主体、理念、路径、体制机制、结果，即通过人文人本的治理动力基础、还权赋能的治理动力方式和有序共赢的治理动力构架，在乡村治理各参与主体相应理念变化的基础上，通过制度机制创新实现切合乡村实际利益、实现村民自我管理、规范政府协同治理和提高企业运营效益的目标，最终实现重构乡村秩序的目标（图5-5）。

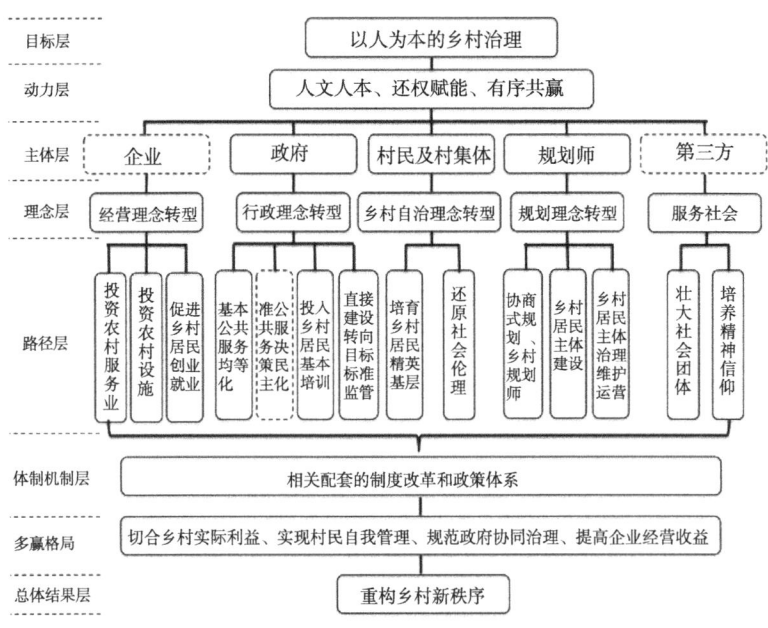

图5-5 乡村治理模式的变革路径示意图

乡村治理从公共政策程序性的角度依靠规划方案能够充分表达居民的意见和意愿，依靠技术决策能够保证计划的实施，依靠项目设置满足居民实际生产生活需要，依靠建设程序适应国家政策和居民发展诉求，依靠配套制度设计满足长远发展的需求，依靠不同参与方切实变革参与路径（表5-7）。

不同乡村治理参与方变革路径　　　　　　　表5-7

主体	既有路径	变革路径
居民	缺乏乡村治理参与意识，趋利意识明显，唯我独尊	培育乡村居民精英阶层，还原社会伦理，构建新型乡村秩序
政府	按照经济效益决策乡村公共服务设施配置；重视项目建设，缺乏对乡村固定维护运营费用的投入；缺乏对乡村居民的教育培训；乡村农业基础设施投入不足	基本公共服务均等化；准公共服务民主化；广泛投入居民基本培训；制定目标和标准，进行有效监管；制定政策，引导和鼓励企业和居民的乡村建设投入
规划师	精英价值取向（技术权威价值强行植入） 复杂、超现实规划、物质性规划	民主价值取向（技术引导社会公平） 简单、实用、公共政策性规划
涉农企业	注重企业生产和销售环节，对于村民生产环节的引导和投入不够，缺乏利益分配协调机制	投资农村服务业；投资农村设施；乡村居民创业、就业；农业生态化、产业化
第三方	社会力量主要参与城市治理	社会力量参与乡村治理，提供乡村发展技术指导，参与乡村社会秩序构建

2. 乡村治理制度体系

我国乡村治理制度体现在乡村立法、乡村发展、秩序构建、系统管理和关系协调五个方面。

（1）乡村立法是乡村治理的法律保障

我国乡村发展应切实推进乡村立法，完善配套乡村规划建设法律法规体系。西方发达国家已经建立了系统性的乡村规划建设政策和法规体系，目前我国的《城乡规划法》（2008）以城为主，对乡村规划的规定原则性较强，缺乏可操作性，应借鉴国外乡村建设的宝贵经验，奉行依法治国理念，加强乡村立法和配套的乡村规划建设法律法规体系，制定《乡村发展法》，切实保护农村、农民、农业，实现乡村依法治理，逐步促进乡村规划建设管理法制化、制度化。《中华人民共和国建筑法》(2011)将农民自建低层住宅的建筑活动排除在基本法之外，导致乡村居民住宅建设无法可依，因此，乡村住宅建设管理除了宅基地管理制度之外，应随着《建筑法》的修订，将乡村居民住宅建设纳入法律框架体系，确保农房建设的合法性。同时，需要完善乡村居民点体系规划，制定配套实施连贯性政策。国家和省级层面应制定居民点体系调整连贯性政策，按照县域范围落实具体实施方案，即县域统筹制定乡村居民点体系规划方案。全国各地对乡村整治都有不同模式的探索，制定分类指导意见。探索建立省内跨市（县）的宅基地置换调整配套制度，如宅基地退出可享受省内城市的保障性住房政策等。

（2）乡村发展是乡村治理的经济保障

农业方面，需完善农业补偿奖励机制：一是针对农民，应促进现代农业产业升级，转变农村经济发展方式，继续提高国家粮农补贴，促进农民增收致富；二是针对涉农企业，应建立全方位的涉农企业激励机制。各类加工、流通、服务等涉农企业和经济组织是带动农民致富、解决农村就业问题的关键要素之一，除农业生产环节的企业外，应增加对储运、保鲜和深加工环节的涉农企业的激励办法，建立从种养、加工到销售环节的全程渗透激励机制，为企业投资农业提供税收减免、贷款优惠等相关鼓励政策。

农民方面，应建立乡村人才引进和财富回流的机制。古代乡村是人才培养的高地和财富聚集的福地，"告老还乡"的退休制度和人才选拔的科举制度等使得"人财"的城乡流动机制畅通，目前我国乡村基本处于封闭运行状态，乡村秩序缺失，需建立财富和人才回流机制，通过实现乡村基本公共服务均等化提升乡村吸引力，同时，地方根据实际情况建立乡村人才引进和财富回流的相关制度，如本地迁出居民从事农业生产、回报家乡的农村户籍恢复制度，涉农企业征用集体土地投资农业基础设施和相关产业服务设施的相关产权确权制度和配套的相关贷款抵押制度等。

（3）乡村秩序是乡村治理的社会保障

乡村治理（规划实施）的居民要素的关键是乡村权威的再树立和乡规民约制度的强化。在当前制度框架下，由村民推选出来的村委会代表在乡村治理过程中起到统领、引导、教化作用，是农民主体的更高层次的体现，代表农民的共同利益。我国村集体的力量强弱参差不齐，优秀案例（江阴周庄、山东枣庄大宗村）的出现无一不是由于村集体经济的强大和乡村领袖的奉献精神，因此，各级政府应加大力量培育乡村精英，加强人力资本培育，通过各种手段还原社会伦理秩序，鼓励乡村仪式、认同感的培育，为构建新型乡村秩序奠定基础。[1]

（4）系统管理是乡村治理的空间保障

乡村系统管理涵盖以下三个方面：一是建立乡村的长效运营管理制度，各级政府提供基本公共服务保障制度，设立相对稳定的乡村建设维护投入资金，同时恢复乡村建设的投工投劳机制，建立资金使用制度、乡规民约的约束制度、各项设施的运营管理制度、鼓励奖惩制度、公示公开制度、监督制约机制等。二是完善宅基地、集体土地使用制度，地方政府应根据地方实际调整宅基地、集体土地使用政策，按照县域范围制定统一规则，包括针对空置宅基地、缺房户和分房户制定宅基地置换政策，应允许宅基地的产权交易，或制定相应的征收程序收归集体所有，用于公共设施的建设。制定针对企业占用的集体土地的使用政策和针对宅基地换保障性住房的配套政策。三是建立乡村规划建设引导制度。地方政府和规划师应制定符合农村实际和农民意愿的规划方案，在现阶段乡村建设法制化和行政许可难以实施的前提下（人力、机构缺乏），建立乡村自约束、自管理和引导管理机制，确定乡村规划实施中农民的建设、运营主体制度，推荐适宜技术，推广乡村规划师、建筑师制度。

（5）关系协调是乡村治理的管理保障

乡村治理需要处理好三个关系：一是处理好与城市规划管理的关系。城市规划管理具有相对较为清晰的委托-代理主体、审批监督流程，同

---

[1] 邹艳丽，郑皓昀. 传统乡村治理的柔软与现代乡村治理的坚硬[J]. 现代城市研究，2015（4）：8-15.

时有具备约束性的"一书两证"。而乡村规划管理则相对主体不清,审批层级偏高,不适应大多数乡村的实际,规划监督流于形式,"一书一证"中的乡村建设规划许可证制度不仅代表规划审批,还体现建设许可,两证融合,但实际上难以操作。二是处理好与乡村现有规划管理体系的关系。乡村现有规划管理体系仍沿袭城市规划管理特性,与乡村规划实际产生矛盾,其原因主要是与村庄土地利用规划的衔接,因此乡村规划应首先实现两规合一,避免"规划不落地"的情况。三是处理好与乡村治理结构的关系。乡村治理结构中精英治理、宗族影响的特征仍存在,乡村规划在整个实施环节都应将乡村治理的影响涵盖进来,乡村规划的形式和内容应适应本地需求,避免变成脱离地区实际的乡村规划。

3. 乡村保护制度创新

传统村落是一种特殊的村庄类型,需要有针对性地制定保护政策和措施。

(1) 提供法律制度保障

保护村落需要从两个方面提供法律制度的保障:一是尽快制定《传统村落保护法》。传统村落保护存在的一个很大的问题是缺少一部真正量身定做的上位法。《文物保护法》的规定束缚了传统村落历史文化遗产的传承,《城乡规划法》的规定也影响了传统村落历史文化遗产的保护。已成为法定概念,受到国家强制力的保护,就评定条件而言,历史文化名村比传统村落有着更高的要求,是传统村落中的精华和重要组成部分。因此,可以在《历史文化名城名镇名村保护条例》的基础上尽快修改上升为历史文化名城名镇名村保护法,不断完善监管机制、资金保障等制度,强化社会参与和民主监督,加大违法处罚力度,实现历史文化名村与传统村落保护制度的并轨。二是建立乡土历史建筑产权制度。我国传统村落大部分处于闲置、废弃和自生自灭的状态,传统乡土建筑均使用乡土材料,一些无人村、空心村的传统建筑的精美建筑构件、门窗被偷窃、贩卖,因此,传统村落保护的前提基础是传统村落的普查登记,建立传统建筑确权制度。确权是产权制度的基础,目前传统建筑的价值尚未被充分认识到,此时确权争议较小,可降低谈判和交易成本,减少对历史文化遗产的破坏。同时,探索传统村落产权"房、地分离"政策和宅基地使用政策的突破和创新,即土地产权归集体所有,而集体土地上的房屋可以归投资者所有。允许经过认定的中国传统村落实施乡土建筑的租赁、买卖制度,在加大国家和地方投入的同时,吸引社会资本按照保护要求参与传统村落中乡土建筑的保护,支持村民通过城镇保障房、补偿宅基地等特殊政策实现对传统建筑的保护。

(2)切实转变保护理念

转变保护理念体现在以下四个方面:

一是不过分强调原真性。我国传统村落保护面临众多难题,其根本原因是对传统乡村生活方式的现代冲击,即传统建筑已经不适合当代居民的生活需求,而现代社会一直破旧立新,传统建筑不如新建建筑的价值观已经根深蒂固。因此,传统村落保护需要有两个观念的转变:一是文化价值观和经济价值观的双重认同。传统村落承载着文化和感情的因素,当传统建筑的市场价值超过新建建筑价值时,居民的主动保护意识会自然增强。二是原真性的思考。原真性的争执是保护理念的确定,道萨迪亚斯指出:"人类聚居是动态发展的有机体,人类聚居环境是不断自发地生长、变化、成长着的。""因为历史街区的情况与建筑不同,应当允许有不同的保护和利用方法……无论哪一种保护方式,历史真实性的延续都只能是部分的和相对的,有些历史真实性根本无法保护。"[1]以此推理,对继续承载居住功能的传统村落不应过分强调原真性保护,传统民居必须在保护的过程中得到再生。

二是应注重分类保护。目前不同区位条件的传统村落按照产业类型分为三种,需要有针对性地实施分类保护:一是优区位旅游开发型。此类传统村落的旅游开发条件较好,周边具有大客源市场,选择合理的商业运作模式,实施产权界定、原住民的有效安置和利益分配机制至关重要。二是良区位农业生产型。此类传统村落的农业生产条件较好,适合继续发展生态农业,但交通基础设施和村落规划控制引导至关重要。三

---

[1] 陈波. 古镇民居保护与更新原则探讨 [J]. 贵州大学学报(自然科学版),2009,26(1):108-110.

是劣区位自住型。此类传统村落多位于偏远山区，有一部分可能是空心村，面临自生自灭的危险，需要注入新的动力机制。

三是引导社会参与。目前我国城乡人口流动处于胶着状态，农民进城落户意愿低，乡村价值将不断提升，因此具有吸引社会投资传统村落保护的条件。传统村落保护过程中，政府应通过制定规划，完善基础设施、公共服务设施并提供政策优惠等手段，吸引社会资本参与传统村落的保护。对无力承担修缮费用的，应采取有序的国家收购、长期租用和买卖政策，从而实现传统村落的整体保护与管理。

四是加强乡村教育培训。目前我国农村的基础教育要以农村经济、社会、文化发展为主要导向，未来乡村教育需强调引入本土知识和能力教育，使教育在乡村中得到认同，乡村也才能从教育中获得活力，维持尊严。[1] 传统村落保护教育应进行相关规划、建筑、维护知识的教育和培训，树立正确的保护理念和文化自信。

（3）完善规划建设标准

完善传统村落规划建设标准涵盖两个方面：

一是制定适宜的传统村落保护规划标准。传统村落不同于一般村落，其用地空间、道路交通、市政基础设施和公共服务设施配置、消防、建筑景观、生态景观等方面所受限制较多，需针对传统村落单独制定保护规划设计标准，改善基础设施和公共服务设施，采用适宜技术，促进传统村落功能提升、安全运行、景观和谐、服务便捷，实现传统村落的可持续发展。

二是创新监造技术、工艺以及建筑材料。《威尼斯宪章》第10条规定，当传统技术被证明为不适用时，可采用任何经科学数据和经验证明为有效的现代建筑及保护技术来加固古迹。[2] 不破不立、推陈出新的传统营造思想适应了我国传统建筑材料的特征，同时我国艺术欣赏的角度和西方存在极大的差别，核心是神似，形似是神似的基础，因此现代传统村

---

[1] 刘云彬.冗山：一个村落的生活、文化与教育——中国乡村教育实践的困境与出路[EB/OL].豆丁网站, http://www.docin.com/p-611526854.html, 2014-11-25.
[2] 百度百科：威尼斯宪章.http://baike.baidu.com/view/480935.htm

落监造技术应保留传统建筑本质的精神和传统符号，保持思想的一贯性，对传统工艺进行现代化改造，加快替代材料的研发和使用，适当调整建筑功能，加强传统监造技术人才的培养，建立技工制度，以适应现代生活方式的必然转变。

（4）创新监督管理体制

创新监督管理体制体现在以下三个方面：

一是创新政府官员考核标准。有为效保护传统村落，充分认识传统村落的稀缺性、重要性，要求各级政府完善政绩考核标准，不以GDP的增长作为官员政绩考核的惟一标准，应加入历史文化资源保护项，加强对地方官员的教育培训，克服有限理性，注重长远发展利益。

二是传统村落申报制调整为评审制。目前实施的传统村落申报制度依靠地方政府和居民的积极性，在地方政府无利可图、百姓没有充分认识的状况下很难实现全国范围内传统村落的有效保护。因此需将申报制度改为评审制度，并将评审权限下放至省级人民政府，尽快确定传统村落国家类型谱系和名录，并督促地方政府针对传统村落保护先行制定地方保护办法，实现应保尽保。

三是探索传统村落规划师制度。传统村落保护的制约瓶颈包括人力资本，尤其是规划管理人员，目前乡村规划师制度在我国已有案例可以借鉴，如云南沙溪镇寺登村。目前全国传统村落约有12000多个，2014年底全国已有18548人取得注册规划师登记证书，其中注册人员16159人，从事规划行业的人员达到10万人，因此可以从全国注册规划师中就近选拔愿意长期从事传统村落保护工作的人员，建立传统村落规划师制度，并配套相关职称评定等奖励政策，确保规划师制度的有效实施。

下 篇
乡村管理走向乡村治理的实证分析

  当前中国乡村实验遍地开花、类型纷呈，成为比城市更激进的变动所在，本书以乡村治理主体的组合结构与组合力量建构模式，并通过不同模式的相应个案描述、解释进行实证研究。

第六章
乡村治理模式分类

一、村庄类型划分

村庄类型划分的标准多种多样,多以自然属性和经济特征为基础,少有以参与乡村建设的主体为主线进行划分,前者因各种自然因素的复杂而不能尽全,后者则由于组合种类的可控而使类型划分更为简单。

1. 多元标准分类

(1) 分类标准

村庄类型的划分是极为多样的:

一是按照自然属性,根据2002版中国建筑气候区划图,将全国划分为7个大的气候区和20种不同的气候类型,细分如下:①按温度分布分为严寒地区村庄(最冷月平均温度不高于-10℃)、寒冷地区村庄(最冷月平均温度-10~0℃)、夏热冬冷地区村庄(最冷月平均温度-10~0℃,最热月平均温度25~30℃)、夏热冬暖地区村庄(最冷月平均温度不低于10℃,最热月平均温度25~29℃)、温和地区村庄(最冷月平均温度0~13℃,最热月平均温度18~25℃)五种类型[1];②按风能分布分为丰富区村庄(年有效风能密度大于200W/m^2)、较丰富区村庄(年有效风能密度150~200W/m^2)、可利用区村庄(年有效风能密度小于50~150W/m^2)和贫乏区村庄(年有效风能密度小于50W/m^2)四种类型;③按利用太阳能的不同条件分为一类地区村庄(全年日照时数为3200~3300h)、二类地区村庄(全年日照时数为3000~3200h)、三类地区村庄(全年日照时数为2200~3000h)、四类地区村庄(全年日照时数为1400~2200h)、五类地区村庄(全年日照时数为1000~1400h)

---

[1]《民用建筑热工设计规范》GB 50176-2002

四种类型;④按降水量分布分为十分湿润带村庄(年平均降水量1600mm以上)、湿润带村庄(年平均降水量800~1600mm)、过渡带村庄(年平均降水量400~800mm)、干旱带村庄(年平均降水量200~400mm)、十分干旱带村庄(年平均降水量200mm以下)五种类型;⑤按地形地势分为山地(海拔3000m以上的高原山区)、丘陵(海拔500~3000m范围内的地区)和平原(平均海拔低于500m的地区)三种类型。

二是按照经济属性,如:按区位条件分为城中村、近郊村、远郊村三种类型;按经济发展水平分为高、中、低和贫困四种类型,多以农民人均纯收入作为指标,由于各地经济发展水平差异较大,划分标准也不尽相同。

三是按照社会属性,如:按改造类型分为保护型古村落、一般型村庄两种类型;按人口规模一般分为200人以下(小),200~600人(中)、600~1000人(大)、1000人(超大)四种类型。

(2)类型谱系

根据笔者主持完成的"十一五"科技支撑计划《农村住区规划技术研究》(2008BAJ08B01)子课题1《住区选址与集约化布局关键技术研究》(子课题负责人:同济大学杨贵庆)的研究成果,按照行政区划、地形地貌特征、气候分区进行空间叠加和组合得出116种基础样本类型,结合经济发展水平梯度分布、村庄数量、农村人口密度分布、人均住房建设量等经济因素,可以将我国农村住区进一步划分为1454个数据库样本类型。[1]尚不包含文化因素,说明我国乡村类型极为多样,难以进行系统分类。

2. 基于治理主体分类

根据实地调研,目前我国参与乡村治理的主体主要有以下几类:

一是政府。由于《村民委员会自治法》的实施,乡镇实际成为了国家行政的边界。取消农业税后,公用经费的安排由"县乡两级"转变为

---

[1] 杨贵庆,庞磊,宋代军,陈菁菁. 我国农村住区空间样本类型区划谱系研究[J]. 城市规划学刊,2010(1):78-84.

完全由县级政府安排,即基于不信任角度的"乡财县管"的改革后,县以下财政基本破产,镇只承担"消费"功能,乡镇不再是一级完整的政府,权力配置结构与上级政府有所区别,根据国内的实地调研,乡村治理的政府主要集中在县级以上层级,但东部一些经济重镇具有一定的税收权,财力明显占有优势,在乡村治理中则替代县级政府占据主导地位。

二是企业。参与乡村治理的企业分为无偿援建和有偿参与两类,其中无偿援建企业主要是央企、国企,也有少量民企,为承担社会责任而进行乡村建设投资,典型的如华润集团主导建设的西柏坡、百色等华润希望小镇等,虽为企业,但具有无偿援助的非经济性特征。有偿参与企业主要包括地产企业、综合经营类企业和涉农企业,地产企业主要参与位于大城市周边具有二、三产业发展潜力的乡村区域的开发,综合经营类企业依托具有一定旅游资源的历史文化名村及传统村落乡村进行企业化运营管理,涉农企业以种植或养殖业带动的形式参与乡村建设。

三是村集体。村集体具有服务组织和经济组织的双重内涵,村民自治制度是我国强制执行的一项制度,但管理村庄事务则缺乏强制性手段。因此,村集体在民主化村级治理过程中基于村集体经济多寡区分为动员型和分配型两种治理类型[1],即:集体经济较弱的村集体决定了公益事业需要从村民中抽取资源,必须采取动员式手段,这依赖于村干部(精英)提取经济资源的能力;而集体经济雄厚的村集体则处于集体资源分配的强势地位,更需要通过民主的形式——这一名义上的合法程序使用村集体占有的资源,减少责任的承担。村干部的能力有强弱之分,将出现4种不同的治理效果。

四是村民。由于农业不再是村民的主要收入源,进城务工成了村民的主要就业选择,因此村民与村庄的关系渐行渐远,滋生了"两手不管村中事,一心只谋自富康"的村民心态。对待公共事务,村民分为赞同派和反对派,动员型的村庄治理中极少数的反对派可能会使村务决策中途夭折,而分配型的村级治理决策过程强调少数服从多数,少数反对者

---

[1] 何雪峰,何包钢.民主化村级治理的两种类型——村集体经济状况对村民自治的影响.中国农村观察,2002(6):46-52.

的声音往往被大多数人所掩盖。

五是 NGO。也称社团，NGO 包括专业的规划师、建筑师、社会学家、经济学家等学者或社会团体，掌握乡村建设的一些稀缺资源，可能是资金，也可能是技术或者其他资源，但介入乡村建设的切入点和方式是有差异的。

3. 基本类型

Driessen（2012）根据参与主体、制度特点和政策层级，将治理模式总结为五种基本类型：集中治理、分权治理、公私合作治理、协同治理和社区自治。结合中国乡村治理中村集体组织的重要性，Lin（2014）等将中国城中村改造治理模式分为七种：政府集中治理，分权治理，公私合作治理，协同治理，社区自治，政府、集体、市场三方合作治理以及集体与市场合作治理。为降低分类的复杂性和理解难度，根据政府、市场和公民社会各方利益主体在处理乡村公共事务过程中的力量大小和关系，可以区分出五大基本治理类型：

一是集体主导型。村集体组织是乡村治理最为重要的组织成分和至关重要的一环，也是实施改造工程的主体。集体主导型乡村治理类型中，村集体负责乡村治理所需要的融资、方案制定、基础公共设施建设等，可以说村集体的能力是乡村治理的成败关键。

二是行政主导型。现代国家建构过程中，各级政府运用行政体系和经济支撑行动，依靠强大的行政能力的渗透、介入和扩展，将政府意志输入乡土社会，将分散和分割的乡土社会整合为一体。[1] 政府主导意味着乡村建设主要依靠"命令—服从"的自上而下的行政机制实现，乡村治理通过任务的形式下达，具有单向性、强制性、一致性和标准化特征，并适应与乡土社会的差异性、离散性以及农民的自主性，政府直接面对公众，乡土社会居民自由选择的权利也在增加，增加的多少则与地方政府执政者的行动理念直接相关，存在政策变动风险。

三是社会主导型。社会主导型的乡村治理的专家类型多样，参与手

---

[1] 徐勇."行政下乡"：动员、任务与命令——现代国家向乡土社会渗透的行政机制 [J]. 华中师范大学学报（人文社会科学版），2007（5）：2-9.

段完全不同，包括设计下乡、经济下乡和理念下乡等，共性特征是由于专家的参与，使得乡村治理过程中知识价值提升，决策科学化，实质是知识精英话语权的扩大，具有偏向性、回应性特点，存在专家退出后的风险。

四是市场主导型。市场在乡村建设过程中起到投资的主导性作用，并获得收益的大部分。此类模式离不开政府的支持与授权，一般形成政企联盟，利益博弈和谈判成为关键环节，村集体和村民的可接受收益成为项目成功与否和可持续运行的核心要素。

五是合作治理型。治理主体的地位是相等的，各司其职，政府并不强势，专家能够倾听社群的声音，寻求最大公约数，把价值问题转化为技术问题，企业低收益，村集体和村民成为建设的主体，是最可持续的一种乡村治理类型。

二、治理模式

1. 模式类型细分

本书按照细化治理主体的组合类型和参与程度，在五种基本治理类型的基础上向下细分。从科学性的角度，将乡村治理参与的五大主体进行逻辑组合，形成理论意义上的治理模式，即2（政府）×3（企业）×2（村集体）×2（村民）×2（NGO）=48种。根据实证调研，将我国当前的乡村治理模式细化为11种基本模式，并针对不同类型在全国范围内选取典型案例（表6-1）。

乡村主要治理模式与典型案例选择一览表　　表6-1

治理类型	治理模式	典型案例
行政主导型	（1）政府主导治理模式	鄂尔多斯上海庙镇乡村
	（2）国企（央企）主导模式	西柏坡华润希望小镇
集体主导型	（3）集体主导模式	东莞西湖村
	（4）社区企业主导模式	广州猎德村

续表

治理类型	治理模式	典型案例
社会主导型	（5）规划师、建筑师触媒模式	昆山祝家店
	（6）学者植入模式	信阳郝堂村
	（7）宗教机构主导模式	玉树拉司通村
市场主导型	（8）综合类企业主导	黟县宏村
	（9）经营类企业主导	晋中张壁村
合作治理型	（10）协同治理模式	赤峰后兴隆地村
	（11）公私合作治理	成都炉坪村

（1）行政主导型下的两种模式

行政主导型下共有两种模式：一是政府主导治理模式。无论是中央授意还是地方政府牵头，市场和公民社会接受政府的统一规划与管理，如上海庙镇。二是央企（国企）主导治理模式。这种治理模式的特点是自上而下，具有强制性和计划性，经常会不计成本地推倒重建，村集体和村民的参与度较低，属于被动适应，如华润希望小镇。

（2）集体主导型下的两种模式

村集体主导类型下共有两种模式：一是集体主导模式。集体经济发育，委托地产企业进行开发建设，形成利益分成机制，一般在大城市周边区位条件较好的乡村或城中村，在集体企业主导下与政府、村民和市场形成伙伴关系，如东莞西湖村。二是社区企业主导模式。村集体组建类似于社会企业的社区企业[1]，独立运作，如广州猎德村。

（3）社会主导型下的三种模式

社会主导型下共有三种模式：一是规划师、建筑师的触媒模式。[2]明

---

[1] 社会企业（Social Enterprise）：社会企业源于法国经济学家蒂埃里·让泰提出的社会经济概念，最早在英国出现，并于20世纪80年代开始流行于欧美国家。英国于2005年颁布的《社区利益公司法》界定：社会企业是应对严峻的社会需求，服务公共利益，运用商业手段和市场力量，推进社会、环境和人类正义目标实现的企业，具有经营性和公益性的双重属性，即社会企业既不属于传统的商业部门，也不属于一般意义上的民间非营利组织，而是介于两者之间并与两者相连接的新型组织形式。社会企业具有达成既定社会、环境目标和实现财务自主目标的双重目的，以解决社会问题而不是以利润最大化为出发点，并运用商业模式来进行组织运营，因此在利润分配方面通常采用营利不分红的方式，具有微利型经营特征。
[2] 崔恺院士总结：建筑师下乡是轻媒介入的方式。

星规划师、建筑师走进乡村，凭借专业的设计活动和实践活动，通过明星建筑[1]，一方面带动村民学习，引领村民建设、改造家园，另一方面通过参观、教学等方式为乡村带来机会，这种模式呈现不断增多的态势，如台湾大学陈育贞的规划建设过程介入（图6-1）、谢英俊的四川抗震住宅（图6-2）、罗德胤的新县西河村等（图6-3）。二是学者植入治理模式。社会学家、经济学家等学者从生活的角度切入，以知识、理念的渗入参与乡村治理，通过知识的平民化构建乡村治理制度，如孙君的信阳郝堂村。三是宗教机构主导治理模式。一般在宗教氛围较为浓郁的乡村，宗教文化根植于民众内心，宗教领袖更容易说服居民按照既有的设想进行乡村建设和运营管理，如玉树拉司通村。

图6-1　台湾大学陈育贞的社区参与
图片来源：郭海鞍提供

图6-2　谢英俊的四川抗震住宅
图片来源：郭海鞍提供

图6-3　罗德胤的西河湾

---

[1] 往往具有突出的地方文化特色、强烈的美学特征及超现实的实用性。

（4）市场主导型下的两种模式

市场主导型下共有两种模式：一是运营企业主导治理模式。其主要特点是政府和私营企业联合行动并结成合作伙伴关系，但以企业为主导。这种治理结构往往更加注重物质更新和企业效益，存在忽略社会责任，造成村民利益受损的情况，如张壁古堡村。二是综合企业主导模式，即政府和居民完全授权于企业进行规划、建设及运营管理，此类企业一般随着市场需求转型形成，同时代表设计类企业发展的一种趋势。

（5）合作治理型下的两种模式

合作治理型下共有两种模式（表6-2）：一是协同治理模式，指政府、企业、村民与规划师平等互动，形成各司其职、各取所需的合作关系，如赤峰后兴隆地村；二是公私合作治理模式，指政府和村民之间为合作关系，如成都炉坪村。其他模式从字面意思上很好理解，但公私合作治理模式和协作治理模式并不显见。

协同治理与公司合作治理模式判定标准　　　　表6-2

模式类型	协同治理模式	公私合作模式
参与者特征		
发起者	政府	政府
参与者	政府、市场、村集体、居民	政府、市场
权力基础	行政权力、市场竞争和社会习惯	行政权力、市场竞争
各方资源	土地开发权、房地产开发技术和资金、社会资源	土地开发权、房地产开发技术和资金
制度特征		
治理	政府权威、市场交换、伙伴关系	政府权威、市场交换
政策沟通模式	市场、社会多种正规和非正规制度考量	正式和非正式的市场利益谈判
社会互动机制	政府主导、市场选择、居民参与	政府主导、市场选择
治理环境		
目标	目标综合，涉及经济发展、社会公平和环境保护	经济发展导向为主
政策工具	行政命令、谈判协议、讨论共识	行政命令

续表

模式类型	协同治理模式	公私合作模式
政策整合程度	各层级、各方面政策整合	部门分隔、层级之间割裂
知识获取方式	政府、市场、社会多方互动，多学科、合作式、网络化	政府企业双向模式、专家主导

资料来源：Driessen，2012；Lin，2014.

2. 模式基本特征

（1）模式主体构成（谁来做）

乡村治理模式主体特征一览表　　表 6-3

序号	治理模式	政府	企业	村集体	村民	NGO
1	政府主导治理模式	依靠政府的力量，一般采取试点形式	参与的企业一般为建筑企业，处于服从地位	执行上级指令	接受决策安排、等靠要	一般是规划师，编制服务于政府的乡村规划
2	国企（央企）主导模式	政府处于配合地位	国有企业，依靠企业的国有投资，践行企业社会责任，处于主导地位	执行上级指令	被动接受决策安排、等靠要	一般是规划师，编制服务于企业的乡村规划
3	集体主导模式	政府积极配合	参与的企业一般处于服从地位，赢利或微利目的	具有较强的经济实力和决策能力，与市场更为接轨	在个人利益保证的前提下主动参与	一般是规划师，编制服务于集体的乡村规划
4	社区企业主导模式	政府较为配合	集体经济组织组建形成，社区居民是企业的股东	具有较强的经济实力和决策能力，与市场更为接轨	是企业的股东，参与企业的分红	一般是规划师，编制服务于集体的乡村规划
5	规划师、建筑师触媒模式	政府积极配合	参与企业为建筑企业，处于服从地位，赢利或微利目的	经济较差或一般，主动配合	在个人利益保证的前提下主动参与	通过精品建设形成触媒，依靠非法定的实施规划
6	社会学者植入模式	政府积极配合	参与企业可能为个体建筑队伍，处于服从地位，赢利或微利目的	经济实力一般，积极参与和配合	主动参与	提供知识和理念，成为村民中的一员，可能没有规划

续表

序号	治理模式	政府	企业	村集体	村民	NGO
7	宗教机构主导模式	政府处于配合地位	参与企业为建设企业或个体建筑队伍,处于服从地位,赢利或微利目的	经济实力较差,完成任务	主动参与	一般是规划师,编制服务于宗教的乡村规划
8	经营类企业主导模式	政府授权企业经营	经营企业,处于主导地位	完成任务	被动接受	一般是规划师,编制服务于企业的改造规划
9	综合类企业主导模式	政府以行政指令的形式与私人企业达成共识,建立互惠关系	一般以营利为目的综合性企业进行规划、投资、建设、运营和管理	完成任务	被动接受	一般是规划师,编制服务企业的建设规划
10	协同治理模式	按照有限政府原则提供基本公共服务,并提供基于互利角度的经济资助	一般为涉农企业,参与乡村生产经营	积极参与,组织作用得到充分发挥	主动参与	一般是规划师,编制服务于村民的乡村规划
11	公私合作治理模式	按照有限政府原则提供基本公共服务,发起者	参与的企业一般为建设企业,处于服从地位,赢利或微利目的	完成任务	主动参与	一般是规划师,编制服务于村民的乡村规划

(2) 模式主体行为(做什么)

模式行为特征一览表　　表6-4

序号	治理模式	切入方式	适用范围	行为特征
1	政府主导治理模式	建设资金,整体物质空间改变,考虑全过程生命周期	政府试点	一次性、快速性
2	国企(央企)主导模式	建设资金,一次性、快速改变整体物质空间,考虑全过程生命周期	与扶贫、红色政权相关	一次性、快速性,整村推进,连片开发

续表

序号	治理模式	切入方式	适用范围	行为特征
3	集体主导模式	局部空间更新改造，改善物质空间，提供一次性物质（资金、地产）补偿	发达地区&大城市郊区区位较好的村庄&城中村	快速&匀速，符合规律，自我更新
4	社区企业主导模式	局部空间更新改造，改善物质空间，建立分红规则并提供持续性收益	发达地区&大城市郊区区位较好的村庄或城中村	快速&匀速，符合规律，自我更新
5	规划师、建筑师触媒模式	专业知识，示范引领，不依靠行政力量，通过点式改造、公共空间改善引导居民学习，主动参与乡村建设，村集体密切配合	传统村落&历史文化名镇&历史文化名村&其他可开发资源	匀速，符合规律，自我更新
6	社会学者植入模式	生活角度切入，传播理念，建立运营规则，知识平民化，学者成为社区居民的一员，获得信任，村集体密切配合	传统村落&历史文化名镇&历史文化名村&其他可开发资源	匀速，符合规律，自我更新
7	宗教机构主导模式	精神切入，贯穿生产生活的各个方面，政府处于配合、从属地位，宗教规则长期约束	宗教村落	匀速，符合规律，自我更新
8	经营类企业主导模式	资金、管理理念切入，政府授权企业经营	传统村落&历史文化名镇&历史文化名村	微改造
9	综合类企业主导模式	规划、建设、运营管理等全过程生命周期切入，政府以行政指令的形式与私人企业达成共识，建立互惠关系	传统村落&历史文化名镇&历史文化名村&其他可开发资源	微改造+新建设
10	协同治理模式	发起者为企业，通过产业切入，居民收入持续提高，按照有限政府原则提供公共服务，规划师起到智力支撑作用	范围较广，以农牧业生产为主的一般村落	匀速，符合规律，自我更新
11	公私合作治理模式	发起者为政府，通过规划切入引领发展，政府和村民处于平等关系	发达地区&大城市郊区区位较好的村庄或城中村	匀速，符合规律，快速更新

(3) 模式主体目的（为什么做）

模式主体目的一览表　　　　　表6-5

序号	治理模式	政府	企业	村集体	村民	NGO
1	政府主导治理模式	政绩为本＆以民为本	赢利	完成任务＆造福村民	维持现状＆改变生活	完成任务＆获利＆情怀
2	国企（央企）主导模式	政绩为本＆以民为本	政绩为本＆以民为本＆回馈社会	完成任务＆造福村民	维持现状＆改变生活	完成任务＆获利＆情怀
3	集体主导模式	政府职责	赢利	造福村民	获益＆获利	完成任务＆获利
4	社区企业主导模式	政府职责	社会服务、微利	造福村民	获利	完成任务＆获利
5	规划师、建筑师触媒模式	政府职责	赢利	造福村民	改变生活	积极主动参与，情怀＆微利
6	社会学者植入模式	政府职责	赢利＆微利＆品牌	造福村民	改变生活＆获利	积极主动参与，情怀＆微利
7	宗教机构主导模式	政府职责	赢利	力量弱化，完成任务	维持现状＆改变生活	完成任务＆微利＆情怀
8	经营类企业主导模式	政府职责	赢利＆情怀	完成任务	改变生活＆获利	完成任务＆获利
9	综合类企业主导模式	政府职责	赢利＆情怀	完成任务	改变生活＆获利	完成任务＆获利
10	协同治理模式	以民为本	建立协作、诚信关系，回馈社会	完成任务＆造福村民	改变生活＆获利＆维持现状	积极主动参与、情怀
11	公私合作治理模式	以民为本	赢利	完成任务＆造福村民	改变生活＆获利＆维持现状	完成任务＆获利

第七章
行政主导型治理案例

一、政府主导治理模式——鄂托克前旗上海庙镇

上海庙镇乡村建设是笔者作为规划项目编制的主持人和规划实施过程中的总规划师参与其中的真实案例，是基于"三农"问题的根本性解决有赖于工业与城镇的发展为行动逻辑基础，以新城市建设带动新农村建设的城乡一体治理模式的典型案例。

1. 案例背景

（1）区位条件

上海庙能源化工基地位于蒙、陕、宁三省交界处的鄂托克前旗上海庙镇境内，东至井田东边界，南、西达蒙宁两省交界，北接鄂托克旗，南北长约60km，东西宽约30多公里，总面积1800km²，包括16个井田，1个16.38km²的化工园区，1个25km²的生活园区及长远生产区。

（2）发展条件

煤炭与矿产资源。上海庙镇域内上海庙煤田与宁夏宁东煤田地质同缘、禀赋相近，煤炭资源分布面积约4000km²。上海庙煤田矿区总面积约935km²，其中规划区面积870km²，煤炭资源储量124.4亿吨，是一个储量大、煤质好、地质构造简单的大型整装煤田。煤质具有低硫、低瓦斯、特低磷、高发热量等特点，是优质的化工和动力用煤。该地区还有丰富的天然气、煤层气、石油等资源，世界级整装天然气田——苏里格气田，面积的60%以上分布在鄂托克前旗境内，已探明储量为2500亿m³。多种资源同处一地，开发潜力巨大。首轮总体规划中的建设用地布局既避开了煤气田，又使新建地区与其保持便利的交通联系，从而实现经济和环境效益的统一。

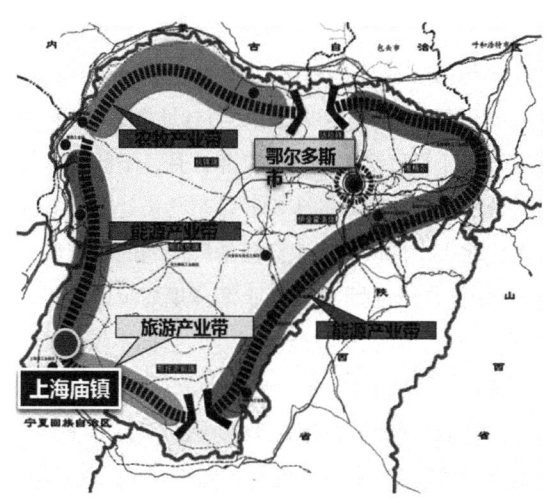

图 7-1 上海庙镇在鄂尔多斯产业带中的位置

旅游资源。上海庙镇旅游资源独具特色,东部城川镇的大沟湾是"河套人"的发祥地,也是伊西革命根据地之一,既有唐代宥州古城遗址和大量的汉代古墓群及萨拉乌素化石群,又有延安民族学院城川纪念馆及王震井等革命遗址。镇西与宁夏交界处有明长城遗址。深厚的历史底蕴,绚丽多姿的草原大漠风光、革命古迹、古城遗址和浓郁的鄂尔多斯民族风情,共同构成了这片神奇土地的魅力。

整合条件。上海庙地区原有的经济基础和产业条件也在首轮规划的空间结构布局中扮演了重要角色。首先,上海庙地区资源总量较为充足,后发力量强劲,毗邻宁东化工基地,未来可以通过产业联动助推地区经济。其次,在鄂尔多斯市总体规划中,上海庙镇地处能源产业带与旅游产业带的交汇点(图7-1),因此,协调好能源产业用地和旅游产业用地的空间布局则显得至关重要。此外,上海庙地区在首轮规划中就明确了国家级能源基地发展定位,是沿黄工业发展带上的重点,因此在空间结构布局上要为日后的能源产业发展提供最大的便利。

(3)案例起因

2001年12月上海庙镇经自治区人民政府批准设为自治区经济开发区。

2006年6月自治区主席办公会提出建设大型煤化工基地的构想。2007年7月,因原有配套生活区位于能源化工区西部,鄂尔多斯市市政府及相关部门从环境保护与居住安全的角度提出另行选址意见,据此要求对配套生活基地进行重新选址并组织建设。2007年8月,于新芳旗长在内蒙古自治区干部培训班培训,从当时的多伦县姚东县长处得到笔者的电话,培训一结束就来到北京,洽谈关于上海庙地区规划的编制事宜。同月,于新芳旗长与宁海副旗长来到北京洽谈上海庙规划设计合同,他们提出一个条件:整个设计方案必须由笔者亲自主笔,合同不仅需要单位盖章法人签字,笔者也要在合同上签字。笔者也提出了三个条件:一是必须按规划实施;二是规划实施过程中如果有更改必须经过笔者同意;三是规划实施中担当技术顾问。于是诞生了一个极为罕见的规划设计合同。

2. 规划实施过程

(1) 规划编制

上海庙镇规划需要解决以下四个问题:一是由于上海庙能源化工区将企业生活设施纳入生活区进行统一规划建设,因此新建区域的主要功能是近期为矿区开发提供配套的综合性服务,远期为矿区开发中形成的产业集聚和各类生产要素提供生产、生活空间,同时也为资源型城市未来资源枯竭后进行产业顺利转型提供基础保障;二是上海庙镇位于资源普查区范围内,压占资源,对地下煤炭开采不利,需要搬迁;三是按照《城乡规划法》第13条的规定,在城市总体规划、镇总体规划确定的建设用地范围之外,不得设立各类开发区和城市新区,从合法性的角度看,需要整合生活区和上海庙镇区;四是由于区域交通区位的改变以及产业结构中心的变化,鄂托克前旗政府所在地敖勒召其镇的职能也发生相应变化,传统的农牧中心地位下降,行政中心和经济中心的偏离导致行政中心职能的弱化和专业化,远期,旗政府在政策符合的状况下搬迁可能也是发展趋势,上海庙新镇区将成为旗域城镇化进程中的新载体空间,因此上海庙镇规划是一个系统性、全面性的规划,涵盖《城乡规划法》的所有法定规划层次,具有以下特点:

一是项目选址。最初制定了两个方案:方案一为推荐方案,生活区规划面积为 25km², 距化工园区 9km, 距银川市中心 35km（直线距离 26km），距河东机场 26km, 距最近井口距离 8km; 方案二为原上海庙镇区, 距银川 57km, 距河东机场 50km, 距化工园区中心区 23km, 规划面积为 20km²。根据风向风速、地形地貌、煤矿资源分布、水源条件、交通条件、污染避免、搬迁难度等多因素综合考量, 最终确定方案一为上海庙新镇区选址。

图 7-2　2007 年上海庙镇区基地初始状况

二是镇域村庄体系规划。上海庙镇域在 2007 年有 11 个行政村（嘎查），水泉子村、八一村、沙章图村、特布德嘎查产业发展以种植业、养殖业为主, 其余嘎查均以畜牧养殖业为主。作为城镇总体规划的重要组成部分, 规划镇域全部退耕还林还草, 以工业化带动农牧民收入的提高, 工业反哺农业, 减轻农牧民负担。

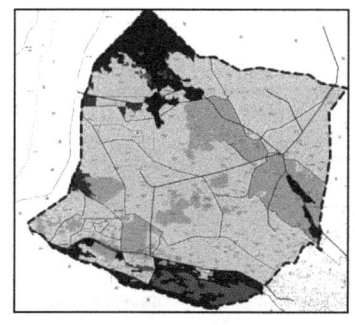 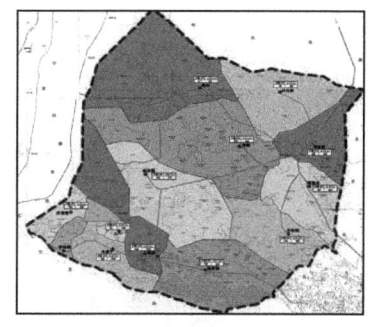

图 7-3　镇域土地利用现状图　　　图 7-4　镇域村庄分布图

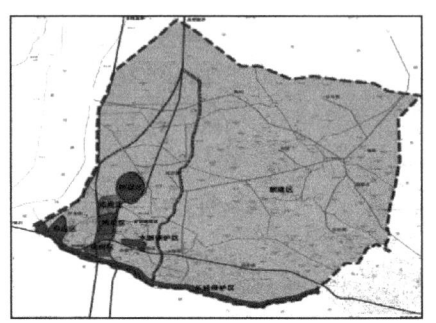

图 7-5　镇域空间管制规划图

三是镇区总体规划。规划确定城镇发展定位为：上海庙能源化工基地的生活基地，鄂托克前旗统筹城乡、集聚人口的平台，未来鄂托克前旗经济文化中心，银川经济圈中最具魅力的小城镇。建设目标是宜居生态家园，资源节约典范，草原最美新城。规划设定了两个设计理念：其一是森林之城、草原之城。以当地乡土植物马兰花作为规划原型，寓意若干个组团像若干片花瓣，簇拥着城市中心盛开。实施大面积绿化，并且在这些绿化中设置若干体现草原特色的点。低矮的地被植物，稀疏点缀的大树，展示稀树草原的景观，同时绿化与造景相结合，遵循"远看辽阔，近看精致"的原则，高低错落，疏密相间，形成人工痕迹较少的自然美景。其二是节约型、节能型城市。规划关注生态格局、通风廊道，考虑实施程序，进行多方案比选。使用太阳能灯，设计建造中水系统，实现中水回用和矿井水利用，按节能标准建设住宅，硬化大量使用渗水砖，混凝土垫层设计渗水孔，实施节水灌溉，规范使用太阳能热水器，建设资源节约型、环境保护型城市。

 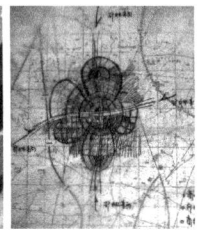 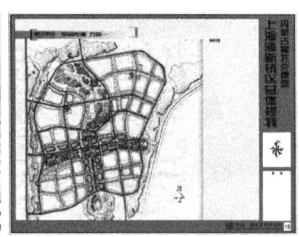

图 7-6　规划原型——马兰花　　图 7-7　规划草图　　图 7-8　推荐方案草图

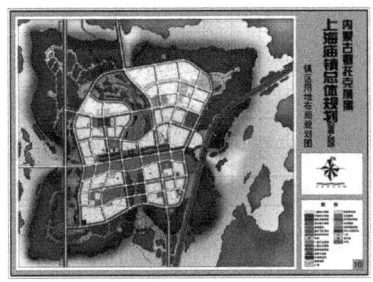 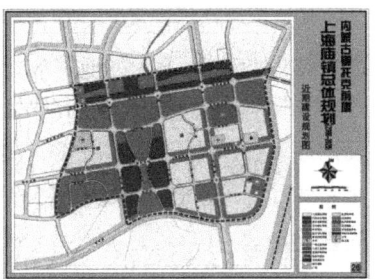

图 7-9 镇区用地布局规划图　　图 7-10 镇区近期建设规划图

四是镇区城市设计。为有效管控小城镇景观风貌，从控制建筑高度、控制建筑风格、控制建筑体量等角度进行了城市设计，城市设计的思想相应体现在下一层次的控制性详细规划指标体系中。

图 7-11　上海庙镇控制性详细规划

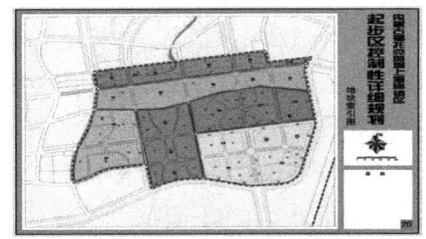 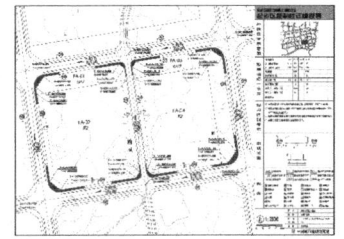

图 7-12　控制性详细规划分区图　　图 7-13　控制性详细规划分图图则

五是控制性详细规划。作为政府规划行政许可的事权依据,起步区的控制性详细规划实现了全覆盖。

六是修建性详细规划。作为上海庙镇区建设的核心和重点,为建筑设计打下基础,还编制了中心区的修建性详细规划,体现了总体规划思想和城市设计理念,针对牧民安置形成了镇区居民社区和乡村社区两套安置方案。

图 7-14 上海庙镇移民安置区规划图

图 7-15 上海庙镇典型乡村社区规划图

(2)建设过程

2001年12月上海庙镇经自治区人民政府批准,设为自治区经济开发区。2006年6月自治区主席办公会提出建设大型煤化工基地的构想。因原有配套生活区位于能源化工区西部,2007年7月鄂尔多斯市市领导及相关部门从环境保护与居住安全的角度提出另行选址意见,据此要求对配套生活基地进行重新选址并组织建设,2008年12月开始编制上海庙地区总体规划,2009年开始全面规划实施,主要实施以下工程:

一是实施新型村庄建设工程。按照"整合村庄、集中居住"的要求,根据各嘎查产业布局、地理位置、风俗习惯和行政区划,将鄂托克前旗68个嘎查调整为14个中心村,其中,敖镇设3个中心村,即敖勒召其嘎查(设在敖镇)、三段地村、吉拉嘎查,上海庙镇设3个中心村,即上海庙村(设在上海庙新镇区)、特布德牧民新村、布拉格嘎查,城川镇设5个中心村,即城川村(设在城川镇)、二道川村、大沟湾村、珠和嘎查、黑梁头村,昂素镇设3个中心村,即昂素嘎查(设在昂素镇)、玛拉迪嘎查、毛盖图嘎查。到2013年，构筑"226"格局，即打造2个重点镇（敖勒召其镇和上海庙镇），2个居民聚集区（城川镇和昂素镇），6个中心居民点（三段地村、特布德嘎查、二道川村、大沟湾村、珠和嘎查和玛拉迪嘎查）。同时，完善4个一般居民点（吉拉嘎查、布拉格嘎查、黑梁头村和毛盖图嘎查）和禁止开发区草原、林地看护用房和散居户旧房改造。2011~2013年为建设期；2014~2015年为巩固提高阶段，在完成各项建设任务的前提下巩固建设成果。按照"产业集聚、集中发展"的思路，确定相应城镇产业定位和发展方向，形成人口、产业与城市功能布局有机调控机制，为人口转移提供产业支撑。其中敖镇是鄂托克前旗的政治、文化、综合服务中心，主要发展绿色加工业、商贸流通业、镇郊农业，建设综合商贸集散地、小型工业园区、农牧民创业园区、物流园区；上海庙镇是鄂托克前旗的经济重镇，发展工业园区和旅游业、金融业、餐饮业等服务业。按照"八个一、十配套"[1]的目标建设城川镇和昂素镇等2个居民聚集区和三段地村、特布德嘎查、二道川村、大沟湾村、珠和嘎查及玛拉迪嘎查等6个中心居民点。2013年建设吉拉嘎查、布拉格嘎查、黑梁头村和毛盖图嘎查等4个一般居民点，在落实安全饮水、户用沼气、供电、道路、移动通信信号、电视信号等保障的基础上，各建设一处能够满足农牧民正常生产生活需要的3000m² 的综合服务中心。

二是实施"人口转移工程"。按照鄂托克前旗各镇及中心村产业布局、人口吸纳能力和农牧民受教育程度，在尊重农牧民意愿的基础上，通过农牧业产业化转移、城镇区二、三产业就业转移和城乡社会保障转移等方式将农牧业人口转移到敖镇、上海庙镇，同时，积极鼓励农牧民向旗外转移。鄂托克前旗共28023户，77216人，其中，农村牧区常住人口13512户、39933人。到2013年，向敖镇、上海庙镇转移农牧民24858人，安排转移农牧民就业岗位1万个，实现"251"目标；农村牧区居住人口

---

[1] "八个一"即建设一处便民信息服务中心、一所幼儿园、一所文化室、一所医疗室、一所综合商店、一处老年公寓、一处居民健身场所、一所警务室；"十配套"即给水排水、有线电视、宽带网络、水冲式厕所、垃圾无害化处理站及供电、道路、绿化、通信、供热配套。

下降到15075人（居民点居住人口占90%，散居户占10%），建设8个居民集中区（2个居民聚集区和6个中心居民点）。

图7-16　移民安置区　　图7-17　乡村居民住宅（一）　图7-18　乡村居民住宅（二）

三是实施"现代农牧业建设工程"。体现在：优化农牧业资源配置和产业布局，着力建设现代农业、现代畜牧业以及建立健全农牧业产业化服务体系，提高集约化生产水平，增加未转移农牧民收入。到2013年，现代农牧业建设实现"5528"目标，即鄂托克前旗现代农牧业发展实现水资源、耕地、人口、牲畜和生态的五平衡（水资源实现采补平衡；耕地实现与水资源的平衡；牲畜饲养量实现年所需饲草料与人工饲料地草料产量和天然草地可食草产量的平衡；人口实现科学利用农牧业资源，直接从事农牧业的人口与达到预期农牧民收入目标的人口平衡；在实现以上四平衡的前提下，生态植被消耗所剩生物量与达到预期植被覆盖度的生物量平衡），现代畜牧业示范户人均纯收入达到5万元，现代农业示范基地项目区农民人均纯收入达到2万元，鄂托克前旗植被覆盖率达到80%。

（3）配套政策

为了保证农牧民"移得出、稳得住、能致富"，按照保障就业、提高收入，措施到户、落实到人的原则，实施"六个一"配套工程。

配套工程一：提供一套住房。以2008年年底前在册登记户口为准，自愿拆除农村牧区原有住房且放弃宅基地使用权转移进城的农牧民，政府免费为其在敖镇或上海庙镇提供住房。2人以上3人以下（含3人）的农牧户，政府免费为其提供一套70m²的住房；3人以上的农牧户，每多1人增加20m²。无偿提供住房面积达到140m²以上的，可以按两套或两套以上分配住房；无偿提供住房面积达不到140m²以上确需增加住房面积的，在自愿申请的前提下，政府按照成本价为其提供住房。政府将统一建设转移农牧民住宅小区转变为通过分散采购为其提供住房，实行社区化管理，使农牧民尽快融入城市文明生活之中。

配套工程二：找到一份工作。到2013年，鄂托克前旗共转移农牧民24858人，其中，接受教育的5885人，参加养老保险的6781人，需安置就业的12192人。计划通过以下渠道安置转移农牧民：一是加强培训，重点对20~50岁的转移农牧民进行免费职业技能培训，根据用人单位需求，开展"订单式"培训、委托培训、校企联合培训，提高转移农牧民的就业竞争力；二是鼓励农牧民就业，凡稳定工作一年以上的农牧民，给予每人每年3000元的奖励；三是鼓励企业吸纳农牧民，凡聘用鄂前旗转移农牧民稳定就业一年以上的企业，政府帮助其缴纳所聘用转移农牧民应缴纳的社会保险企业承担部分50%的费用；四是鼓励农牧民自主创业，对自主创业的转移农牧民全部实行"零税费"，形成一定经营规模、收入稳定的每三年予以10000元奖励；五是转移农牧民子女普通高校本科毕业且取得学士学位以及煤炭、化工、医疗卫生、师范等专业专科以上毕业生，聘用在相应的机关企事业单位就业，其他专业的毕业生在参加行政机关及企事业单位招聘考试时优先录用；六是对高考落榜生，由政府提供学费，安排到职业技术院校进行职业技能教育。

配套工程三：落实一份社保。将按照政府要求流转土地且拆除原住房、放弃农村牧区宅基地使用权的转移进城农牧民全部纳入城镇居民养老保险体系、城镇无业居民医疗保险体系、新型农村牧区合作医疗体系以及城镇低保救助体系进行统筹解决。养老保险方面，转移进城农牧民和城镇居民享受同等养老保险待遇，领取养老保险金的年龄提前到男年满55周岁、女年满50周岁，2015年前男年满55周岁、女年满50周岁的转移农牧民养老保险的差额和提前年限个人缴费部分由政府补足。医疗保险方面，转移进城农牧民可参加城镇居民医疗保险，享受相应待遇。城镇低保方面，低保户待遇全部提高到500元/月·人。因智障、病残、年龄偏大等丧失劳动能力而生活困难的，统一纳入综合福利中心管理。转移农牧民可自愿参加城镇医疗保险或新型农村牧区合作医疗保险，享受相应待遇。

配套工程四：发放一份补贴。禁止开发区的转移农牧民，人均生活补贴按照每亩草牧场6元标准发放，补助标准以6元为基数，每年上调20%。优化开发区和限制开发区的转移农牧民自愿放弃宅基地，并自愿将所承包土地封闭的，比照禁止开发区转移农牧民人均生活补贴标准发放。对就业难度较大的转移进城的"4050"农牧民及以季节工、小时工等多种灵活方式就业的转移农牧民，给予每人每年生活补贴3000元。

配套工程五：享受一份教育奖励。凡转移农牧民子女，考取一类本科、二类本科、三类本科的，一次性分别给予20000元、10000元、5000元的补贴性奖励（不包括农牧民户籍蒙古族大学生就学补助金）；贫困学生每人每年给予1000元补助；为中小学、幼儿园学生每年购买医保和意外伤亡保险。

配套工程六：领取一份土地收益。将现有农牧民的草牧场承包经营权证变为草牧场使用权证。草牧场使用期限为70年。草牧场使用权在依法、自愿、有偿的前提下可以通过继承、赠予、转包、出租、入股、抵押等形式进行流转。

（4）实施效果

生态环境初见成效。上海庙镇域由于退耕还林还草以及大规模植树，区域绿化覆盖率产生显著变化，2013年的规划评估发现绿化覆盖率由原来的不足15%上升到80%，局部降水也由2007年的不足200mm上升到接近400mm。野生马兰花由2007年的不足20hm^{2}扩大到10km^2，成为银川附近重要的风景观赏区。

图7-19　上海庙自然生态区

图片来源：鄂托克前旗政府提供

图7-20　明长城景观区

图片来源：鄂托克前旗政府提供

图 7-21　草原大峡谷
图片来源：鄂托克前旗政府提供

图 7-22　野生马兰花保护区
图片来源：鄂托克前旗政府提供

园林矿区全面形成。上海庙产业发展迅速，境内矿区严格按照规划进行建设，并改变传统矿区生产生活混合的布局形态，实现生产生活分离，同时建设园林矿区形成发展惯例，工业为区域可持续发展、反哺农业提供财政支持。

图 7-23　上海庙园林矿区
图片来源：鄂托克前旗政府提供

图 7-24　2015 年上海庙航拍图
图片来源：鄂托克前旗政府提供

城乡一体化格局全面形成。上海庙经过近 8 年的建设，已初具规模，城乡一体化格局全面形成。城市框架全面展开，连片建成区基本形成，乡村均衡布局，产业有序发展，基础设施水平较高，公共服务全面跟进，确保产业工人安居乐业，原住居民幸福安康。

3. 治理模式分析

（1）治理模式特征

治理主体方面，上海庙地区城市建设是鄂托克前旗城市史上前所未有的政府主导和资本双推动的最为快速、大规模的造城、造村运动，生态环境健康、社会和谐进步、经济高效循环、区域协调融合的愿景正在逐步实现，但由于国家层面的战略摇摆导致城乡建设具有失去年轮的速成特征。上海庙城乡规划得以实施，很重要的方面是主要领导的长期性，包括专家审查制度，对领导随意改变规划起到制约作用，促进了决策民主化。

开发模式方面，上海庙主要采用的是成片开发模式。2008年完成上海庙镇总体规划之后，政府优先开发核心综合功能区，建设具有地方特色的生态空间，开发商业服务设施，投资建设基础设施与公共事业，并投入大量资金建设一批高质量、高起点、尺度宜人的居住区供农牧民转移落户。

融资模式方面，基本以项目带资、财政投资为主。上海庙能源化工基地作为自治区级开发区，得到了自治区政府大量的物资投入与优惠政策；地方财政也积极给予建设启动资金，并为社会公共事业提供财政预算，将其纳入到最近几年的重点建设工程中。今后应开拓公司融资与招商引资模式，以市场化手段赢得更多的资金。

（2）治理模式问题

上海庙城乡治理存在以下问题：

一是居住设施建设的时序选择问题。一般矿井建设周期为5~6年，预想40%的员工住在上海庙，40%的员工住在银川，20%住在结合矿井所建的公寓。新矿在建期间公共服务设施太少，生活不便利，最初年轻人住公寓不太合理。

二是规划基础设施的超前问题。规划的综合管网在具体建设过程中减少，中水管网原设计水源方向是北侧污水处理厂，由于污水处理厂一直未建，因此中水只能采用东南侧的自来水水厂和西南侧水库的黄河水作为水源。由于原有水源在城区南侧，不够使用，现有水源由北侧来，水源地距离上海庙30km，导致管网压力出现问题，甚至出现管网系统倒置现象。没有公交，出租车很少，居民出行极不方便。

三是施工方案调整问题。建设实施过程中，具体建设项目局部改动很多，部分根据需要进行改动，如上海庙车站方案进行了调整；法院建了一部分拆除重建，对方案进行了较大调整；长城花园局部改变，建了一部分后发现太密集，对规划方案也进行了调整。也存在部分改动不利于设施的可持续利用，或是未考虑城镇发展的未来需求。

四是规划管理体制问题。上海庙规划实施过程中出现了上级领导干预规划、规划时效很短和公众参与缓慢推进的问题。虽然进行了大量的公众调查和方案意见征询，居民对规划的认识逐渐加深，但仍然是不理性地追求私人利益的最大化和理性地通过监督参与城乡治理并存。

二、央企（国企）主导治理模式——华润西柏坡希望小镇

华润西柏坡希望小镇是通过实地调研总结的真实性案例。

1. 案例背景

（1）区位条件

华润西柏坡希望小镇位于河北省石家庄市平山县西柏坡镇，处于太行山东麓的山地丘陵地区（图7-27、图7-28），邻近西柏坡纪念馆和岗南水库（图7-29）。小镇容纳272户879名村民，是河北省"节能建筑、环保市政、清洁能源、生态产业"的社会主义新农村绿色示范小镇。

图7-25 霍家沟村地形地势　图7-26 项目周边地形　　图7-27 岗南水库

图片来源：西柏坡华润希望小镇宣传册

图片来源：西柏坡华润希望小镇宣传册

（2）发展条件

霍家沟、讲里、西坡三村均为1958年修建岗南水库时，从库区搬迁安置的移民村。房屋破旧（图7-30、图7-31），分布散乱（图7-32），没有硬化道路和安全卫生的饮水系统，冬季取暖基本烧煤，缺乏文教、医疗卫生设施，生活居住环境较差。

图7-28　居民住宅

图7-29　居民院落

图7-30　住宅分散

图7-31　狭窄土路

（3）案例起因

西柏坡华润希望小镇建设始于华润集团成立70周年的2008年，基于感恩回报、履行企业社会责任的初衷，华润集团发挥多元化经营的资源优势，利用华润企业和员工的捐款，到贫困地区、革命老区建设希望小镇，先后建成广西百色、河北西柏坡、湖南韶山、福建古田、贵州遵义和安徽金寨华润希望小镇，井冈山华润希望小镇正在建设，华润西柏坡希望小镇是其中之一，具有典型性和代表性。

2. 规划实施过程

（1）规划设计

西柏坡华润希望小镇由中国建筑设计研究院李兴钢工作室完成规划设计（图 7-32、图 7-33）。项目选址位于山坳的低洼处，三面环山，一面朝向水库。规划总面积 9102.3 亩，其中耕地 438 亩，园地 368.5 亩，林地 7650.8 亩，库湾 290 亩，宅基地 355 亩。村庄建设用地面积 15.38hm^2，规划建筑面积 5.31 万 m^2，包括 272 户村民住宅、村委会、综合服务中心、幼儿园、卫生室、图书馆、村民大食堂、产业服务站、沼气站、污水处理人工湿地等设施。规划保留了基址中现存的泄洪沟并进行修整，公共服务建筑和广场置于中心，围绕着三个居住组团。建筑主要依坡地而建，低洼部分的基址则垫高为可用于房屋建设的台地。

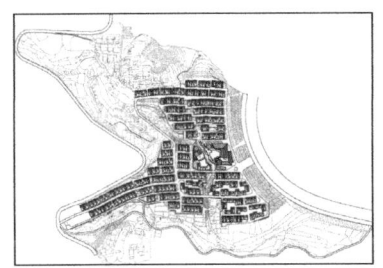

图 7-32　华润西柏坡希望小镇总平面图
图片来源：李兴钢建筑工作室[1]

图 7-33　华润西柏坡希望小镇透视图
图片来源：李兴钢建筑工作室

（2）建设过程

西柏坡华润希望小镇由中铁建筑集团统一施工，是在极短的时间内完成的乡村建设项目。从 2010 年 6 月 25 日项目确定开始，到 2011 年 10 月 21 日全部落成，历时一年零四个月（表 7-1），其中规划期不足一个半月，设计时间近 6 个月，建设时间近 5 个月。

---

[1] http://bbs.zhulong.com/101010_group_201814/detail10128560

华润希望小镇建设过程一览表　　　　　　表 7-1

阶段	时间	标志性事件	备注
决策筹备阶段	2010年6月25日	华润集团确定在河北西柏坡考察捐建华润希望小镇	历时29天
	2010年7月23日	华润集团成立西柏坡华润希望小镇领导小组	
选址阶段	2010年8月9日	项目组进驻西柏坡，对"一区三点"16个村进行调研	历时29天
	2010年9月6日	项目组确定选址于霍家沟村，规划范围包括霍家沟、讲里、西坡三个行政村	
规划阶段	2010年10月18日	规划调研、用地勘察、用地范围确认、产业调研情况完成	历时42天
设计建设阶段	2010年11月13日	正式破土动工，先期进行安全饮水和土方工程	历时340天
	2010年12月14日	项目用地范围内71户房屋全部拆除	
	2011年2月10日	河道改道完毕，挡土墙工程开工	
	2011年4月2日	标志性建筑综合服务中心破土动工	
	2011年4月3日	新民居房屋破土动工	
	2011年4月9日	大型集中沼气站破土动工	
	2011年5月10日	人工湿地破土动工	
	2011年6月30日	人工湿地正式竣工	
	2011年7月1日	养鸡场1号至3号鸡舍落成竣工	
	2011年9月1日	综合服务中心和新民居正式封顶	
	2011年10月1日	新民居工程正式落成	
	2011年10月5日	大型集中沼气站落成竣工，次日启动点火	
	2011年10月13日	华润三九卫生室落成并使用	
	2011年10月14日	怡宝图书馆正式落成并投入使用	
	2011年10月15日	村委会、村民大食堂、产业服务站、雪花村民广场正式落成	
	2011年10月18日	幼儿园正式落成	

（3）实施策略

西柏坡华润希望小镇主要通过如下策略进行乡村建设实践：

一是通过环境改造，彻底改变农民的居住环境（图 7-34、图 7-35）。乡村建设配置了图书馆、幼儿园、卫生室、村民广场（图 7-36）等公共服务设施。利用养鸡场的粪便进行沼气生产，改变了一直以来村民用薪柴、煤做饭、取暖的传统，实施了统一供水和污水处理，乡村公共服务水平全面提升，乡村环境有了较大的改观。

图 7-34　华润希望小镇近景

图片来源：郭海鞍提供

图 7-35　华润希望小镇远景

二是通过产业帮扶，帮助农民发家致富。西柏坡华润希望小镇以农民专业合作社为平台，引导农民发展新型农村集体经济，其中华润万家为希望小镇农产品大棚生产提供技术指导、培训，为瓜果蔬菜提供收购和销售渠道。华润希望小镇养殖技术综合服务中心主要针对周边区域进行养殖技术指导及配套养殖服务，开设了特产专卖店（图7-37）和便利超市（图7-38），试图使希望小镇走上可持续发展的道路。

图 7-36　雪花村民广场

图 7-37　特产专卖店　　　　　图 7-38　便利超市

3. 治理模式分析

（1）治理模式特征

治理主体方面，华润希望小镇以国有企业华润集团为主体，设计意图和建设思想无不体现企业理念。村民处于服从的地位，规划师委托设计，实际上是进行命题作业。政府处于辅助地位。

开发模式方面，华润希望小镇是在极短时间内快速建设，实施统规统建乡村建设模式，住宅造价偏高，建筑质量（图7-39）和完成度不高，部分建筑外墙构造和公共空间节点景观（图7-40）以及门窗、门房色彩未能按设计实施。

下　篇　乡村管理走向乡村治理的实证分析

图 7-39　建筑质量存在问题　　　　图 7-40　人工化沟渠

图 7-41　门窗及无效空间

融资模式方面，华润希望小镇投资主体是华润集团，还有怡宝、雪花集团的少量资金进入。

（2）治理模式问题

西柏坡华润希望小镇治理模式存在如下问题：

一是规划设计更改。西柏坡华润希望小镇规划是获奖设计方案（2012年中国建筑传媒奖），即便如此，建设过程中也作出了一些改变，如原设计的土黄色涂料外墙因甲方"多些丰富和变化"的要求而被部分改为黄白色，加上屋顶收缩式天沟的做法，不耐脏且易形成墙面污染[1]，给未来运营增加了难度。

二是居民满意度不高。实际调研发现，居民对变迁安置存在不满情

---

[1] 李兴钢, 马津. 新小镇 新希望——西柏坡华润希望小镇（一期）设计感悟 [J]. 城市建筑, 2013(1): 94-101.

图 7-42　痛哭的村民　　图 7-43　狭小的院落　　图 7-44　农业机械临街停放

绪（图 7-42）。原有设计院落狭小（图 7-43），不适合农业生产，农用生产工具无法停放（图 7-44）。

三是不可持续发展。西柏坡华润希望小镇缺乏有效的乡村管理机制，如原设计院墙镂空（图 7-45）因存在隐蔽性和安全性问题而被农民进行封堵（图 7-46）。同时，由于现有选址远离耕种地点，而且不适合放置农用机械，部分村民又回到没有拆除的老宅继续生活（图 7-47），一些弱势群体的问题没有得到解决（图 7-48），新建住宅的入住率和使用率并不高，乡村治理的可持续性受到挑战。

图 7-45　镂空外墙　　　　　　图 7-46　封闭改造

图 7-47　重回原址的村民　　　图 7-48　智障村民

第八章
集体主导型治理案例

一、集体主导治理模式——东莞西湖村

东莞西湖村是通过实地调研总结的真实案例。

1. 案例背景

（1）区位条件

西湖村位于东莞市北部石龙镇东江南侧，村域面积 $3.5km^2$，下辖麦边、下甲、官厅、李屋、徐棉、新围 6 个自然村，本地户籍村民 2700 多人，外来人口 2 万多人。西湖村地处广深高速铁路、广深高速公路、广惠高速公路中段，南抵深圳黄田机场，北到广州新白云机场仅 30～50 分钟车程，境内建有火车站（东莞站）和石龙镇客运站交通枢纽，省道 S120 东西向贯穿西湖村，交通便利。

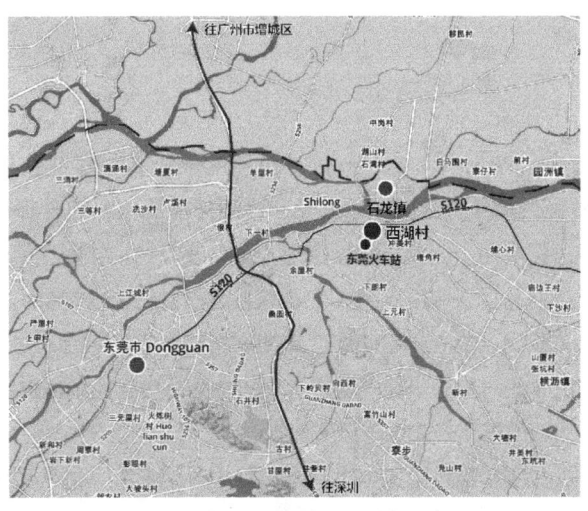

图 8-1 西湖村区位示意图

（2）产业发展

西湖村内基本无农用耕地，农村经济结构以二、三产业为主，第二产业以服装制造、电子装备加工等中小规模企业为主（图8-2），吸引了大批中国香港、中国台湾、日本、澳大利亚等国家及地区的投资者入驻。第三产业方面，目前已形成了较大规模的服装、家具、商贸、五金、电子批发市场（图8-3），其中西湖服装批发市场是目前全市占地面积最大的服装批发市场，此外，服务于区域内部及周边的金沙湾购物广场形成了西湖区的商业中心。此外，村内建设有五星级名冠金凯悦酒店，形成了较为完善的生产性和生活性商业配套设施。

图8-2　工厂　　　图8-3　电子批发市场　　　图8-4　金沙湾购物广场

图片来源：郑皓昀

（3）村集体资产

至2010年末，西湖村集体总资产7.9亿元，拥有厂房面积超过15万 m²，商场、铺位面积15万 m²。2010年度全村年总收入达5860万元。2013年村民人均年分红约10000元，西湖村委承担村庄全部户籍人口的社保和医保费用。西湖村积极执行《东莞市农村集体资产管理规定》，并实行村务财务公开制度（图8-5），在各自然村的公众橱窗上向广大村民公开财务状况，成立理财小组，定期审查财务收支，召开村民代表座谈会，广泛收集对进一步加强资产管理的意见，实行民主理财制度。

（4）基础设施及公共服务设施建设

西湖村各项基础设施如电力网络、邮电通信系统、供水系统等建设完善，公共服务如教育、绿化（图8-6）、金融、医疗等实现全面覆盖。

每个自然村都建有篮球场等体育休闲设施，设有图书馆等文化设施，全村现有幼儿园3所、小学1所，已落实规划建设的有石龙中学（图8-7）、石龙体育馆。自然村居民点卫生环境优良，均设有消火栓，给水排水设施按城镇标准建设。西湖村被评为"东莞市文明村"（图8-8），全村的6个自然村均被评为"市级安全文明小区"，全村676户中有656户被评为"文明户"。

图8-5　公示栏　　　　　　图8-6　步道

图8-7　石龙中学　　　　　图8-8　村委会

2. 改造实施过程

（1）规划建设

西湖村的现代化规划建设始于20世纪80年代末，乡村面貌由过去以农业种植为主的田园风光逐渐转变为城市化的建设格局。90年代初村集体投资建设的西湖路东西向贯穿西湖村，是西湖村对外交通的主要干道。西湖路北侧为生产片区，有徐棉和李屋两个自然村，建设用地用途主要为工厂、居住和商业；西湖路南侧为生活片区，有下甲、新围、官厅、麦边四个自然村，共同围绕西湖村中心公园，绿化环境品质较高，西侧和南侧主要为工业用地，西南侧的东莞火车站去年启用，东南侧主要为园林绿化用地和大型公共服务设施用地（石龙中学、体育馆等）。6个自然村内基础设施配套完善，建筑分布紧凑，建筑高度统一和谐，村路畅通，充分利用自然村内空地布置景观小品或休憩设施（图8-9）。

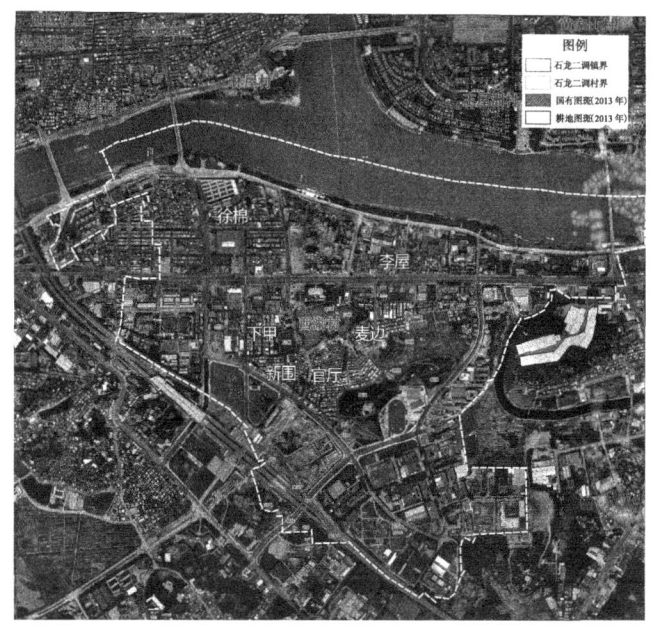

图8-9　西湖村航拍图1∶600（2013）

资料来源：西湖村委会

西湖村规划建设管理主要集中在宅基地住宅建设和村小组厂房出租两方面。宅基地房屋需要重建或大面积修缮的，村民需提前向村小组申请，建设过程中村小组前往实地考察建设是否符合管理规定的各项标准，无误后上报村委，村委进行核实（具体见"管理规定"）。通过村民—村小组—村委三层监督,可及时、有效地制止违规建筑的建设,对维护居民点整体风貌起到重要作用。西湖村对厂房出租企业设有准入门槛,禁止污染工厂进入,市环保局有具体相关规定。

西湖村住宅建设管理规定

为了加强村镇村庄规划建设管理,促进村庄住宅建设符合现代性村庄规划和上级文件规定的要求。结合本村的实际,制定本规定。一、西湖村范围内各村小组和居民点住宅建设,必须遵守本规定。西湖村村民委员会村小组是住宅建设管理的执行部门,负责本范围内住宅建设管理工作。二、严格执行上级对住宅建设的规划管理规定,制止村庄住宅乱建现象。凡没有按审批程序办理审批手续的,一律作违法违章建筑,根据本村规定和上级法规,依法处理。三、严格限制住宅建设规模。(1)新规划区,按规划新建、续建的,限制高度四层半(天面半层建筑面积不准大于天面层总面积50%),总高不准超过19.5米(±0.00至天面梯屋顶栏河面或斜瓦屋顶面总高)。(2)旧住宅区:按规划审批需拆除重建的,限制高度三层半(天面半层建筑面积不准大于天面层总面积50%),总高不准超过16米(±0.00至天面梯屋顶栏河面或斜瓦屋顶面总高)。四、所有住宅建设,天面水和阳台水不准外排出街巷,要作隔臭接排入下水道。化粪池必须建在室内,不准建在室外,并要达到三级净化标准要求。五、各村小组和居民点,必须完成本小区规划和住宅建设设计要点工作,报西湖村村民委员会和上级主管部门审批后,才能进行住宅建设审批工作。六、凡申报住宅建设的,必须符合如下条件,才能进行审批。1、新规划区:(1)按规划已获批准未建,需要新建的;(2)已获批准在建停工,按规划要求符合续建条件的。2、旧住宅区:(1)被城建技术部门确认为危房,需要拆除重建的;(2)家庭户居住条件确实困难,需要拆除重建的;(3)根据小区规划,需要拆除重建的。七、住宅建设报建审批,必须提供如下资料。1、住宅建设申请和保证书。2、获得预审《村民建房规划审批表》批复。3、符合标准的建筑设计图纸。4、上级主管部门报建所需的审批资料。九、本规定经西湖村村民代表大会于2005年1月14日通过,自2015年1月15日起实施。

（2）实施过程

自 20 世纪 80 年代起，在西湖村的规划建设过程中，村支书等村集体干部就对用地进行了功能分区的构想，保留了重要的绿地和未来建设用地，并没有完全以"坐地收租"的形式实现村集体经济的快速增长。在 90 年代的建设中，基于一定的经济实力，村支书致力于完善乡村的各项基础设施和公共服务设施，在优化村民的居住环境的同时提升了西湖村接纳外来人口工作和居住的容量，创造了较好的投资建设环境。90 年代后期至 21 世纪村集体得以引进大型商业设施、工业设施和基础设施正是基于土地资源的保留。西湖村改造具体实施过程见图 8-10。

图 8-10 西湖村具体改造实施过程

西湖村改造实施的过程也是利益主体关系协调的过程。西湖村乡村治理的主导主体为村委会，而参与主体包括镇政府及其他上级政府、村民小组、村民以及市场。村委会统筹西湖村集体土地产权，前期通过三级分配制度将部分土地资源下放至村民作为宅基地，部分土地下放至六个村民小组进行厂房建设和出租，大部分土地资源主要通过商业租赁方式取得收益,并通过分红和其他福利方式实现全村利益共享。后期增加一级分配方式,即通过集体土地低价国有化,以政府为主体出让土地进行大型公共服务设施和商业设施的投入建设。在务工经济的影响下,西湖村形成了以村委会主导的乡村社会政治经济结构,政府、村委会、村民小组和村民在各层级和市场主体进行交换活动的过程中获得收益,有以下特征:基层组织或群体收益侧重于直接收益,如解决就业、租金收入,而通过上级政府实现的土地资源的利用,其收益侧重于间接收益,即提高乡村整体的公共服务水平和竞争力等。西湖村委会统筹基层资源且不断转移至上级政府进行土地市场运作的过程,也是利益模式随着权利转移不断变化的过程。

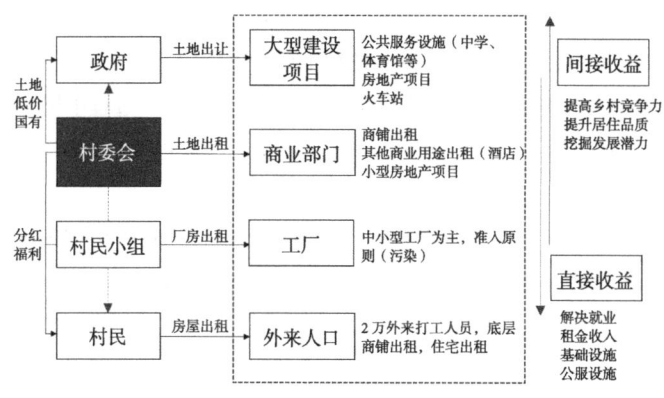

图 8-11 西湖村主体间利益关系示意图

3. 治理模式分析

(1)乡村精英的作用

西湖村治理主体主要是村集体,其中乡村精英起到了关键性的作用,体现在以下几个方面:

一是发展条件预判体现了远见性。改革开放以来,东莞实施经济国际化战略,大力吸引外资,发展外向型经济。在这一过程中,老支书成为了识别村庄发展的内部资源禀赋和外部条件的关键人物,并在20余年间一直把握着村庄的建设重点。其在 20 世纪 80 年代中期认识到土地资源和区位是西湖村得以发展起步的重要动力，在短短 5 年间实现了土地的统筹并不惜举债完善乡村的道路基础设施建设，并进行厂房建设和出租，实现了村集体经济在短期内的快速增长。在 20 世纪 90 年代后期，老支书意识到了仅仅发展工业的低效益和不可持续性，因此带动村集体对商业设施、工业设施和部分基础设施进行投资建设，一方面实现了村集体资产的增值，另一方面为西湖村发展重点的转型提供了较高的起点。21 世纪以来，在基本维持原有工业厂房出租的情况下，村集体和镇政府合作，将保留的村集体用地通过国有化方式部分用于大型公共服务设施建设，在用地国有化的过程中，村集体往往以远低于市场的价格将土地出让给政府，牺牲了一定的经济收入，但村支书认为政府在这些设施上的投入是未来提升西湖村竞争力的关键要素，使其区别于周边乡村，在未来成为吸引更多高收入人群居住和生活的热点地区。正因乡村精英在西湖村规划建设过程中的准确预判，西湖村得以在发展过程中把握机会，从过去资源禀赋不突出的地区逐步成为石龙镇重要的交通枢纽和商业中心地区。

二是协调各方利益关系体现了超前性。从最初的分散生产到后来的集中经营，村支书在村民、村小组和村委会的利益协调中起了至关重要的作用。从 20 世纪 80 年代召集村民将承包到各家各户的土地集中起来发展工业的想法，到 90 年代举债建设道路等基础设施的行为，包括近年来低价出让高潜在价值的集体用地的做法，均具有超前性特征，这些做法的回报并不即时且不直接，因此，在决策过程中如何获得其他村民和村干部的认可是难点之一，"精神领袖"的作用由此凸显。与大范围的城乡规划不同，乡村、社区层级的规划建设往往落实到每家每户，因此利益纠纷更为琐碎，而一名能获得大部分村民个体认同的干部是执行乡规民约的必要条件。

（2）治理模式的特征

西湖村治理模式具有如下特征：

一是人地关系的逐步脱离，利益共同体的逐步巩固。过去村民自治与"人—地—籍"紧紧地联系在一起，土地的集体产权是村民自治的经济基础，户籍身份是村民自治的社会基础，村民自治也就具有强烈的封闭性和排他性。在西湖村自治过程中，"人—地"关系逐渐瓦解并转变为"人—资"关系，户籍身份成为绑定村民和乡村利益共同体的纽带，随着集体资产的不断增加，村民个体利益在共同体中的比重降低，乡村发展权力逐步转移至村委会（村庄精英），强大的集体力量推动乡规民约的实施，乡村内部权力结构由过去的松散治理逐步过渡为集中治理。

二是治理层级间的平等沟通和合作。西湖村村内主要有村委会、村民小组和村民三级治理层次。自 1991 年土地统筹工作开展以来，由老村支书为代表的村委会承担主要的乡村规划和建设的主持工作，主要以宣传的"软"手段通过村小组将乡村发展思路和乡规民约传达给村民，通过村民和村集体监督的方式管理具体的建设工作，必要时寻求政府部门介入（"硬"手段）。西湖村村委与上级政府石龙镇政府多采用"平等协商"方式进行沟通和合作，小宗用地的调整和建设、租赁行为等由西湖村村委直接和企业（或其他社会部门如医院）进行沟通，政府配合其进行相关工作；大宗用地的建设需要采取国有土地拍卖方式或其他出让方式进行，由村委和镇政府部门协商，村集体往往将土地低价出让给镇政府，通过镇政府的公共服务设施配套建设或中高端居住用地拍卖建设，换取新的经济增长潜力或区域整体服务品质的提升。

三是规划采取"结构引导"+"要素管控"的手段。[1] 西湖村 20 多年来的规划建设由村庄主导逐步转向村庄+政府共同主导，在规划手段上秉承"结构引导"+"要素管控"的方式，20 世纪 90 年代初完成村集体土地统筹工作后，村委马上进行土地结构的梳理，融资建设道路设施，确定西湖村的基本空间框架，并进行空间功能的确定和划分。在村小组或村民自行管理的用地建设上，西湖村通过要素管控的方式对建筑高度、建筑风貌、厂房租赁对象等进行了一系列规则制定，实现了"自下而上"建设的有条不紊。

---

[1] 引用自《东莞市城市总体规划（2016-2030）》

（3）治理过程的反思

西湖村规划治理过程中仍然存在以下问题：

一是法制环境不适应乡村发展需求。西湖村治理过程中存在着法制环境的两个局限：一是法制环境不适应乡村发展需求。西湖村历经二十余年的土地统筹，利用性质以集体用地为主，其在土地利用方式上有别于传统的宅基地+农地模式，而是接近城市地区的建设用地出让模式，通过租赁、拍卖等方式实现收益，这一模式背离了现有关于集体用地的法律体系，不合法却存在一定的合理性。考虑到乡村治理环境和发展条件的多样性，应尊重并肯定以西湖村为代表的乡村规划建设治理模式的可取之处，探索集体土地的流转模式，逐步建立和完善产权交易市场并完善相应法律法规。二是西湖村在发展过程中早已实现城市化，但在组织上仍维持乡村基层治理模式，该治理模式和一般城市基层社区组织的职能存在差异。目前，社区治理因缺乏相关条例的协调和指引，存在交叉管理和真空领域等管理问题。如何从法律法规层面上应对乡村社区向城市社区的转化，及时衔接和填补社会治理真空是西湖村面临的法制环境问题。

二是集体资产利用的局限性。目前西湖村实质上是以社区企业模式在进行运营，其中村委作为"董事会"主导社区的发展规划，但这种仍然处于产权模糊和治理结构封闭状态的企业组织形式是否具备可持续发展的内在潜力？此外，在近20年的积累下，西湖村的集体资产主要包括固定资产和流动资产，固定资产主要为20世纪八九十年代投入建设的工业、商业设施和基础设施（表8-1），现保持较为稳定的盈利状态，随着服务配套的逐步完善，除了集体分红和村民福利支出外，村集体的流动资金在上级政府部门的规定下只能采取稳健的理财方式，如银行储蓄，缺乏对外投资实现资本盈利的途径。

三是乡村自治功能的可持续性。自20世纪80年代以来西湖村的规划建设方向和时序基本由村委会把控，其中村支书相当于社区规划师，制定社区的发展战略、定位，确定各片区的用地功能和开发强度。通过土地的统筹，村委会同时承担了建设主体的工作，与上级政府、村民小组和市场进行协调以实现规划愿景。在这一过程中，由于村委会承担社区发展的多重职能，因此具有高度内向性的功能特点，尽管村支书作为治理精英可较好地把握内外部环境变化和城市整体发展需求，推动西湖村由自给自足的封闭环境向开放流动的城市社区转变，然而在近两年村支书和其他老干部退休后，继任的村委干部是否能持续拥有长远和客观的眼光，在单一的决策模式下避免过分关注村民利益而表现出外部不经济的情况呢？在人口流动的趋势下，西湖村原有的乡村信任机制将逐步转向规则管理，如何应对利益主体的变更和权力大小的改变同样是西湖村未来面对的挑战之一。

表 8-1 西湖村部分固定资产情况一览表

部分固定资产	资产类型	主要性质	出让（建设）年份	建设和运营主体
金沙湾购物广场	商业设施	商业性	1998	村委会
西湖服装批发市场	商业设施	商业性	1998	村委会
西湖车库	商业设施	商业性	2000	村委会
龙田阁楼商铺	商业设施	商业性	1996	村委会
西湖自来水厂（西湖区）	基础设施	公益性	1992	村委会
西湖综合市场	商业设施	商业性	1994	村委会
江南厂房	工业设施	商业性	1995	村委会

二、社区企业治理模式——广州猎德村

广州猎德村是通过实地调研总结的真实案例。

1. 案例背景

（1）区位条件

猎德村位于广州市中心城区，地处珠江新城中央商务区范围内，区位优势十分突出。猎德是在北宋元丰三年（1080年）就已经在史籍中有记载的一条古村落，它距今已有930年的历史。

（2）经济条件

猎德村经济以农业为主，主要种植杨桃等水果、蔬菜和水稻。1978年村工农业总产值205万元，人平均年收入205元。

（3）改造背景

在1979年以前，整个村落仍维持传统的村落形态，民居多沿用"三间两廊"的建筑模式，也有一些厨房、厕所与房间分开的做法，多为平房，旧村房与房之间的巷道一般为1~2m宽，村落采光通风良好。村边有猎德涌经过，河涌和码头供运输货物、出海打鱼和端午节赛龙舟使用。

改革开放后，伴随着第一家驻村工厂的进入和家庭联产责任承包制的实行，猎德村的经济开始腾飞，村民开始大规模地拆旧屋、建新屋，改善生活，村里建成大量两层至三层半的钢筋混凝土房子。村民在原有的地块上建房，房子的阳台还向巷道挑出70~80cm，使得不足2m的巷道只剩下几十厘米的采光空间，"握手楼"、"一线天"成了这个时期的写照。

1994年以后，由于村属人口的增加，猎德村在原有村落旁边扩建新村，后来即出现一系列新型"农民新村"——竹园南、竹园北小区先后建成。随着经济的进一步发展，外来人口增多，出租住房成为村民重要的经济来源，同时猎德村所在地在广州拥有特殊的地理位置，村域土地被大量征用，村民将征用土地的补偿款进一步用于改建房屋，为了争取更大的建筑面积，原有的天井和院落被新房子填满，原来两三层的房屋进一步改建成五六层甚至更多层数的住宅，村内房子的采光和通风变得非常差，猎德村居住环境迅速恶化，演变成一个"典型"的城中村。[1]至2007年，猎德村内房屋拥挤不堪，"握手楼"、"贴面楼"遍布，成为长期难以改造的"钉子村"。在密度极高的农民自建住宅内，居住着7800位村民和3万多外来租房者，居住环境卫生条件恶劣，消防通道狭窄，安全隐患突出。

2003~2007年，村委会、村集体经济组织——猎德经济发展公司

---

[1] 黎颖.猎德模式城中村改造的特色与思考［J］.广州城市职业学院学报，2011（4）：13-17.

持续探索猎德村整体改造规划。2007年,广州市政府修建猎德大道,计划征收猎德村的一大片土地,涉及250间房屋400户人家。土地补偿标准为每亩30万元,房屋补偿每平方米2800~3300元。这与当时猎德村周边的国有土地价格差异较大,同时涉及村民的外迁,因此征地遭到了村民的激烈反对。在这种背景下,借鉴佛山等地进行"三旧"改造的经验,猎德村村集体决定变"被动征收"为"主动改造",向天河区政府提出了由村集体自行进行村庄整体改造的申请,拉开了猎德村旧村改造的序幕。

2. 改造实施过程

(1)规划设计

猎德村总用地面积为33.6万 m^2,其中规划村用地25.4万 m^2。按规划,村里拿出了西面的一块面积为9.3万 m^2 的土地作为商业办公用地,申请转为国有,由市政府指定土地开发中心组织代征拍卖,所得46亿元地价款全部返还村里,作为旧村改造项目的资金。剩下的土地分为两块:南边的用地规划为集体物业用地,面积为3.2万 m^2,采取合作的形式,成立股份公司,由香港合和集团出资10亿元,村集体出资9亿元,合作建设五星级酒店及商业建筑,合和集团获得20年经营权,每年向村集体支付1.2亿元管理费,20年后交还村集体;东边的用地为复建安置区,为旧村改造后的新生活区,用地面积为13.2万 m^2。

(2)规划实施

在政策创新思维的支持下,猎德城中村改造的土地利用方式遵循所谓的土地使用"四分区"原则,将改造后的空间分别建成商业开发区(土地出让拍卖)、村集体经济发展区、居住复建安置区和传统民俗建筑景观复建区四片。商业开发区的土地则用于出让拍卖,土地拍卖的资金用于进行城中村改造。村集体经济发展区主要是用于与房地产开发商合作建设商业项目,所得的资金划拨到体现村民经济利益的股份制公司——猎德经济发展公司。通过商业地块拍卖、产权置换获得所需的改造资金,解决改造的资金难题。以村集体经营为核心,综合房地产经营、实体公司运营、个人房租收入等因素重构改造后的村经济运营方式,解决村集体以后可持续发展的资金问题。有了充足的资金,猎德村改造进程加快。猎德村改造的基本原则是对红线范围内有明确产权的村民住宅和集体物业按1:1进行等量复建安置,并对原有的违法建筑给予建筑成本补偿。整个改造步骤为先建村民安置房,再进行融资地块和集体物业用地的开发。按照新的改造模式,猎德村村民获得了较大的利益,因此"三旧"改造过程十分顺利,2010年猎德村基本完成改造。

3. 治理模式分析

(1) 治理主体特征

猎德村改造主要基于村集体股份制公司,采取"(政府+企业)+集体组织+居民"的治理模式,由村委会、集体经济组织主导整个改造过程,改造全程没有引进地产商。治理主要参与者包括政府、集体组织和居民,具有如下特征:

一是政府是引导力量。在改造过程中,政府充分考虑居民利益,做到"让利于民",允许村集体自行改造。同时,政府积极参与,给出改造的优惠政策,指导改造,并通过优惠政策保障了村民改造后的利益,这些都是推动"猎德模式"城中村改造快速、顺利实施的有利条件。政府采取了"还利于民"的方式,一方面帮助村里对融资地块"代征代拍",另一方面将地块拍卖收益全部返还给村集体进行旧村改造。政府充分尊重村民和村集体股份公司的意愿,允许改造后的村庄仍旧保持集体土地的性质,同时又可以用于经营性建设。

二是私人开发企业是助力。私人开发企业通过土地拍卖,为猎德村改造注入大量资金,使得城中村改造可以全面推进,改造规划和建设能够完整贯彻,整体居住环境有较大提升。

三是集体组织和本地居民是核心。以村集体经济经营为核心,综合房地产经营、实体公司运营、个人房租收入等因素重构改造后的村经济运营方式,解决村集体以后可持续发展的资金问题。由于政府允许村集体自行改造,并引入合作机制参与改造,真正调动了土地权利人的积极性;在整个改造过程中,因为村集体组织的存在,使得居民参与公共事务的能力和意识都比较强。

（2）成功关键分析

猎德村治理模式的成功具备两个关键性要素：一是集体经济实力强劲。从实施过程介绍中可以看出，除了政府的积极引导作用外，猎德村集体组织的作用是相当明显的，源于经济实力强大。2002年末，猎德村撤村改制为街道，并成立了体现村民经济利益的股份制公司——猎德经济发展公司，2007年村集体收入达到1亿元，主要来源于村留用地（24hm^2）上的物业出租。同时，村民也比较富裕，除村民人均分红约3万元外，住宅出租收入也可达到3万至5万元。由于较为强大的集体组织的存在，使得社会力量能够平衡政府和市场力量，居民诉求可以合理申诉。同时，由于较为强大的集体组织的存在，居民参与公共事务的能力和意识比较强，能够做到较好地沟通协调，使得改造实施过程中的阻力小很多，改造的速度和效率大大提高。二是保障村民利益。猎德村治理模式中，村集体和村民在改造过程中起到主导作用，村民的利益诉求得到更多关注，改造政策得到本地村民的拥护。

（3）存在问题分析

猎德村治理模式中并未考虑外来人口的住房需求，且政府为该区域及其周边地区所投入的公共设施改造资金也未从该项目中收取，因此，该治理模式的可推广性值得商榷。

第九章
社会主导型治理案例

一、建筑师触媒治理模式——昆山祝甸村

1. 案例背景

（1）区位条件

昆山市锦溪镇（原名陈墓镇）祝甸村，处于昆山南部水乡区域，地理位置独特，距离锦溪古镇旅游区仅 5km，距离周庄仅 8km，距同里 20km，距上海、昆山、苏州均不到 50km，三面环水，村边长白荡与淀山湖相通，环境优美、交通便利（图9-1）。

图 9-1 村庄俯瞰

图片来源：高凡、傅晓铭摄

（2）历史文化

锦溪出砖瓦远近闻名，有"三十六顶桥，七十二只窑"的民谚，较典型的有"八结"黄道砖、蝴蝶砖等，其中又以祝甸村出产的为上乘，

被称为精砖。锦溪窑业始于明代,到清初,祝甸村村边长白荡沿岸建有38座窑,其中3座为白窑(石灰窑),35座为乌窑(青砖窑),窑炉均为砖土结构,穹隆顶。如今在长白荡以西河堤尚存8座,村庄东南部有14座(图9-2),其中9号窑是保存最完整的一座(图9-3),有单窑、双窑、子母窑,保存完整,分布密集,是江南地区仅存的一处砖窑遗址,保存着由窑棚、烧坑、窑道、火塘、窑床、排烟道、蓄水坑、渗水池等组成的古窑址结构以及制砖坯、装窑、烧窑、焖窑、出窑等一套完整的生产砖瓦、石灰的工艺流程。[1] 2008年被列为江苏省文物保护单位,目前已建成遗址公园(图9-4)。

图9-2 砖窑群　　　　图9-3 最完整的9号砖窑　　　图9-4 遗址公园

(3)村庄特征

随着城市化不断地发展,只有几位接近60岁的老年人还在烧砖(图9-5),大多数人选择去周边城市或外地打工,接近一半的居民已经在城里定居,少数人晚上还回到村里,村庄日渐凋零,只剩下老人和狗(图9-6、图9-7)。2014年在祝家甸调研时,村庄中已经有不少空置(图9-8)和破落的房屋(图9-9),人烟稀少,与周边人声鼎沸的周庄古镇、同里水乡形成较大的反差。

祝甸村庄内部水乡特色明显(图9-10),有几座老桥(图9-11)、老宅(图9-12)以及改革开放前的公共建筑(图9-13)和生产建筑(图9-14)。

---

[1] 丁金华,刘延华.祝甸古窑址群调查.地域建筑文化论文集,2005:111-115.

图 9-5　仅有的几位烧砖人　　图 9-6　偶见的老年人　　图 9-7　孤单的小狗

图 9-8　房屋闲置　　图 9-9　房屋破损　　图 9-10　村庄内的水道

图 9-11　老桥　　　　　　　　图 9-12　老宅

图 9-13　改革开放前的公共建筑　　图 9-14　改革开放前的生产建筑

（4）项目来源

2014年初，崔恺院士为其领衔的《村镇文化与特色风貌》课题到昆山调研，城投集团相关负责人员陪同崔院士走访了几个乡镇，对祝甸村的古砖瓦文化和乡村风貌非常感兴趣，镇政府和城投公司也希望崔院士能够编制村庄整治规划，崔院士认为可以通过对村头现存的砖窑[1]（图9-15～图9-17）进行适当的保护性改造，建成集古砖窑文化展示、会议、培训等于一体的项目，同时，在砖窑附近新建若干民宿，这样与村尾的古窑遗址公园遥相呼应（图9-18），有助于带动村民对自有建筑进行自发的保护更新。

图 9-15　改造前砖厂外观　　图 9-16　改造前室内　　图 9-17　改造前窑体

图片来源：郭海鞍　　　　　图片来源：郭海鞍　　　　图片来源：郭海鞍

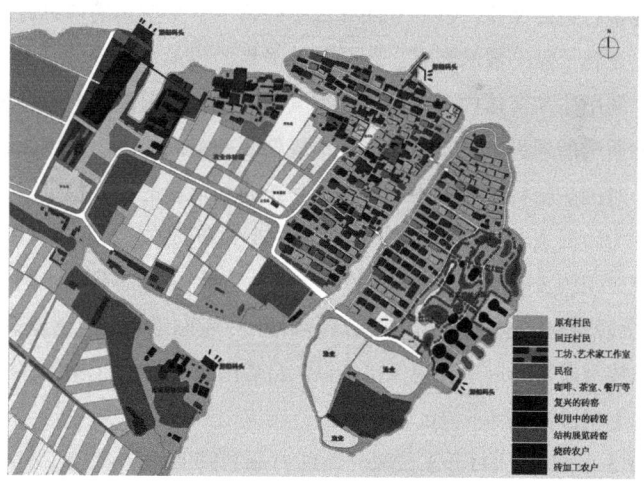

图 9-18　祝甸村平面空间格局

图片来源：中国建筑设计研究院

---

[1] 1981 年 10 月建成，村民杨文联、杨庆福、杨福华等亲手建成。

2. 改造实施过程

（1）项目设计

祝甸砖厂改造项目包括小型砖窑博物馆、砖瓦生产实景演示区和基本配套生活服务区，分为一期砖窑主体改造和二期民宿酒店两部分。项目设计尊重历史、尊重情感，遵循四个原则：一是保持乡情的记忆。对于砖窑外部，在村口、村子的方向上基本上保持原来的形象，不作调整，只在入口、楼梯等位置作一些安全方面的加固和处理。材料依旧保持原来的材料，新加的材料尽量选择轻质、简洁或者透明的材质，使之能够很快地融入原来的设计当中。二是自然延续的生长。项目东北侧的长白荡，风景秀美，气象万千，是本工程旁边最佳的景观资源。面向这一边，采取了延伸和生长的态势，制造了伸向水岸的平台，提供亲水宜人的休闲空间，也成为了室内咖啡厅的延续和拓展。三是亲和生态的内部。建筑内部采用生态竹木、轻钢、土瓦等材料，在光斑陆离的屋内打造放松、自然、宁静的室内氛围，整个场所让人能够静下来，慢慢地欣赏展陈，耐心地学习造砖文化，静静地品味咖啡香茗，三个空间简单贯通，细腻自然，充满了家一般的温馨。四是简单平易的技术。建筑设计了地道风系统，利用原来窑体内冬暖夏凉的空气，形成屋内温度调节的系统。采用南北通透的通风方式，最大限度地降低夏季室内温度。使用轻钢框架体系，对围护结构进行加固和支撑，保护内部环境的安全稳定。二期民宿酒店为砖窑主题配套功能用房，采用内街式布局方式，顺应村庄流线。总建筑面积约 $3500m^2$，分为 10 栋小单体，总计 20 间客房，最高为二层建筑，为轻钢框架承重结构。在建筑形象上，尽量贴近原有村落建筑风貌，建筑单体及院落与周边环境保持一致，自然融入到整个村落之中。

（2）项目实施

2015 年 10 月项目开工，2016 年 11 月顺利完工（图 9-19）。砖窑外部，主要对上部棚架进行改造，窑体上部清理干净后，以搭建后的地板完成面高度作为基准标高。以既有建筑作为基座，进行了一定的加固。拆除屋顶部分，在其内部植入新的轻钢结构（图 9-20），保证项目的安全性和稳定性。在结构体系的钢梁上铺回原来的瓦，同时加入与原来的泥瓦形状大小完全一致的透明瓦，间隔布置，从而实现当初瓦面破落、光影斑驳的效果。建筑功能亦很简单，三个大空间加一个亲水平台，从南向北依次为游客体验制砖工艺的手工作坊（图 9-21）、古砖展示空间（图 9-22）、咖啡休闲空间（图 9-23）和户外观景平台（图 9-24）。

图 9-19　改造后的砖厂

图片来源：高凡、傅晓铭

图 9-20　轻钢结构

图片来源：蒋彦之

图 9-21　手工坊

图片来源：张广源

图 9-22　古砖展示

图片来源：郭海鞍

图 9-23　咖啡厅

图片来源：东方园林

图 9-24　观景平台

图片来源：张广源

民宿酒店于 2016 年 5 月开工，11 月底完工，2017 年 5 月投入运营，并将运营权交由曾经营莫干山的东方园林集团。民宿酒店保持了村落原有的院落空间，又结合新的功能需求进行了改造，将以往对内服务主体建筑的辅房转而向外部开放，形成了生动多变的街巷空间，使原本只作为交通空间的街巷可以承担丰富的公共活动，以期成为民房改造的范例。

2016 年 11 月 8 日，改造后的锦溪砖瓦二厂作为砖窑文化馆正式开业，村民们纷纷闻讯而来，亲眼看见了这场激动人心的乡村复兴启动仪式。在改造历经的两年时间里，乡村居民已经逐步认识到本村文化的价值以及祝甸村优越的地理位置和优美的自然环境，已经开始大量地翻建自家的房屋，或筹划一些民宿或餐饮项目。乡村又热闹了起来，不断有年轻人返乡创业，沉寂的乡村发生了很多新的故事，吸引回了很多熟悉的面孔和新面孔。

3. 治理模式分析

（1）治理主要参与者特征

本项目的参与主体涵盖四个方面：一是昆山城投集团，作为投资方和市政府意见的执行方，在项目中出资购买了民宿酒店土地，并拥有实际产权；二是锦溪镇政府，作为项目执行机构，拥有民宿酒店的名义产权[1]；三是以崔恺院士为核心的设计团队，核心思想不在于让村民平白获利或者给其收益，而在于刺激和教会他们自己创业；四是村民，面对市场机会自发选择。

对于祝甸村的发展规划，崔恺院士提出了"针灸"疗法的理念，即从细小的点开始，逐渐成线、成面地对村庄进行整治，而政府只需做公共部分，即从将村口废弃的砖厂改造为砖窑文化博物馆开始，这是一个触媒，让人们慢慢地走进这个村子，人来了，意味着商机的来临，民宿酒店则是一个引导，居民自己会观察、会学习、会自发地对村庄民居的主体部分进行认真的改造和有机的更新，而不是政府包办，一张总图定乾坤。因此提出乡村建筑改造要尊重原有的环境和肌理，不能过于强调自我或强势地植入，而应当以谦虚的姿态、平和的态度融入到现有乡村环境与生活当中，而且让文化下乡比简单地用一种形式把一个村庄美化更重要。由于崔恺院士是行业权威，他的治理理念是容易被政府接受和执行的。

（2）适用范围存在三重限制

建筑师能在项目中起到关键作用必须具备三个因素：一是交通区位较好，村庄本身具有资源优势（山水景观或文化资源）。此类村庄一般以发展旅游为主，具有一定的局限性。二是建筑师有足够的权威。事实上，下乡的建筑师整体水平并不高，如果不是建筑师本人的兴趣爱好所致，地方政府和村民请到权威的建筑师并不容易。三是监造工匠的精工

---

[1] 代表不同层级的政府，具体利益分配情况并不明确。

细作。建筑公司的工业化生产建造过程并不适合乡村小体量建筑的建设，民间或者小型建筑企业的培育和技能的提高也是乡村建设切入很重要的影响环节。

二、学者植入治理模式——信阳郝堂村

近些年，大量社会团体、非政府组织与个人，尤其是新一代有良知、有责任感的知识分子带着富农强国的梦想，加入到乡村建设实验的行列，试图从不同的角度寻找到破解中国"三农问题"的灵丹妙药，包括中国人民大学温铁军教授的"晏阳初乡村建设学院"在河北定县翟城村的新乡村建设实验、茅于轼和林毅夫在山西临县龙水头村的实验、陶行知研究会在山西柳县前元庄的实验等，这些实验从各个地区"三农问题"的具体情况出发，对一些局部或专项问题展开了有益的探索，本研究以孙君先生及其团队的"乡村建设研究院"在信阳郝堂村的实践为剖析案例。

1. 案例背景

郝堂村（图9-25）位于河南省信阳市平桥区五里店办事处，卧居山林之中（图9-26），生态环境优美（图9-27），但2009年前的郝堂村空心化十分严重，年轻人在外打工，只留下空巢老人，污水横流，房屋破败，萧条的情景跟其他空心村并无二致。2009年9月初，执着于"三农"问题研究与实践的李昌平先生受邀到信阳为当地基层干部开办了一期"平桥区建设新农村先建新金融"培训会。讲课结束后，时任平桥区区长的王继军对李昌平的这个理论模式很感兴趣，希望能在已被批复为河南省农村改革发展综合试验区的信阳做实验。与此同时，孙君先生从2002年创建"绿十字"开始一直从事乡村实验，也希望把各地的成功经验在一个地方进行综合性实验，作为十年乡建的收官之作。2010年底，孙君先生和李昌平先生一同来到郝堂村，被古树、古井和古禅院的残垣所吸引，村庄比较自然，没有资源，贫穷落后，而且没有经过新农村建设一窝蜂的破坏，可代表中国乡村的大多数，于是决定开始"郝堂实验"。2014年，郝堂村被住建部列入全国第一批"美丽宜居村庄示范"名单，

被农业部确定为全国"美丽乡村"首批创建试点乡村,成为乡村建设的典范之作。

图 9-25　郝堂村村标　图 9-26　郝堂村地形地势　图 9-27　郝堂村生态环境

图片来源:朱凯

2. 改造实施过程

(1)目标设定与时序安排

2010 年底区政府与孙君代表的乡村建设研究院签署了为期两年的合作合同,郝堂村乡村治理设定了三个极为通俗易懂的目标:让年轻人回家、让鸟儿回村、让民俗回乡,最终是让留守妻子与孩子有一个完整的家,让老人不再孤独,村民能过上有尊严的农民生活。为此制定了三个阶段的实施计划:规划建设期(2 年、合同期)、运营陪伴期(2 年、技术咨询)、观察改进期(2 年、逐步退出),类似扶上马送一程的实施计划。

(2)规划编制与建筑设计

细致调查入手。郝堂村最初是郝家大姓,逐渐胡、刘、张、李慢慢进来,共有 18 个村民小组,孙君实验了一个半村。其中红星自然村从 1948 年开始建村,由胡家两兄弟开始,共经历 5 代 30 多户,调查包括进入过程、住宅变化、血缘关系、贫富差距、人才成长乃至疾病的变化,划分了三类具有代表性的家庭:一是最贫困家庭,约占村庄总户数的 5%,样本家庭为夫妻两人,儿子痴呆,总资产按照购买价和现价折算大约为 1.6 万元;二是中等家庭,约占村庄总户数的 70%,总资产 15 万~16 万元;三是富裕家庭,约占村庄总户数的 25%,其中的 70%~80% 不在村庄。调查的基本目的是针对中等家庭进行目标设计,而非贫困人口,因为只有整体村庄水平提高，贫困人口才会脱贫，而现有政府和公益组织把重点放在贫困人口上（近半是好吃懒做的），助长了乡村不劳而获的恶俗，颠覆了传统的劳动致富价值观。

制作可懂规划。外界盛传郝堂村规划是"画"的，实际的规划远远超出目前国家和地方规定的相关标准内容，更准确地说是服务规划或建筑设计，在合同期内，居民所有的建设都可以进行有针对性的设计，形成两套图纸：正常报批报建、经费预算等适用的规范性图纸和村民看得懂的"画"（图9-28～图9-30）

图9-28　郝堂村一号院平面图
图片来源：孙君

图9-29　郝堂村一号院立面图
图片来源：孙君

图9-30　郝堂村一号院功能节点图
图片来源：孙君

（3）规划实施与运营管理

郝堂村规划实施过程中有明确的分工与协作规定，即政府投入建设公共设施，居民自行改造住宅和院落。

公共设施建设方面，2011年郝堂村以全区农村可持续发展项目试点村为契机，开始了新农村建设的实践，通过政府投入相继建成小学（图9-31）、图书馆（图9-32）、卫生室（图9-33）、居家养老服务中心（图9-34）、礼堂（图9-35）、村务监督站（图9-36）、村委会（图9-37）等公共服务设施以及污水处理站等市政基础设施，并整治河道（图9-38）。依托污水处理站湿地建设的岸芷轩咖啡吧吸引了大量的游客（图9-39）。郝堂村公共部分总计投入4000多万元，其中地方财政仅花费300多万元，其他资金来自于各级政府的专项资金，打破部门限制，整合运用。通过公共服务体系的完善重塑乡村文化秩序。

图 9-31　小学

图 9-32　图书馆

图 9-33　卫生室

图 9-34　居家养老服务中心

图 9-35　礼堂

图 9-36　村务监督站

图 9-37　村委会

图 9-38　河道整治

图 9-39　岸芷轩

私人住宅建设方面，孙君根据每户村民原有房屋的位置和特点，为他们做出设计改造。村里做过木匠的张厚健是最早答应房屋改建的村民，按照设计，旱厕改为水冲，厨房设置自来水排风系统，家用电线、宽带设备等隐置在屋顶芦苇席杂木条下，院内设置的小花园实际上是生态污水处理池，所有生活废水经过花园底下的碎石和周围水槽，净化以后才用来浇灌或排出，净化、美化兼而有之。改造后的房子得到了村民的广泛认可（图 9-40），使他们逐渐接受了设计回归自然的理念，纷纷加入改造队伍，自愿建设起原生态的山村（图 9-41～图 9-45）。

运营管理方面，郝堂村通过两个制度建设促进规划实施：一是通过垃圾分类起步。郝堂实验从垃圾分类开始，以此调动村民的参与感。二是通过居民互助凝心。李昌平在郝堂村进行了内置金融实验，基本逻辑

图 9-40　张厚健的 1 号院　　图 9-41　民居院落（一）　图 9-42　民居院落（二）

图 9-43　保留的老宅　　　图 9-44　保留的老宅　　　图 9-45　新建建筑
　　　艺术化改造（一）　　　　艺术化改造（二）　　　　地域特色

是通过熟人社会建立以村委会为边界的村民共同体，通过可行方式所产生的收益，一部分分配给老人，一部分留给村集体。这部分资金主要用于村内的贷款，解决村民发展资金不足的问题。按照制度设计，资金互助社的运作主要依靠村委班子，外部力量不能也不可以过多渗透。2009年10月12日"郝堂夕阳红养老资金互助社"正式挂牌成立时，存款仅有34万元，包括李昌平的课题经费5万、平桥区为了进行农村金融探索支持10万、支村两委支持2万、7个发起人每人拿出2万共14万以及村里15位入社的老人每人出2000元共3万。当年贷款出去33万，涉及养猪、养鸡、种茶等行业，到了农历腊月二十三过小年这一天，入社的15位老人都得到了320元的分红，目前互助社资金已经达到270万元。郝堂村共改造和新建民居130户，政府对按照图纸改造的住户每平方米补助130元，对新建住房的提供5万～15万元两年贴息贷款。几年来区政府仅投入300多万元，而农户投入超过1500万元，小额度的财政支持撬动了巨大的民间资金，而互助社则解决了村民小额贷款难和乡村改造初始资金缺乏的问题。

3. 治理模式分析

（1）治理主要参与者特征

郝堂村治理模式的关键特征是治理主体各司其职，他认为："乡村工作最聪明的做法就是让村干部做你想做的事,最愚蠢的做法就是你做了村干部的事。"治理的步骤则分三个阶段(表9-1):第一阶段是政府的思想归零,出资金,摒除政绩观,给学者、设计师更多的发挥空间,设计师主导,教村两委该做什么;第二阶段是设计师还权于村两委,起到辅助作用,政府出政策、出思想,村两委应知道自己怎么做;第三阶段是设计师和政府退出,起到监督和监管作用,让农民当家,村两委有思想、有行动。

行为主体的参与阶段特征设定　　　　表9-1

阶段＼主体	政府	集体	村民	NGO
规划建设期	无思想、出资金（绝对服从）	学思想、出资金（学习实践）	出意见、出资金、出劳力（引导实践）	出思想（权威）
运营陪伴期	有思想、出政策	试思想、出资金	出思想、出资金、出劳力	出咨询（智囊）
观察改进期	无思想、出政策	出思想、出行动	出思想、出劳力	出评价（观察）

(2)治理模式成功原因

"把农村建设得更像农村"的尊重历史、尊重生态、以民为本的改造理念成为所有参与主体的共识是本案例成功的关键。如区长王继军就不断强调:"村里的一山一水一树一木都承载着村民的记忆,此山非彼山,彼树非彼树。不砍树、不填塘、不扒房是最基本也是最绝对的要求。"郝堂村所有参与主体为了实现这一设想,在规划、建设和运营管理中把尊重自然环境、尊重村庄肌理和尊重群众意愿作为指导思想和基本原则,借用外部智力和现代理念激活旧的资源成为有效的实施策略。

(3)治理模式存在的问题

郝堂村治理模式存在以下几个问题:一是公平性问题。郝堂村只有18个自然村,目前能够得到补助进行乡村改造的仅有1.5个,不足10%,全区、全办事处的公共资源集中于一处,其他自然村并没有较大的改观(图9-46),乡村建设的公平性和可复制性值得探讨。二是可持续性问题。现有居民住宅依托原有宅基地新建或改建,建筑面积和用地面积都扩大较多,主要考虑发展民宿和餐饮(图9-47),目前建设水平和经营能力还处于低级阶段。同时,外来投资建设以度假酒店为主(图9-48),种类趋同,内部竞争将相当激烈,是否可持续发展有待观察。

图 9-46　临近村庄　　图 9-47　正在扩建的民宿　图 9-48　在开发的度假酒店

图片来源:安心馨提供

三、宗教机构主导治理模式——玉树拉司通村

玉树拉司通村是笔者作为灾后援建过程中《拉司通村通村落保护规划》编制的主持人参与其中的真实案例。

1. 案例背景

(1)自然环境特征

称多县地处青藏高原的东部,青海省的南部,玉树藏族自治州东北部,是国家江河源自然保护区县之一,也是江河源头县之一。境内地形复杂,地势高亢,平均海拔4500m左右,基本形成以县所在地称多镇为中心(图9-49),以214国道为主骨架,以乡村公路为辐射的公路交通网(图9-50)。

拉布乡地处称多县东南部,拉布乡政府所在地拉司通村,意为仙人境地,即仙人居住的地方。拉司通村距称多县城43km,距玉树县结古镇70km,距三江源自然保护区纪念碑54km。拉布乡由于通天河及其支流的下切作用,起伏很大,全境多高山峡谷,属典型的高原山地峡谷地形,平均海拔3600m,最低海拔3524m,即为通天河沿岸部分地区。年平均气温1.8℃,境内全年无绝对无霜期,只有冷暖季之分,无四季之别,深居内陆，地处高原，属典型的青藏高原气候系统。但由于处于通天河谷地，相对其他乡镇气候温和、光照充足、适于农作，是半农半牧乡镇。称多县境内河流网布，河床落差大，水力资源丰富，主要河流有通天河、扎曲、多曲、细曲、德曲等，并有湖泊分布。流经拉司通村的主要为拉曲河和歇群河。

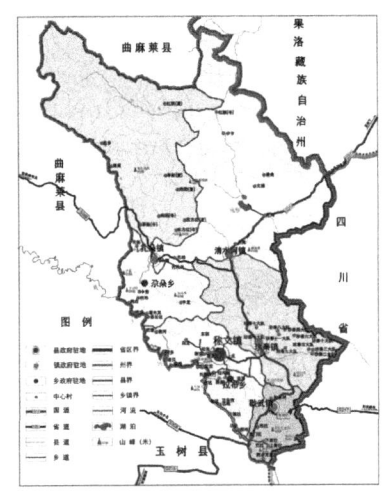

图 9-49 称多县村镇分布现状图　　图 9-50 称多县交通现状图

拉布乡是典型的半农半牧区，拉曲北和通天河有两处青稞种植基地，以种植青稞为主，兼有少量洋芋、油菜。拉布乡境内有冬虫夏草、川贝母等 600 多种野生药用植物，重点中藏药资源 135 种以及白唇鹿、野牛、野驴等 100 多种稀有野生动物。主要栽培作物有青稞、油菜、马铃薯和蔬菜等，主要畜种有藏系绵羊、山羊、牦牛、马、驴、骡等，草场大部分属草甸草场，载畜能力高，牧草种类丰富，优良牧草多，营养成分高，具有"高蛋白、高脂肪、高无氮浸出物，低纤维"的特点。目前引进了苜蓿和燕麦等人工饲草料。

（2）经济社会特征

拉布寺作为拉司通村的标志性景观，其发展兴衰贯穿了拉司通村的历史。拉司通村最早是藏民居住的村落，明朝永乐年间，宗喀巴弟子丹玛·堪钦云登巴奉师命来今称多县地区建寺。永乐十六年（1419年），丹玛·堪钦元登巴在明王朝和拉布头人尼玛本的支持下，改建原有萨迦派小寺，形成拉布寺。寺院初建，即受到宗喀巴和明王朝的支持。寺院建成后，丹玛·堪钦云登巴积极活动于附近各地，扩大影响，使之改宗格鲁派。清道光年间，拉布寺活佛入京觐见清朝皇帝，得到丰厚赐赠，任拉布族百户，授权管理当地一切政教事务。[1]至此，拉布寺进入全盛时期，辖子寺18座，于1981年6月8日批准开放。拉布乡现辖7个居委会，20个生产合作社，乡村居民点主要沿称拉公路和兰直公路分布。境内旅游资源丰富，包括多个自然资源和文化资源。

拉布乡的产业以农业为主，养殖业为传统牧养，粗放管理，农产品档次不高，生产总量不足。增收、增产双重压力下，过度开垦湿地和坡地，天然植被遭到破坏，过量施用农药，也造成了面源污染。近年来，由于政府补贴农业，村民购买了7台收割机，极大地提高了青稞的耕种效率，因此更多村民选择从事农业，也有少量牧民卖了牛羊，迁入拉司通村里居住。此外，每年春季3月至5月，部分村民缴纳一定费用获得上山采摘冬虫夏草的准许证，采集后进行集中收购，利润率较高，是村民的主要增收渠道。由于2015年灾后重建工作主体部分基本完成，外出务工的村民减少。拉司通村为国家AAA级景区，但是相应的保护和建设力度十分薄弱，游客中心于2015年初基本完工（图9-51），但因交通不便，道路缺乏修缮（图9-52），缺乏可观的游客数量，迟迟未能投入使用。

2015年，拉司通村原居民约280户，接近900人，灾后重建后拉布乡乡内其他村或牧区居民共有约600～700人迁入村内定居，居住在拉布寺的僧侣约有600～700人，村内居民人数合计2000人左右。村里有六年一贯制寄宿学校1所，卫生院和乡政府（包括主办公楼和派出所）均已重建投入使用，改建的幼儿园和新建的一座乡政府建筑已完工，但内部设施未配备完全，幼儿园尚有院墙未建设完成，预计不久后投入使

---

[1] 罗桑开珠.中央王朝对甘青藏传佛教寺院敕赐匾额简说[J].西藏研究，1997（1）：74-77.

用（2015年1月数据）。全村土地总面积为13.4万亩，年播种面积491亩，可利用草场面积8.89万亩，林业用地面积1260亩（退耕还林还草面积1117亩），2010年人均纯收入2080元。

图9-51　基本建成的游客中心

图9-52　冬季结冰的道路

拉司通村空间结构整体呈T字形（图9-53），其中核心区域为"卍"字形街区。现状村庄建设用地以居住和宗教寺院用地为主，外围主要是林地、水域、牧草地和生态绿地。林地以寺庙杨树林为主，水域主要包括拉曲河和宪宗河，牧草地包括跑马场用地，生态绿地主要沿山体、河流分布。

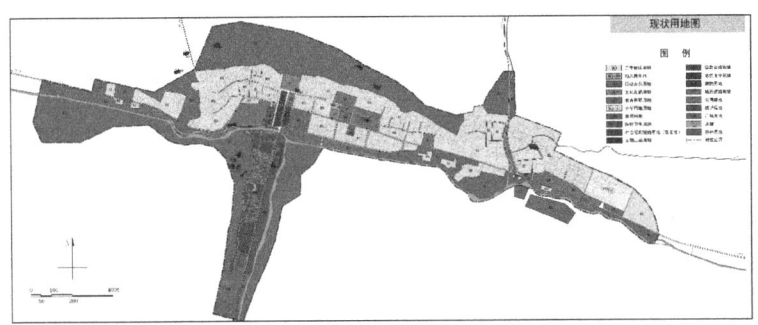
图9-53　拉司通村现状用地图（2012年）

（3）文化遗产特征

拉司通村依山傍水，气候相对温和，有精致宜人的自然和人工园林，民宅村落别致古朴,独具康巴民俗特色,以其独特的自然人文景观和丰富的藏文化内涵享誉玉树,如以原生态歌舞"巴吾巴毛"为代表的风格洒脱的藏族歌舞。拉司通村于2004年被授予中国民间艺术之乡的称号,2009年被评为国家AAAA级旅游景区。

自然景观主要包括通天河胜景(图9-54)与拉曲河谷(图9-55)、伊扎圣地和拉司通人工湖与人工园林(图9-56)。通天河水自西向东穿境而过,沿途风光壮美秀丽。通天河畔是我国境内海拔最高、面积最大、生物多样性最集中的自然保护区。拉曲河谷为通天河支流,谷地蜿蜒悠远,湿地丛生,夏秋季节漫山遍野的各式野花纷繁绽放,形成欣欣向荣的花海草甸。伊扎圣地位于拉布乡通天河流域的伊巴村和代大村之间,海拔4200m左右。伊扎圣地所依岩石颜色如绿松石,神山脚下有一颗大石头,有西藏桑耶寺建史的图案,有佛像、佛经、佛塔等三宝法物。拉布寺内有一片人工湖,位于林中,为放生所用。村内有四片人工园林,是玉树高原罕见的成片林园,长势茂盛,但由于4•14特大地震导致围墙受损严重,部分围墙倒塌,杨树由于年代已久、感染疾病而导致部分死亡。

图9-54 通天河谷   图9-55 拉曲河谷   图9-56 拉司通村人工园林

建筑遗产方面主要分为拉布寺宗教建筑及文化景观和显宗古民居两类。拉布寺位于拉司通学群沟内,自1419年藏传佛教创始人宗喀巴弟子丹玛•堪钦云登巴创建以来已传承十五世,是原西藏地方政府在玉树地区册封的"四大嘉贡"(救世主)之一。拉布寺建筑宏伟,下辖子寺多达18座,分布在玉树、海西、四川石渠等地,最多时曾有经堂和护法殿24座,还建有佛塔、修学院、经纶殿和450间僧舍,僧侣500余人,有15个活佛系统,大小院落11处,形成了玉树地区最富有名气且规模最大的格鲁派寺院。拉布寺的石板雕刻艺术造诣高，寺院建筑风格也很有特色。

除拉布寺外，其他宗教景观同样历史悠久。赞确是玉树第一棵树苑，起祭护法园的作用。1914年拉布寺十三世活佛到北京等地周游求学，购买杨树苗，率众僧侣从千里之外赶着500头牦牛，日夜兼程，风餐露宿，驮回2000余株树苗，使白杨树在此扎了根，创造了驮运树苗徒步穿越青藏雪线的奇迹。格萨尔庙雄踞于拉司通北山八座佛塔右侧的山顶上，为防御北山区的敌对势力和当时政教需要而建。格萨尔庙上有做工精美的顶盖，内供栩栩如生、工艺精湛的格萨尔王雕塑，还有格萨尔王征战四方降服妖魔的历史壁画，惟妙惟肖，形态各异。

此外，拉司通村还有宗教传统建筑（遗址）几十座有余，包括求然宫玛（上辩经苑）、千佛殿、赛东孔（灵塔堂遗址）、桑孔（弥勒佛大殿遗址）、坚贡喇章、旦杰喇章、措青德孔（公堂大殿）、尕松曲然（佛学院）等。先民古宅保留位于拉司通村东部，古建筑距离中心区2km，建于1713年，高8m，内设12间房，一楼为牲畜房，二楼为主人房，三楼为佛堂，为三级危房。

拉司通村藏传佛教历史十分悠久，宗教氛围浓厚，造就了其特殊的人文环境，民俗文化也十分丰富。重要的非物质文化遗产包括：民间技艺如嘎白塔石刻文化、砌石文化、拉布红陶，重要节日如隆达节和三江源嘎觉吾文化旅游节，文化艺术如神奇的舞蹈——巴吾巴姆（金童玉女）和武士舞，特色饮食如拉布布达、龙庆图巴、巴萨马克（八宝饭）等。

2. 重建规划实施过程

拉司通村地处高寒地区，交通不便，加之是宗教色彩浓郁的传统村落，为灾后重建的规划以及实施带来诸多挑战。

（1）重建规划考虑因素

地震灾害影响。玉树地震对拉司通村的主要影响为乡村构筑物的损毁（图9-57～图9-59），其中僧舍民居损毁情况较严重，宗教建筑则有不同程度的损毁。宗教建筑中，拉布寺玉树第一棵树苑、辩经苑、旦杰活佛喇章、措青德孔（会堂大殿）、尕松曲然哇（佛学院）、拉司德孔（拉司大经堂）、却丁恰杰（八宝佛塔）、呗孔（嘛呢石墙）、囊加却丁（尊胜白塔)、甘孔(护法神大殿)、旦杰仁波切修行窟、堪钦仁波切修行窟、丹贞周普(马头明王修行窟)、寺庙商店仓库、环保大师江永洛松嘉措纪念馆、郭朗(转经法轮)、寺庙商店、寺庙诊所、片东却丁(片东古塔)、格萨拉孔(格萨尔庙)、卡登活佛修行院、坚贡活佛庭院、堪钦喇章、坚贡活佛庭院、卡登喇章、法轮以及邻近的土登寺、古堡、白塔等均有损毁现象。全村共有316户1326人受灾:倒塌房屋3户,受灾13人;严重破坏203户,受灾387人;一般破坏87户,受灾271人;基本完好仅23户。经评估,恢复重建工作需完成拆除重建298户,加固18户。民居古建筑仅有1栋先民古宅尚存,但已成为濒危建筑。

图9-57　灾后损毁民居　　图9-58　损毁林园围墙　　图9-59　拉布寺东墙

流动性强的社会特征。拉布乡是半农半牧乡,拉司通村作为乡政府所在地,一是承担覆盖全乡域的公共服务功能,二是承担重要的宗教服务功能,三是聚居村民的生活生产功能。在拉司通村内聚居的村民大部分从事农业,但仍有少量家庭从事牧业,即一年内春季至秋季在外放牧散居,冬季停止生产活动,于村内居住。除居民外,寺院僧侣的流动特征与学校类似,根据区域整体经济状况的不同,僧侣数量也有所浮动,且每年冬季有2~3个月的假期,拉布寺僧侣大部分或是回家,或是前往其他寺院朝拜,仅有少数几十名僧侣值班。因此,拉司通村人员流动性十分强,与中原传统的农业聚居村落有很大差异。这样的特征一方面给重建规划的基础资料搜集带来困难,也要求灾后重建规划中要重点关注规划弹性问题,在居住用地、基础设施和公共服务设施的布局上应有一定预留空间,同时也应对国家退耕还林、退牧还草政策下因所从事产业的变化带来的居住变化做好相应的准备。

语言、文化障碍的社会特征。拉司通村所属称多县的《称多县城市总体规划（灾后重建）》由中国人民大学公共管理学院城市规划与管理系师生共同编制，由于称多县地处高寒地区，除交通不便外，人文环境也与中原地区有很大差异。称多县的人口受教育程度低，能使用普通话交流的居民比例极低，因此，编制人员的主要交流局限于乡镇政府部分工作人员和拉布寺部分管理人员（图9-60）。民族间的文化障碍同样成为编制重建规划的挑战之一，由于缺乏对藏传佛教的理解，且相关文献典籍较为缺乏，编制人员需要向宗教人员学习相关宗教制度、管理体制，方能理清宗教组织与村民集体间的关系。

图9-60　灾后重建现场调研

（2）重建规划实施过程

重建规划工作的适应性调整主要包括工作目标、工作重点和工作方法三个方面。工作目标是以灾后重建为契机，为村落提供更安全、舒适和可持续的发展环境，并最大限度地保留村落的传统精神和文化遗产，利用内生动力还原村落的传统格局。在目标的指导下，工作重点是在近期内满足受灾村民回归正常生活的利益诉求，因此，在工作方法上应更注重实操性，需要考虑当地地重建能力，提供更为高效的规划方案，并更为注重规划实施的执行阶段。因关注灾害对传统文化遗产的破坏情况，基于对当地建造技艺的深入了解，重建工作采取"外来复建＋本地修复"的工作方法，在当地村民可接受的范围内，给予资金扶持，帮助村民发挥文化修复的主观能动性，维护传统文化精神。

（3）重建规划实施效果

拉司通村规划实施基本达到如下效果：

一是村庄空间格局维护完整。村庄核心区域空间格局维护完整，外围区域为自由生长的空间肌理，其街道格局虽然极具特色，但细节仍需完善，其"卍"字形街区特色需要进一步凸显（图9-61）。拉司通村寺院用地主要分为五个部分，寺院入口处为讲经广场，沿轴线进入后为主体大殿，内部主要为喇嘛生活区，沿转经路西侧为转经筒墙（图9-62），东侧为寺庙杨树林，在山脚设有活佛闭关处、辩经院等。寺庙整体用地仍相对完整，空间序列明显，佛教色彩和氛围浓厚。

图9-61　保留完整的村庄中心区空间格局　　图9-62　修复的转经道路

二是风貌特色得到维护。宗教建筑方面，按照统一的规划，宗教建筑和历史遗存基本修复，丹贞周普（马头明王修行窟）、弥勒大殿遗址、格萨拉孔（格萨尔庙）、甘孔（护法神大殿）、佛塔（图9-63）、经堂（图9-64）、古建筑遗址（图9-65）和新建民居（图9-66~图9-68）基本按照原有建筑形式和建造工艺进行重建或维护。宗教建筑重建费用一部分来自于政府拨款，同时，僧侣的募集和社会的捐赠也是重要来源之一。在重建过程中，拉司通村的许多村民前往转经之时都曾多次自愿参与修复重建工作，因此，在政府集中救灾时期过后，宗教建筑的修复工作仍能继续推进。民居建筑方面，采取"政府+居民"合作共建模式，即主体结构由政府统一建设，门窗、屋檐等装饰、院墙部分则由村民采取传统工艺自己搭建，在风貌上保持原有藏区民居特征，维护原有空间肌理。公共建筑方面，新建的公共建筑包括乡政府（图9-69）、卫生院（图9-70）、体育馆（图9-71）等，全部由政府出资，其外墙完全采用现代建筑涂料，虽外观有一些藏式建筑的符号，但砌石传统工艺没有得到任何体现，历史风格遭到破坏。

图 9-63　修缮中的尊胜佛塔　　图 9-64　修缮后的土登寺经堂　　图 9-65　古建筑遗址维护与修缮

图 9-66　新建的村庄外围一层民居　　图 9-67　新建的村庄内部一层民居　　图 9-68　新建的主要街道二层民居

图 9-69　重建后的乡政府　　图 9-70　重建后的乡卫生院　　图 9-71　新建的体育馆

三是基础设施初步完善，但资金存在缺口。2015年初，供水厂和污水厂的建设进入试运行阶段，但因设备问题，正在调试，村里的自来水供应的主要问题在于水管破裂严重，因此村民还不能使用自来水，一般是到村里公用的水井或邻居家水井处打水。排污上，部分家庭在住宅内建有室内排水管道，将污水排入室外水沟。室外排水沟统一建设。拉布乡无集中供暖设施，居民日常供暖仍采取烧牛粪的传统方式。村内有固定的生活垃圾的投放处，但无正规的垃圾处理厂，政府每年处理两次，采取填埋或焚烧的方式处理。国家电网已经通达拉司通村，电力供应稳定，但部分牧业村仍未通电。村里的路灯采用太阳能方式供电，造型独特，使用效果较好。可以看到，基础设施部分建设已基本完善，但供水、供暖、垃圾处理等方面的建设缺口仍然较大，而且建设材料和施工质量存在较大问题。灾后重建的基础设施资金投入上，拉司通村2011~2013年总投资为7716万元，期中民居改建投资为4950万元；修建道路投资555万，2013年建成；景区投资1930万，主要用于修建游客中心和标志物；管道供水工程投资178万，管道排水工程投资193万。基础设施运营资金缺口较大，如无中央财政转移支付，基础设施将无法正常运营。

3. 治理模式分析

通过对拉司通村环境本底的梳理以及"灾害损毁—规划重建—结果评估"的灾后重建过程的分析，可以发现拉司通村灾后重建的治理过程兼具宗教主导的少数民族村落和传统村落这两大特质，具体治理特征如下：

（1）治理核心特征

宗教主导型的传统村落，无论是物质环境的塑造还是文化传统的建构和维护都与宗教组织息息相关。尤其是在拉司通村，作为玉树地区的格鲁派大寺之一，拉布寺重要的宗教地位深刻地影响了拉司通村的繁荣和发展。与一般村落不同，在治理结构上，拉布寺是拉司通村的治理核心，是村民的精神寄托和提供（补充）公共服务的重要场所，与欧洲基督教堂的作用十分相似。以公共服务为例，拉布寺除了是僧人的学经场所外，寺庙还定时为儿童和老人开课，为不识字的老人教授藏文等。寺内僧侣定期前往西宁购置生活用品和药物，药物在藏医院内以购入价销售，遇到家庭条件较差的村民会免费提供药物和治疗，由于相较于乡医院药物齐全，治疗仪器较为先进，大部分村民倾向于到藏医院就诊治疗。寺庙的日常维护和服务的提供依赖于僧人在各地经商所得。在村落空间影响方面，拉司通村核心区域的"卍"字形街区由德高望重的宗教首领带头设计规划，四处人工园林也是活佛率领僧侣有意开辟和栽种的。因此，灾后重建的工作必须与拉布寺合作开展，规划方案主要征求宗教组织的意见（图9-72～图9-74），包括村落的重建空间格局、公共服务机构的设立和规模、基础设施的完善以及具体工作的实施（投资、建设及维护方面），尤其是中后期的设施投入使用以及维护，应更多地依赖于当地的宗教组织，上级政府可定时提供资金和政策辅助实施。

拉布乡基层组织负责管理乡村的日常事务，为乡村提供基础教育、医疗、治安等公共服务，在灾后重建期间负责分配与使用来自中央和地方的重建资金，更多地承担维护村落正常运作的工作，但因经济能力有限，许多基础设施和公共服务的提供处于被动建设状态。拉司通村的村民自治组织发育较差，基本不存在脱离宗教系统之外的经济或社会共同体。

图9-72 规划方案征求活佛意见　　图9-73 赢得活佛就赢得信众　　图9-74 赢得活佛就赢得僧侣

（2）治理过程特征

拉司通村治理过程中存在权利重构逻辑的变化，体现了权利的外移与回归特征：

一是权利内置。由于地处高寒偏远之地，震前拉司通村的建设和发展主要依靠内生力量，宗教组织、村民是治理的主体，对外界缺乏信任，基层政府起到辅助作用，上级政府，包括其他外界组织介入较少。

二是权利外移。2010年灾后重建的开展极大地改变了原有的治理格局，在"项目进村"的影响下，治理权利出现外移倾向。李祖佩（2013）根据项目进村的不同方式，将村庄分为接受型、争取型和捆绑型三种类型，其中接受型的项目资源输入主要是上级政府的安排，而争取型和捆绑型主要由乡村基层组织发起。由于灾后重建资源主要来自中央和地方政府，因此，在重建初期，拉司通村属接受型，村级组织主要负责辅助项目前期统计、协调的工作，援建部门在治理关系中起了主导的作用。但与一般接受型村庄不同，灾后重建从规划到建设的过程中相关援建部门都与拉布寺宗教首领积极沟通，探讨村落传统格局和文化遗产如何保护和修复，重建建筑又如何体现村落的传统风貌，因此，村落的重建很大程度地保留了原有的传统风貌，并充分利用民间传统工艺完成了宗教和民间建筑的重建。

三是权力回归。2013年主要重建工作基本完成后，灾民的基本生活需要得到满足，援建部门逐渐退出村落的治理结构，权利支配主体又逐渐回归村落基层组织。但权利交接制度设计存在缺陷，直接反映为硬件设施的运作失灵，存在基础设施建设质量不达标、缺乏监督和后期维护等问题，如给水排水系统的排水沟不能满足村民的需求，低处常有漫水现象；自来水管质量不佳甚至损坏，因无资金维护导致村民依然无法使用自来水。基础设施的建设和维护往往是长期的过程，一方面需要资金的持续投入，另一方面需要治理主体的持续监督和负责。在援建部门退出后，基础设施和公共服务设施的建设进度大幅度放缓甚至出现停滞的状态，与治理网络未能及时调整有很大关系。

可以看到，在村落的整体利益网络格局中，普通村民、基层乡村组织（村委会）、宗教组织以及上级政府、外来社会组织都可当做一个点，其互动关系组成网络中的线段。主体间的不同在于其所在位置不同，意味着权利和地位不同。掌握更多资源与信息的主体成为网络中的"桥"，因此也担负着村落发展中更为重要的责任。任意一点的退出或是权利削弱必然伴随着新生主体的产生或是原有主体位置的变化。反观拉司通村灾后重建过程，为了维持权利网络的平衡，外来主体的权利增大为村落提供了许多新增利益和责任，而在其逐渐退出中心的过程中，乡村的基层组织和宗教组织应接替上述责任，或是培育专门的团体，方能保障前期投入效应的持续性。

（3）治理突出问题

拉司通村治理过程中的突出问题是文化遗产的修复与重生。由于极少受外部环境的干扰，藏区传统村落的传统文化得以保持连贯发展，而拉布寺的存在和繁荣也具有为村落不断造血的功能。即使在城乡二元结构下，在全国乡村面临普遍衰落的背景下，拉司通村仍能够保持村落的自我更新和修复，原因主要有三：一是依托区域独特的自然资源，生产稀缺的农牧业产品，大部分村民的收入得以保证；二是作为商业性质的寺庙，拉布寺的部分僧侣在外从事商业活动（如经营拉布寺宾馆、加油站等）并将利润作为拉布寺日常运营的资金，从而也提升了村落的公共服务水平；此外，由于文化隔阂以及受教育程度较低，村民很少外出务工，并未出现人力资本大量外流的现象。

即便如此，在自然灾害的侵袭之下，仍然暴露了原有治理模式在文化遗产保护上的脆弱性。以传统空间风貌为例，清朝末年拉布寺第十三世活佛数次去内地，请来建筑工匠和绘画艺人整治河床、规划道路、种植树木、开辟田园，形成了拉司通村核心区域布局合理、绿树成荫、独具特色的风貌格局，当地人称"小北京"。然而在地震和虫害的双重影响下，人工园林中出现树林成片死亡的现象，即便是交通工具相较于清末已有很大发展，当地村集体也并无能力及时治疗或重新栽种，留存下来的古宅也因地震而成为危房，在上级政府和外界组织未投入大量资金保护的情况下，当地对文化遗产的修复能力实在堪忧。可以说，在"输血"不到位的情况下，村落文化遗产更多地呈现消极保护的状态。

因此，如何在灾后重建的中远期逐步实现文化遗产的逐步修复甚至重生是藏区以及其他欠发达地区传统村落保护的重要议题。灾后重建不仅是外界介入修复物质空间的时机，也是挖掘村落内在经济动力和社会动力的契机，外部专业技术力量一方面需要有意识地培育村落年轻群体的发展思路，在合理范围内寻求有效利用当地资源的路径，并将其在村集体中推广，且有意识地将部分利润用于提升公共生活空间，维护重要的文化景观，另一方面也要培育群众的自治力量，逐步改变群众盲目依赖宗教组织的观念，争取培育出拥有话语权和长远眼光的村民组织，形成多元主体共治的治理环境。

第十章
市场主导型治理案例

市场主导型案例选取传统村落保护和发展过程中的两种企业主导模式,前者是企业买断一定时期内的经营权,迁出居民,后者是居民生产生活方式并不改变,企业经营、发展与地方居民有一定的联动。

一、运营企业主导治理模式——晋中张壁古堡村

1. 案例背景

(1) 区位条件

张壁村也称为"张壁古堡",属介休市龙凤镇,位于介休市城区东南10km处,三面环沟,背靠绵山,属丘陵地貌,现有耕地3600余亩,人口1143人。张壁古堡于第六批列入国家级文物保护单位名单,第二批入选"中国历史文化名村",曾获得"中国十大魅力名镇"、"国家特色景观旅游名村"等荣誉。村内古堡集军事、民俗、宗教、星相于一体,博大精深,弥足珍贵,含有独特而丰富的宗教和民俗文化。

(2) 文化特征

张壁古堡是世界上颇为罕见的袖珍小城,古堡遵循中国传统星相和堪舆理念建造,地上阴阳五行,地下六壬奇门,虽然面积仅为$0.12km^2$,却具有完备的城市形态。古堡堡墙长1300m,面积12万m^2。堡内所有路口都是丁字形,没有十字形。其主次街道分明,南北主道长约300m,由石块和石条铺就而成,曰"龙脊街"(图10-1、图10-2),两侧错落有致地修建着五大神庙建筑群(图10-3、图10-4)。古堡内保存有最为罕见的两座玻璃碑,通体为琉璃烧制,孔雀蓝底,黑字书写,并有青黄绿二龙戏珠的碑额,是我国迄今为止惟一发现的琉璃碑,具有很高的文物价值。张壁古堡尚有我国多数古城中均已消失的隋唐城市遗存——"里

坊"，巷门、门楼配备得当，为堡中奇观。

古堡充分利用依山退避，难攻易守的地理优势，在地下建有长达3000m，上下3层，攻防兼备的古地道，在地上筑垒构城，屯甲藏兵（图10-5）。地道始建年代待考，《魏书·地形志》《元和郡县图志》载，北魏孝文帝时张壁为介休县治所，孝静帝时立为南朔州，迁朔州军人镇守，推断明堡暗道为南朔州军人所建。地道呈立体网状结构，分上、中、下三层，最底层距地面30m，总长约万米，现已发掘出1500m。地道内有指挥窑、将军窑、储藏窑、马槽、陷阱、天眼、排水道等，融攻、防、藏、遁于一体，纵横曲折，四通八达，设计奇巧，规模宏大，且与地上明堡巧妙连为一体，浑然天成，叹为观止。古城防备设施完备，防火水池（图10-6）、堡门（图10-7）至今可用。

图10-1　龙脊街（一）

图10-2　龙脊街（二）

图10-3　神庙建筑群（一）

图10-4　神庙建筑群（二）

图 10-5　军事地道剖面示意

图 10-6　防火水池

图 10-7　春熙门

张壁古堡有独特而丰富的宗教和民俗文化，在不到 0.1km^2 的范围内，就有南北两个宗教建筑群，现存宋元明清时期的寺庙殿堂等 20 余处。可罕王祠是国内汉民族地区仅存的以可罕王为膜拜对象的神庙，空王行祠、关帝庙、吕祖阁、真武庙等庙宇具有明显的"本地神"特点。古堡里还保留着泥包铁神像、金代墓葬、孔雀蓝琉璃碑以及壁画、三雕艺术等珍贵文物，有 20 多座彰显晋商鼎盛时期的繁荣富庶的明清古院落。盛行于古堡村落的干调秧歌是国家非物质文化遗产，祈雨、旱船、背棍等民俗文化活动别具地方特色。

（3）产业发展

张壁古堡以旅游产业为主，村民的生产生活也与旅游产业密切相关，其收入来源由最初的农业生产、劳务输出转向了旅游服务及与旅游相关的生产活动。运营公司的发展目标是把张壁古堡旅游区打造成以军事文化观光、体验为主体，以星相文化观光、体验为补充，反映黄土高原地域特色的国家 AAAA 级旅游目的地。在旅游业的带动下，村民们积极发展旅游服务业和特色旅游农产品加工业并以旅游为依托开办农家乐饭店。张壁村现有核桃林2560亩,其中已有2000余亩为挂果树,500亩为幼苗树,村内逐渐发展起了以休闲观光农业和核桃深加工产业为主,集观光、采摘、农产品销售为一体的发展模式。

2. 改造实施过程

(1) 村庄规划

张壁古堡的保护规划遵循原真性、整体保护、分步整治、分级保护以及保护为主、合理利用等原则,以保护历史环境、挖掘文化内涵、改善居民生活、突出军事古堡特色为目标,按照点、线、面的格局进行规划保护。"面"的保护指划分张壁古堡村域为绝对保护区、严格控制区、环境协调区,进行分区管控。"线"的保护指对重点街巷、堡墙开展修复、加固、重建等维护工作。"点"的保护则是对具有典型特征的民居、宗教与礼制建筑、古文化遗址和古墓葬进行重点保护。

(2) 改造过程

1995年张壁古堡由张壁村委会开发建设并对外开放,但由于资金技术等问题,张壁村的保护开发步履艰辛。2005年1月,张壁古堡旅游集团公司投资300余万元,对张壁古堡进行了保护性开发和经营,对村庄的可汗庙、魁星楼、二郎庙、兴隆寺等建筑组群中的十余座建筑进行了科学的抢救性修复,还原了张壁古堡的完整风貌。同年,张壁古堡被CCTV评选为"中国十大魅力古镇",第二批入选"中国历史文化名村"。2007年,张壁村被当地政府选定为新农村建设的重点村。2009年在"大招商、大引资,创优发展环境"战略思想的带动下,介休市政府确定张壁村为"大招商、大引资"的先行村,并通过各方努力引进了本地大型企业对村内古堡进行全面的保护性开发。2009年3月市政府与山西凯嘉能源集团有限公司联合对张壁古堡进行开发保护,成立了山西凯嘉张壁古堡生态旅游有限公司,是山西凯嘉能源集团有限公司的全资子公司,注册资本1000万元,至此,张壁古堡旅游发展进入新的阶段。

2010年政府出资新修了7.5km旅游路,景色优美,道路畅通,为游客们提供了更为便捷、舒适的旅游环境。2011年介休市启动了378旅游公路改线工程,形成了更加合理的绵山、张壁旅游线框架。为了进一步扩大旅游开发范围,使村内古堡得到更好的保护,由政府和企业共同合作,在张壁旧村外建设了新农村,对堡内村民进行了迁移。整个张壁新村建设占地141亩,总投资9700万元,建筑面积45000m²,以单元楼和二层小楼为主,所有住房全部为精装房,可安置村民350户。新村按照"安全、质量、精致、一流"的施工要求,以"古朴、典雅、实用、宜居"为设计理念,建有商铺、道路、管网、花园、村委、学校、文体中心、集中供暖、污水处理厂等生活配套服务设施。[1]

3.治理模式分析

(1)治理模式特征

张壁古堡目前采用的保护与开发模式是政府支持、企业投资,合作发展村庄旅游业。政府通过引入企业经营,在对古村镇保护的基础上,进行适度的开发利用,在古村镇历史文化遗产得以保存延续的同时,达到促进当地经济发展,提高当地居民收入的目的。

政府方面,首先将张壁村评定为当地新农村建设的重点村,并通过各方努力引进了本地大型企业对村内古堡进行全面的保护性建设,积极开发村内的旅游资源。此外,政府还出资修建了通往村庄的旅游路,制定了合理的旅游线框架。企业方面,自2009年后,由山西义棠煤业公司成立的凯嘉文化旅游开发有限公司,与介休市政府签订了张壁古堡保护开发协议,对张壁古堡实施深度开发,在此后的三年内投资1亿元对张壁古堡的内部设施、原有建筑、生态地貌、周边环境和旅游道路进行全面的保护开发。目前张壁村的旅游管理等日常工作主要由凯嘉文化旅游开发有限公司负责,公司与社区处于相互分离的状态,缺少张壁村村民的主动参与。在当地旅游规划、旅游开发、新居建设等方面,村民只进行了形式化的参与,缺少真正的决策权。此外,由于旅游开发利益分配不均衡,村民从旅游开发中获得的收益极为有限。凯嘉文化旅游开发有限公司在张壁村只吸收了少量从事低端服务的劳动力,村民基本没有参与到旅游的开发经营中。每年公司的门票收入用于上缴税收以及公司

---

[1] 焦瑞莲.浅谈美丽乡村建设的主要经验与做法[J].农业工程技术(新能源产业),2013(12):30-31.

的日常经营、管理，同时公司每年支付张壁村10万元，划入张壁村村委会管理。由于旅游开发尚未成气候，同时需要大量资金进行张壁村旅游景点的保护和修缮，公司往往入不敷出，而划入张壁村村委的补偿款，由于制度和分配等隐形因素，只能用于张壁村的日常开销，张壁村村民没有得到任何直接经济收益。

（2）治理模式问题

张壁村的开发建设存在如下问题：一是由于张壁村旅游发展滞后，旅游设施缺乏，旅游产品种类不丰富，品牌效益没有建立起来。张壁村的旅游服务接待处于居民自发参与的阶段，并且只能提供简单的食宿接待，村内缺少专业旅游设施。二是张壁新村的建设当初是作为义棠煤业发展业务中的附加条件而被接受的，在古堡经营权出让后，除了行政事务当地政府不参与张壁村的经营管理活动，运营商也不愿意持续提供旅游开发以外所需的相关基础设施建设、公共服务、村镇环境改善等的资金，因而造成目前新社区建设不可持续。三是张壁村居民在旅游开发中参与不够，热情不高。张壁村保护开发中的古民居大多数是当地居民私人所有或者集体所有，但是张壁村经营权的出让，导致居民被排除在开发商和当地政府之外，无法享受到保护开发带来的直接经济利益，而政府和旅游公司也完全忽视了社区因素以及居民的需求，造成了保护开发过程中的许多矛盾。四是张壁村的发展处于孤立的状态，政府在开发利用过程中没有起到引导和监督的作用，与周边著名的旅游景点并未实现联合发展，因此信息、客源并不丰富。[1]

二、综合企业主导治理模式——黟县宏村

1. 案例背景

（1）区位条件

宏村，古称弘村，位于安徽省黟县东北部，黄山西南麓，距黄山风

---

[1] 董利娟.山西历史文化名村张壁保护与减贫模式研究[D].西安建筑科技大学，2012.

景区 30km，距黟县县城 11km，占地 24hm²，享有"中国画里的乡村"之美誉。2000 年被联合国教科文组织列入世界历史文化遗产名录，2001 年被国家文物局确定为国家重点文物保护单位，2003 年被评为建设部评为全国首批历史文化名村，2011 年被国家旅游局评为国家 AAAAA 级旅游景区。

（2）基本特征

宏村始建于南宋绍兴年间（1131 年），已有 880 多年的历史。古宏村人为防火灌田，独运匠心，开仿生学之先河，建造出了堪称"中国一绝"的牛形人工水系："山为牛头树为角，桥为四蹄屋为身。"全村现完好保存有明清民居 140 余幢，承志堂"三雕"精湛，富丽堂皇，被誉为"民间故宫"。著名景点还有南湖春晓，书院诵读，月沼风荷，牛肠水圳，双溪映碧，亭前古树，雷岗夕照等。村庄山色与粉墙黛瓦倒映湖中，山、水、民居与人自然融为一体。

（3）案例背景

1982 年清华同济建筑系的学生发现了宏村完整精美的古民居，引起了政府的关注。此后，宏村的乡村治理模式经历了政府、集体、企业等不同主体为主的发展历程：

一是政府主导治理模式阶段（1986～1996 年）。1986 年宏村旅游开发正式起步，黟县旅游局提供资金进行资源保护和旅游开发，实施部门管理。1994 年，宏村镇成立旅游开发责任有限公司，实施属地化管理，但企业还具有行政管理职能，因此属于典型的政府主导模式。

二是集体主导治理模式阶段（1997 年 1 月至 1998 年 1 月）。由于村民与政府之间产权和经营权争夺激烈，1997 年初宏村村集体成立宏村旅游服务有限公司，试图通过村民集资自行解决开发管理问题。

三是企业主导治理模式阶段（1998 年 2 月迄今）。在多年开发未见成效，尤其是和邻近的西递村具有极强的对比的情况下，1997 年 8 月，黟县县政府组成招商组，参加了安徽省 1997 年度北京招商会，与北京中坤科工贸集团就开发黟县旅游达成了初步合作意向。1997 年 9 月黟县政府没有经过全体村民同意和资产评估，便与中坤科工贸集团[1]签订了为期30年，总投资2518万元的租赁经营合作协议《黄山市黟县旅游区古民居、旅游项目合作协议》，从1998年1月起，正式开始企业运营。

2. 改造实施过程

（1）治理过程

根据1997年《黄山市黟县旅游区古民居、旅游项目合作协议》，成立了由黟县旅游局、文物局参与的黄山京黟旅游开发总公司。中坤集团以现金的方式逐步投资黟县，开发经营关麓、南屏、宏村景点、黟县民间古祠堂群，租赁经营并改造碧阳山庄，接管经营黟县旅行社的业务。黟县以古民居旅游资源和古祠堂群建设项目土地使用权为投入，形成股份合作经营态势。

1998年1月8日，即宏村村民自主经营旅游1年期满后，京黟旅游开发公司正式接管宏村的旅游经营事业，具体由其下属的宏村旅游开发公司负责，经营期限为30年。京黟旅游开发总公司的旅游发展实施四个策略：一是改善基础设施。1998年京黟公司首先投资300万元修建黟太公路，运用国债投资3900万元修建宏儒公路。二是实施宏村保护。按照"保护、开发、利用"的古镇开发思路，京黟公司对宏村进行了大量仔细的调查研究，并邀请专家共同参与制定《黟县宏村保护与发展规划》。1999年国家建设部、文物管理局等有关单位组成专家评委会对宏村进行了实地察看，全面通过了"宏村保护与发展规划"方案。随后，公司投入400万元资金用于宏村古建筑的修缮保护以及景区设施的完善。三是开发奇墅湖度假村地产。2002年，为加强宏村等三大景区的旅游竞争力，北京中坤投资集团与黟县人民政府进行了第二次合作，以宏村景区的收入为主要资金，修建黄山宏村奇墅湖国际旅游度假村。度假村位于黟县县城东北距宏村仅3km的奇墅湖畔，占地400余亩，投资2亿元人民币，规划建设为集休闲设施、接待设施、五星级宾馆、垂钓中心、运动中心以及产权式经营的徽派别墅为一体的具有当今国际一流水准的

---

[1] 成立于1995年，是国内最早介入古村镇旅游开发的民营企业，旗下拥有房地产与旅游开发两大主业。

大型会议、度假、休闲、娱乐中心。黄山宏村奇墅湖国际旅游度假村的建设旨在改变宏村的服务设施与世界文化遗产地不相适宜的局面，而其2008年5月的正式开业确实增强了黟县乃至黄山旅游的综合竞争力，真正实现了黄山市规划中的"游黄山仙境，观皖南古村，住桃源人家"这一大旅游战略布局。按照中坤集团的运营思路，度假酒店用于出售，度假别墅作分时度假，中坤公司在黄山不仅拥有门票收入，还有大笔的地产收入。中坤公司实现了旅游开发运营模式向复合地产综合发展模式的转变。四是旅游扩张。2005年以后，中坤将旅游经营扩展到南屏、关麓景区、唐代梓路古寺，实现了以旅游带动地产，再行旅游扩张之路，最终实现了旅游、地产的复合运营。

（2）利益分配

宏村治理模式演进的关键线索是利益的分配。按照最初的协议，不论经营效果如何，旅游公司每年将17万元保底收入及5%的门票收入返还给地方政府和村集体，即旅游公司每年支付给宏村9.2万元及旅游门票收入的1%，支付给宏村镇7.2万元及旅游门票收入的4%，其余95%归旅游公司。村里将旅游收入的10%在春节前以现金的方式直接分配给村民，其中6%根据房屋年代分配，4%平均分配用于文明创建、门前三包等。随后双方多次修订收益分配方案（表10-1），主要有两次：第一次是2001年申遗成功后，门票收入翻番，协议支付门票收入由5%调整到10%；第二次是2002年，门票收入超过500万元，县政府再次要求调整协议，支付门票收入由10%调整到33%。宏村门票和居民分成逐年增加（表10-2）。

3.治理模式分析

（1）模式演进分析

宏村的治理模式具有典型性在于主要参与主体主导的模式存在纵向替代过程（表10-3）。

（2）治理模式特征

宏村在中坤集团完全市场化的运作下，企业来自北京，实行现代化的企业管理方式，公司对景区享有完全独立的经营权，政府对经营的干预较少，相对管理水平较高，制止了凭借当地领导打招呼的免费票，控制了接待 VIP 人数，经营能力高于集体运营模式的西递村。作为外来承包企业，不可避免地追求企业利润的最大化，在后期建设中，侧重于外围见效快的基础设施投入，对古村落内部基础设施和房屋修缮的投入与西递村相比存在差距。

宏村门票收入分配方案变化一览表　　　　表 10-1

时间	1998~2001 年	2002 年至今
分配方案形成说明	1998 年，根据黄山京黟旅游开发总公司、宏村村民委员会和际联镇人民政府签订的《宏村旅游区管理协议书》分配	在 2001 年收益分配矛盾加剧的情况下，2002 年根据多方协调达成方案
具体分配方案	京黟公司每年支付给宏东、宏西村村民及镇政府人民币 17 万元和每年门票收入的 5%（其中给宏东、宏西村民 4.6 万元和门票收入的 0.5%，年底一次付清；支付给镇政府 7.8 万元和门票收入的 4%，于 6 月底、12 月底两次付清）。	全部门票收益中，京黟公司占 67%，地方占 33%，其中向县政府上交 20%，作为文物保护基金（用于整个黟县的古民居保护），镇政府占 5%，村民占 8%（含村截留部分）

宏村门票收入与居民分成变化一览表　　　　表 10-2

年份	1998	1999	2000	2001	2002	2003	2004	2005	2006	2007
门票收入（万元）	48	65	127	387	802	723	1479	1811	2800	
居民分成（元/人）	15	20	45	75	150	300	500	700	1000	2000

宏村旅游开发运营模式特征演进一览表　　　　表 10-3

阶段	模式演进	经营主体	利益关系	收益情况
1986~1993	政府主导模式	县旅游局	政府投资，自负盈亏，收益少，村民参与意识弱	年收入低于 6 万元，为西递的 1/8
1994~1996		宏村镇（宏村旅游开发责任有限公司）	旅游开发收益低，村民与政府之间产权和经营权争夺激烈，利益矛盾严重	门票年收入 12 万，同期西递收入 132 万

续表

阶段	模式演进	经营主体	利益关系	收益情况
1997.1～1998.2	集体主导模式	宏村村集体（宏村旅游服务有限公司）	由村民集资，宏村承包经营；村民的产权意识觉醒，但缺乏经验和完善的监督机制，收入较低	年门票收入17万元，
1998.2迄今	企业主导模式	黄山京黟旅游开发总公司	（1）1998～2001年，制定开发综合方案，同时做好古村落保护规划；投入400万元对宏村与中城山庄进行保护性开发；积极申评世界遗产（2）2002～2004年，启动奇墅湖度假村、梓路寺的建设以及南屏、关麓的保护性开发（3）2005年迄今，奇墅湖度假村继续开发，通过举办多项大型公关活动以及外省推介推广宏村旅游	2005年宏村人均分配700元，首次与西递持平，2007年超过2000元 1998年门票收入48万元，2006年门票收入2800万，第一次超过西递；2010年门票收入4850万元，同期西递收入2650万元

（3）治理问题分析

在外来企业经营模式中，旅游收入（主要是门票收入）的分配一直是各方关注的焦点，也是核心矛盾所在，宏村亦是如此。由于黟县政府占用宏村的古民居旅游资源和古祠堂群建设项目土地使用权，从1998年中坤介入开始，村民、政府与企业之间的产权与收益的矛盾就一直存在。2001年，由于一直承受游客剧增后带来的各种负面影响而旅游收入却并没有随之大幅提高，关于宏村旅游资源产权归属的争论导致宏村村民与政府的矛盾加深和激化。当年，宏村村民联名将黟县县政府作为被告，北京中坤集团和黄山京黟旅游总公司作为第三人告上法庭，但未予受理。后经多方协调，自2002年起，宏村旅游门票收入分配作了调整，并沿用至今。由于核心的矛盾没有解决，村民（集体）、政府、企业三方的利益博弈仍在继续。

第十一章
合作治理型案例

一、协同治理模式——巴林左旗后兴隆地村

赤峰市巴林左旗后兴隆地村是笔者应企业邀请作为《后兴隆地村整治规划》编制的主持人参与其中并跟踪实施的真实案例。

1. 案例背景

（1）区位条件

后兴隆地村位于内蒙古自治区东南部，赤峰市北部，巴林左旗林东镇北侧约5km处。村域面积约8km^2，耕地面积5053亩，林地、荒地面积3000亩，草牧场面积3000亩，村庄建设用地约为947亩。下辖5个村民小组（分队），村庄宅基地沿村内主要道路东西向狭长分布，东侧与省道S307相接，交通条件尚可。

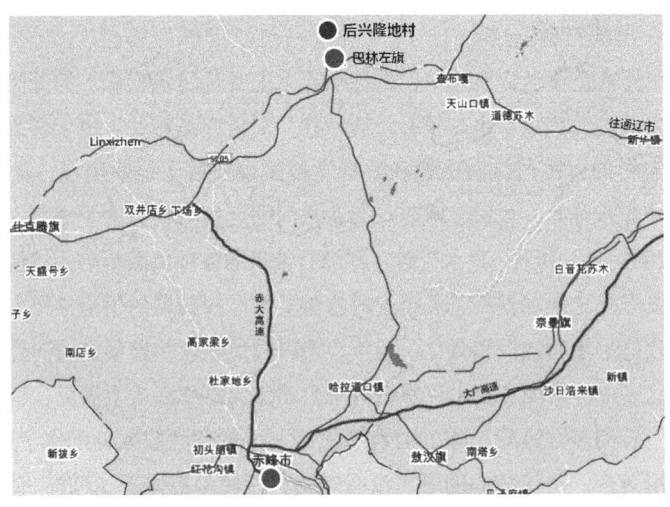

图11-1　后兴隆地村区位图

（2）社会结构

后兴隆地村户籍人口1580人，实际居住人口约1000人，出生性别比为107（男）:100（女），50岁以上人口占总人口的35%左右。现有青壮年劳动力以外出务工（二、三产业）为主，中老年劳动力职业构成以农业种植为主，外出务工收入占总收入比重较大。家庭结构以2~5人为主，初中以下教育水平人口达到87.6%（2012年），居民整体文化素质较低，符合我国乡村人口结构的基本特征。这种就业结构和文化结构预示着农牧业生产仍然是未来本村收入提高的主要来源之一。因后兴隆地村距离县城较近，大部分外出务工劳动力仍在乡村居住，留守儿童数量较少，但留守妇女和老人数量较多。通过访谈观察发现，后兴隆地村基本的乡村社会秩序尚存，治安环境较好，村民基本遵守守信、互助的乡村传统，民风相对淳朴，一些老年人具有极强的参与意识，村长及村委会成员作为乡村精英阶层具有的一定的无私奉献精神。

（3）产业发展

后兴隆地村是典型的北方山地平原传统农业村落，以农耕为主，此类乡村因量大面广而无特色，但乡村本身生态环境较好，与农业种植、牧业养殖紧密结合，因此其治理模式具有普惠性和可复制性，而非有限样本和不可推广。全村耕地5053亩,其中井灌地2600亩,人均耕地5~8亩。后兴隆地村亟须执行二轮土地承包政策,土地分两类:一类是浇水地,生长期为130天左右,共有4400亩；二类耕地是无水源浇灌山坡地,共有653亩。耕种作物以玉米等粮食作物为主(4400亩),杂粮为辅(653亩)。耕种收入受天气影响较大，每亩年收入约500~1000元。目前农户土地流转意向较为强烈，采取农户自愿整块竞标流转的方式，2014年流转土地共2000亩，流转土地同样用于种植玉米。

除种植业外，村民收入还包括养殖业和劳务输出，其中养殖业以肉驴养殖及特色"乌驴"养殖为主。2009年12月，东阿阿胶集团于后兴隆地村建设合作社，建设之初社员100人，现在社员已达到500户，实际覆盖40多个村庄。天龙合作社设有理事会、理事长、监事会、监事长、股东社员。合作社致力于完善、提升驴产业，从养殖户采购、养殖技术、饲料、改良、育肥和销售起步，逐步发展至规模养殖、分类销售和活体循环交易。合作社努力细化产业，薄利经营，让利于民。收入的60%进行股份分红，40%为合作社滚动投入。东阿阿胶集团股份有限公司作为企业为合作社提供了技术支撑、市场信息引导，并在合作社定点收购所有毛驴，实现分类销售。活驴收购单价为30～32元/公斤，基本与市场价持平。

乡村旅游尚在起步阶段，村民普遍支持农家乐、民宿等旅游项目，但仍未发展合适的旅游项目及打造成熟的旅游服务环境。村集体计划近期内结合本村地缘优势发展趣味农家乐，开发辽文化，村史展览，开展与驴产业相关的趣味旅游、餐饮、手工、采摘等活动，村集体计划近期开发5个农家乐项目。

图 11-2　后兴隆地村肉驴养殖专业合作社

（4）村庄建设

2012年调查发现，后兴隆地村整体生态环境和基础设施条件较差，但街道相对规整，村庄原有道路为沙土路面，雨天积洼现象严重，沿路居民随意堆放牲畜粪便（图11-3）、薪柴（图11-4），居民缺乏良好的卫生习惯（图11-5）。

后兴隆地村村民住宅大部分为1990年后建设，住宅以一层砖瓦结构房屋为主，院落状况反映出一定的贫富差距（图11-6～图11-8）。

下 篇　乡村管理走向乡村治理的实证分析

图 11-3　道路旁堆放粪便

图 11-4　宅旁堆放薪柴

图 11-5　居民院落内杂乱无序

图 11-6　富裕户

图 11-7　一般户

图 11-8　困难户

后兴隆地村原有村委会（图 11-9）和卫生站（图 11-10）位置偏僻，小学废弃，便民连锁超市（图 11-11）依靠村民自发形成，村内儿童幼托、中小学均在林东镇（旗、镇政府所在地）就读，学校配有班车接送。

后兴隆地村整体生态环境较差，后山由于开山挖石，山体裸露（图 11-12），村庄道路为土路（图 11-13、图 11-14），村庄已建有集中供水厂，实现了全村自来水供应，但因计费水表质量问题，目前全村自来水使用免费，由村委会补贴水费，为保证供水量满足需求，采取定时供应。村庄未建有公共排水设施，约半数村民家庭自建水井并通过水管将污水排至污水井，仍有部分村民随意倾倒污水。未建垃圾统一回收处理系统，居民自行将垃圾掷于污水井或定期运送至后山填埋。采暖以烧煤为主，做饭基本以秸秆为燃料，整体基础设施服务水平极低。

图 11-9　村南的村委会

图 11-10　村东的卫生站

图 11-11　主街的超市

图 11-12　后山地表裸露

图 11-13　主要道路泥泞

图 11-14　支路堆满垃圾

（5）案例起因

东阿阿胶股份有限公司是国内最大的阿胶及系列产品生产企业，以驴皮作为主要生产原料，按照企业发展战略，采用公司＋基地＋示范村

+农户的模式，已在我国北方第二大驴产区——内蒙古赤峰市建设驴养殖基地，约有1000多个中等规模乡村（每个乡村200～300户）的农户养殖，每户一般养殖6～7头。为建立与村民良好的合作关系，践行企业责任，拟从改善居民生产生活条件的角度建设希望乡村（示范村）。华润集团以"整村推进、连片开发"的扶贫形式在广西百色和河北西柏坡、福建古田等地建立了华润希望小镇，但投资巨大，作为华润集团的下属企业，若按照总部运作方式建设希望乡村，企业难以为继。

东阿阿胶股份有限公司相关负责人希望中国人民大学公共管理学院能够利用学科优势，和企业共同探索"企业可承受、百姓能满意"的乡村治理范式。中国人民大学城市规划管理专业以"人文、人本、人民"为核心理念，学科建设的目的包括三个方面：一是探索建立适应中国城乡发展转型需要的城乡发展与管理理论体系；二是探索中国统筹城乡发展与规划的基本理论与方法；三是培养具有综合性知识结构和人文精神的高层次的学术人才和管理人才。东阿阿胶希望乡村案例为探索乡村规划理论、技术改造模式、乡村治理政策和满足学科发展需求、治学育人提供了一个绝佳的机会。

2. 改造实施过程

（1）规划编制

后兴隆地村乡村规划方案的制定按照公共政策制定程序进行：2012年5月13日，乡村规划工作启动；6月10日，进行村庄预调研，确定案例村庄，测绘地形图；6月25日，现场征求部分居民的院落改造意见，确定乡土材料的使用原则，选择院落改造示范户；7月15日，对村庄整治规划进行公示，征求居民意见，对居民进行问卷调查，征求具体建设意见，与政府、企业、居民沟通，确定实施过程中各方的责任；8月初，编制村庄整治节点、公共服务设施建设方案，形成规划评审成果并进行规划论证和居民公示（图11-15、图11-16）。案例村庄从整治规划、建设、运营管理的角度确定了五项原则：一是立足现实，有序推进，逐步提高；二是突出生态，原生材料，乡土建筑；三是产业支撑，生活需要，经济节约；四是居民为主，多方参与，明确分工；五是规则先行，合力互助，和谐邻里。

图 11-15　后兴隆地村村庄现状图

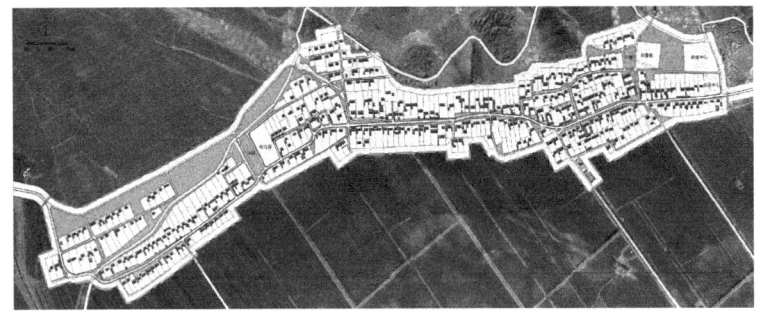

图 11-16　后兴隆地村村庄整治规划图

规划方案具有四个特征：一是简单。在规划建设过程中，具体方案设计依托现有土地产权，尽可能少拆迁，主要针对基础设施建设、环境整治和公共服务设施配置三个方面进行，因此，规划图纸、规定极为简单，主要有用地现状、整治规划、绿地系统规划、道路竖向、雨水污水工程规划、燃气工程规划六张图，而文字也根据征求意见的结果直接注明，力求简单明了，一目了然。二是实用。规划方案切实考虑居民的经济水平和生活特点，如临街围墙高度，通过各家测量后提出适宜方案为1.6m（鸡飞跃的最高高度），居民原有院落采用片石砌筑，主要居住房屋建筑材料仍然采用黏土砖，因此，方案征求居民意见，用等量的红砖置换片石用于道路边沟和公共空间建设（红砖易腐蚀），而居民的居住建筑仅对外墙勾缝即可，规划给出乡土景观规划示意图。三是可操作。规划方案既考虑设计的合理性，也考虑实施过程中的关键影响要素是否可以解决。如由于乡村为带状，因此小公园的布置既考虑合理的服务半径，也需要考虑占用的遗弃宅基地权属、可否征收及征收费用等，由村长及村委会先与宅基地所有者沟通后确定，确保规划方案可实施。四是虑长远。规划方案实施并非一次完成，而是根据财力、居民意愿逐步推进，因此具体设计必须兼顾近期需求和长远发展需要。如污水排放，在暂时没有经济条件的情况下，近期改厕，建渗水井，远期居民二次建房（楼房）前建设污水排水管网，原有村委会所在地规划为污水处理场，现有废弃小学改造为诊所、村委会和浴池。秸秆气化技术已经成熟，但近期乡村没有建设的实力（管网和燃气站需 300 万元），所以将该项目作为远期建设项目，在近期道路边沟建设过程中，沟底采用红砖铺砌，有条件建设燃气管网时只要启开上盖和排水沟底红砖即可施工，预留了未来建设的条件。

（2）规划实施

后兴隆地村按照乡村治理的参与主体——政府、企业、村集体和居民、中国人民大学（规划师）的分工确定建设时序，近期安排为 3 年，具体见图 11-17。

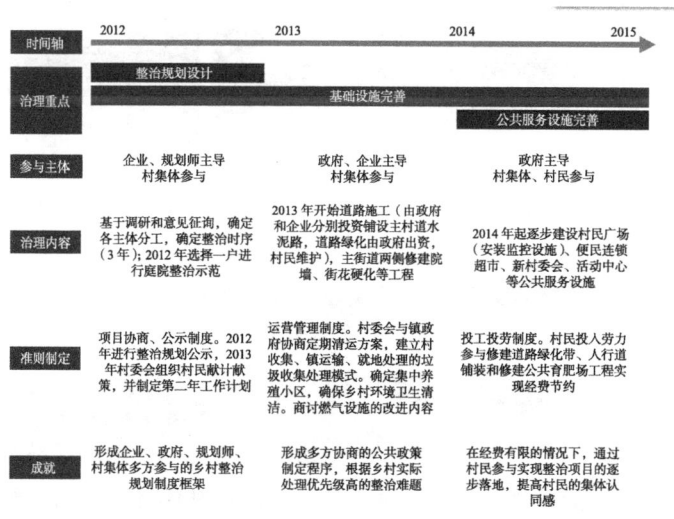

图 11-17　案例治理实施过程示意图

2012年7月选择一户进行庭院整治示范。在专业指导下开始进行院落美化（图11-18），主要进行院墙建设、院落地表铺装、驴舍和厕所改造（图11-19、图11-20），改造原则是适用、简洁、美观。

图11-18　现场指导　　图11-19　初见成效　　图11-20　花香四溢
　（2012.8）　　　　　（2012.9）　　　　　（2013.9）

2013年5月，东阿阿胶集团投资200万元开始建设道路（图11-21～图11-24）、雨水排放工程和绿化，立了村口标志性雕塑（图11-25），并提供60万元捐建促进集体经济发展的育肥场（图11-26）。

图11-21　村庄原有道路　图11-22　道路改造现场　图11-23　村民监督施
　　　　　　　　　　　　　　　　　　　　　　　　　　　　工质量

图11-24　道路改造后　图11-25　希望乡村石碑　图11-26　集体经济育肥场
　（2015）

2014年，政府有资金投入进行乡村基础设施和公共服务设施的建设，利用原有小学旧址建设了村委会（图11-27）、卫生室（图11-28），小街小巷也进行了全面硬化。村民由于养驴，普遍收入提高，可以对私人院落进行整治，实施乡村绿化。居民院落外墙高度1.6m是根据各家的测量结果集体统一决定的（11-29），内部护墙建议高度为0.9m，墙体装饰图案由居民自己设计，墙头设计为可以植花种草的形式，鼓励居民在院落内植花种树，乡村居民院落整治全面施行（图11-30）。

图 11-27　新村委会　　　　　图 11-28　新卫生室

图 11-29　不同高度院墙测量

图 11-30　居民按照统一要求自主改造自家院落（2014.9）

2015年，为持续推进乡村治理的成果，进行乡村教育和乡村人才培养，中国人民大学与东阿阿胶股份有限公司、巴林左旗人民政府、后兴隆地村集体及村民在中国城市规划学会乡村规划委员会和规划实施委员会授权下建立了乡村规划研究与教育基地（图 11-31 ~ 图 11-33）。

远期将根据发展条件建设燃气工程（秸秆气化）、污水排放工程，逐步建设健身场地、演艺广场、休闲公园，改造公共服务设施。

图 11-31　揭牌仪式　　　图 11-32　治理主体　　　图 11-33　教学实践

（3）准则制定

乡村日常生产生活运营不可能像城市一样有固定的维护人员，任何设施的建设均需考虑最小的成本和最适宜的技术，尤其是基础设施和公共服务设施的正常运行必须建立正常的运营秩序，形成长效运转机制，后兴隆地村乡村治理根据具体情况形成如下制度：

一是投工投劳制度。由于乡村缺乏常效运营经费和机制，因此建立了所有公益事业全部采用投工投劳形式建设的制度。具体包括：乡村后山岩石裸露，雨水较大时会产生泥石流，为对山地生态进行整治，建立植树季节每家植树制度，苗木则由旗林业局提供，道路铺装绿化，灌渠等农田设施改造以及村委会和活动中心、小公园等公用设施建设采取投工投劳形式（图 11-34 ~ 图 11-36），鼓励捐助。

图 11-34　修建道路绿地带　　图 11-35　铺装人行道　图 11-36　修建公共育肥场

图片来源：村委会提供

二是运营管理制度。环境卫生方面形成自分类制度，村委会与镇政府协商定期清运方案，建立村收集、镇运输、就地处理的垃圾收集处理模式。规模养鸡户可在村东规划的集中养殖小区进行畜牧养殖，确保乡村环境卫生清洁。燃气设施是未来基础设施水平提升的重要方面,燃气是否装表、最低保证用量、未来是否用于采暖热源预留更多的容量等具体内容已在商议之中，运营过程中每户提供气化炉1天秸秆用量，维修维护人员培训和管线、设备由村集体负责，灶由老百姓负责的制度初步形成。

三是项目协商、公示制度。乡村规划方案编制过程中即进行全面公示征求意见（图11-37），并建立了年度项目建设协商制度（图11-38），即年末村委会组织居民献计献策（图11-39），制定第二年工作计划，如2016年末的协商会议将改进乡村社会治安状况作为2017年的工作重点，并将安全监控设施的安装项目纳入日程。

图 11-37 规划公示
（2012）

图 11-38 项目协商
（2013）
图片来源：村委会提供

图 11-39 献计献策
（2014）
图片来源：村委会提供

3. 治理模式分析

（1）治理主体角色转变

后兴隆地村乡村规划和建设参与方包括政府、公司、村民及集体、大学四方，随着乡村治理进程的推进和规划实施项目的变更，各方角色、职责和任务也发生相应的转变（表11-1）。

（2）治理模式特征分析

后兴隆地协同治理模式具有以下特征：一是时序的缓慢推进特征。乡村治理与城市存在本质的差别，因此治理过程是漫长的，治理路径是缓慢推进，而不是速成的。中国人民大学、东阿阿胶集团股份有限公司与后兴隆地的教学基地、跟踪服务协议签署20年的目的即在于此。二是农民至上的价值取向。在后兴隆地村由过去以政府投入为主，到企业主体和规划师加入的过程中，各主体间不断交互，逐步实现决策过程中村民决策话语权的提升，即"农民置上"的本原模式回归。该模式是乡

后兴隆地乡村规划建设和管理角色转变与责任划分　　　表11-1

参与方	巴林左旗及林东镇政府	中国人民大学	东阿阿胶股份有限公司	后兴隆地村民及集体
角色	消极配合者主动演变为主动协作者	短期协作者演变为长期服务者	发起者和资金提供者演变为协作者	被动受益者演变为主体决策者和建设者
职责	出政策、出资金	出思想	出资金	出劳力、出资金
任务	负责排污工程、铺路、秸秆气化燃气工程等市政公共设施的建设；负责提供公共设施建设资金及明确资金调配管理相关机制；负责提供生态绿化苗木；负责垃圾运输和处理；负责明晰新农村项目建设的农民宅基地和农用地产权，无土地纠纷；负责村集体财务公开管理；负责养驴公益宣传标语的审批；负责施工过程的监督检查与反馈	负责东阿阿胶希望乡村调研及筛选；负责拟定项目规划及实施方案；负责规划建设预算、时序安排与制度设计；负责项目整治规划设计，包括整治用地布局图、绿地系统规划图、道路交通图、雨水工程规划图、污水工程规划图、燃气工程规划图；负责项目建设施工技术指导与后期规划实施评估	负责前期规划设计所需的资料；负责审核设计方案与图纸等；负责项目接洽与协同；负责提供村庄构筑物整治资金、育肥场建设资金；负责工程项目中村庄构筑物整治所需原材料的招标、比价、采购；负责施工过程的监督检查与反馈，内蒙古天龙食品有限公司负责回收成年驴；成立东阿阿胶·巴林左旗养驴扶贫基金会，负责改良站工作指导、养殖技术培训等后续工作	按照合同要求养殖并出售成年驴给东阿阿胶下属企业内蒙古天龙食品有限公司；按照规划要求整治私人院落和空间；公共空间和公共设施建设采取投工投劳形式；按照环境整治要求规范日常生产生活行为；建立乡规民约，互利合作，坚守诚信
	联合设立乡村规划研究与教育基地，签署20年合作教学、服务协议，致力于乡村规划管理人才的培养和乡村建设的研究与实践			

村治理常态化、长远性、协商式的系统性决策形式,并以"授之以鱼"的显性表达和"授之以渔"的隐形显示两种方式并存体现。这一过程中村民的意愿得到最大体现,村民的积极性得到极大调动,成为乡村建设和运营管理的主体,政府、企业、规划师在决策过程中以原则界定、政策约束、标准制定、意识引导、资金投入等形式合力参与。

在乡村治理进程中,不仅有物质空间的营造,也进行行为和文化的引入。从环境卫生起步,企业、大学等参与主体每年参加乡村环境卫生建设(图 11-40)。政府也从提供技术培训、举办摄影展(图 11-41)等方面提升乡村居民的素质和文化水平。随着乡村改造的逐步推进,本就淳朴的村民主动参与乡村治理的意愿提高,集体意识逐渐增强,居民感恩意识提升,自愿成为环境志愿者(图 11-42),乡村环境景观发生巨大变化(图 11-43 ~ 图 11-45),互帮互助的风尚更加浓郁,促进了乡村和谐秩序的重构。

图 11-40 企业、大学参与乡村环境卫生建设

图 11-41　政府介入乡村文化建设

图 11-42　环境志愿者　　　　图 11-43　垃圾收集车

图 11-44　志愿者巡视　　　　图 11-45　街道绿化管护

（3）存在问题分析

后兴隆地村乡村建设的遗憾在于：随着政府"十个全覆盖"的推进，统一粉刷墙壁使得乡村千篇一律，未按照规划实施反映了政府在变革过程中的"任性"，说明需进一步完善建设程序和配套制度以适应国家政策和居民发展的长远诉求。

二、公私合作治理模式——成都蒲江县炉坪村

1. 案例背景

（1）政策背景

成都的公私合作模式源于以下政策、制度和项目的实施（表11-2）：

一是城乡建设用地增减挂钩政策。近些年，成都市作为城乡建设用地增减挂钩项目的试点地区，通过一批项目的实施，在统筹城乡发展、促进农村建设发展方面取得了明显的成效。城乡建设用地增减挂钩项目，是在保护耕地的前提下，要求农村建设用地的减少与城市建设用地的增加挂钩，将农村中拆旧区整理出的新增土地面积，扣除建新区用地面积后，结余出建设用地指标，通过在土地市场上的交易指标，换取拆旧区的土地整理、复垦和建新区农民新居及相应配套设施的建设资金。成都市以城乡建设用地增减挂钩作为城乡统筹的主要政策手段，通过"以工补农、以城带乡"，让农村和农民可以获得与城市均等的基础设施和公共服务。其实质是农民通过"以房换地"的形式实现集中居住，以减少宅基地面积、部分庭院经济为代价，换取居住环境、房屋质量和生活基础设施的改善。[1]

二是村民议事会制度。成都作为统筹城乡综合配套改革试验区，其基层民主的建设也始于城乡统筹发展实践。2008年，成都市开始大力推进农村产权制度改革，为了得到农民的普遍支持，破解土地权属正义协调者不清的难题，村民议事会制度逐渐形成，并已经成为各村常设的议

---

[1] 张世勇. 村级组织的农地调查实践——对成都市ZQ村建设用地增减挂钩项目实施过程的考察 [J]. 贵州社会科学，2013（4）：119-125.

事决策机构。议事会制度有村、组两个层面，即由农户推选产生的村民小组议事会和由村民小组议事会推举出的代表组成的村议事会。从职能上讲，村民议事会主要行使乡村事务的议事权、决策权和监督权。这些权利来自于村民大会或者村民代表会议的授权，相当于在村民大会或者村民代表大会闭会期间的一个常设代表机构。该制度的建立使得成都农村土地确权工作迅速平稳推进，也对后续的土地综合整治工作起到了很好的基础性作用。

成都市统筹城乡综合配套改革的相关政策及标准　　表11-2

	相关政策及标准
城乡建设用地增减挂钩项目	《四川省城乡建设用地增减挂钩试点管理办法》（川国土资发[2008]68号） 《四川省城乡建设用地增减挂钩试点项目验收办法》
村民议事会制度	《关于进一步加强农村基层基础工作的意见》（成委发[2008]36号） 《关于构建新型村级治理机制的指导意见》（成组通[2008]113号） 《成都市村民议事会组织规则（试行）》、《成都市村民议事会议事导则（试行）》、《成都市村民委员会工作导则（试行）》 《加强和完善村党组织对村民议事会领导的试行办法》
土地综合整理项目	成都市国土资源局、成都市农业委员会《关于维护农民权益做好土地综合整治项目土地权益调整的意见》（成国土资发[2010]158号） 成都市国土资源局关于加强农村土地综合整治项目实施监管工作的通知，成国土资发[2011]171号 《成都市农村土地综合整治项目实施监管工作细则》和《成都市建设用地整理项目土地复垦监管审查试行办法》的通知（成国土资发[2011]256号） 《成都市农村土地综合整治项目实施监管工作细则》和《成都市建设用地整理项目土地复垦监管审查试行办法》的通知（成国土资发[2011]230号） 《成都市国土资源局关于充分发挥农民主体作用完善农村土地综合整治工作流程的指导意见》（成国土资发[2011]236号） 《成都市国土资源局关于建设用地整理项目竣工验收的程序规定的通知》（成国土资发[2011]297号） 《成都市农村土地综合整治项目实施监管办法》（成国土资发[2014]69号）
农村规划建设	《成都市社会主义新农村规划建设管理办法（试行）》 《成都市社会主义新农村建设规划技术导则》、《成都市农村新型社区建设技术导则》 《成都市川西林盘保护整治建设技术导则》 《镇（乡）村建筑抗震技术规程》 《四川省农村居住建筑抗震设计技术导则》 《成都市村镇居民自建房工程技术及施工质量控制要点》

三是土地综合整治项目。2010年，为了进一步推进统筹城乡建设和深化土地管理制度改革，由成都市国土资源局牵头，在全市范围内开始实行土地综合整治项目。土地综合整理项目成为了新一轮城乡统筹建设的契机，其内容包括：集中建设中心村和聚集点；农民以土地承包经营权入股，村集体利用土地整理新增耕地发展现代农业；政府加强统一领导，国土资源、财政、农业、水利、交通、规划等部门充分发挥各自的职能特点和技术专长，分工协作，形成合力。

（2）区位条件

大兴镇炉坪村位于成都市浦江县大兴镇西北部，距大兴镇区2.5km，距离成都市70km，位于成都市一小时经济圈内，属于乡村旅游次密集带的远郊游憩区。全村辖区面积8.28km^2，其中，耕地面积2603亩，全村辖13个村民小组，690户，总人口2205人，劳动力1145人。炉坪村现已形成"一横、三纵、一环"的道路交通格局，总长33.3km，交通条件良好。

（3）产业发展

炉坪村根据自身的自然条件及产业基础条件，以新农村为核心，周边区域重点发展猕猴桃、茶叶两大优势特色产业。同时，依托现代农业产业基地，开展采果、品果、采茶、制茶等农业体验活动，大力发展观光农业和休闲旅游业，实现一、三产业互动，拓宽群众增收渠道。其中，村域北部规划标准化猕猴桃产业园，采用"龙头企业+合作社+基地+专家+农户"的形式发展高端猕猴桃产业，目前已经形成了5000亩猕猴桃标准化示范基地。此外，聚居点周边区域整合建设成为标准化茶叶产业园，引进龙头企业打造有机茶基地，组建托管公司、茶叶专业合作社，采取"公司+合作社+基地+专家+农户"的形式，对茶叶品种、种植技术、投入品等实施全程托管，目前已经形成3500亩优质茶叶标准化示范基地。现阶段，村庄居民依托猕猴桃和茶叶两项产业发展，实现人均年收入12680元，比规划建设前增加了一倍。

2. 改造实施过程

（1）规划建设

炉坪村安置点规划建设工作在2011年以土地综合整理项目为契机，

正式拉开序幕。第一批报名参加土地综合治理项目的共有212户居民。规划依照高效互动的产业业态、自然和谐的村建生态、特色化的乡村稳态田园化的村庄附态"四态合一"的理念与川西风貌塑造的要求，按照"全域统筹生产要素、综合协调基础配套"的思路进行设计。建设项目包括：土坯房改造翻新、道路建设、村庄给水排水设施建设、污水处理设施和垃圾收集设施建设、包括村级综合服务中心在内的村庄公共服务设施建设等。目前安置点的建设配套产业的发展基本实现了产村相融（图11-46），从根本上帮助农民脱贫；实现了适度聚居，集约利用了土地；村庄风貌统一，且形成了川西民居风格（图11-47）；市政基础设施（图11-48）和公共服务设施（图11-49）配套齐全；地方文化特色得以挖掘，村庄历史得以传承（图11-50、图11-51），乡村秩序得到回归（图11-52）。

图 11-46　猕猴桃生态园

图 11-47　新民居

图 11-48　垃圾收集站

图 11-49　儿童活动场地

图 11-50　文化廊　　　图 11-51　文化宣传牌　　　图 11-52　家庭评比

图片来源：马慧佳

（2）治理历程

炉坪村乡村治理分四个时段：2006～2011 年的准备期、2012 年的启动期、2013 年的实施期和 2014 年的运营期（表 11-3）。

3. 治理模式分析

（1）治理模式特征

炉坪村乡村治理具有以下特征：

一是基于村民议事会的基层治理。村民议事会制度的形成和发展，使得乡村政治生活村民大会或者村民代表大会已经不再形同虚设，而是有了一个规模适度的常设机构。在成都的改革发展中，经由各家各户推选产生的村民议事会已经实际掌握了乡村公共事务的大多数决策权，逐渐成为乡村居民调节内部矛盾和表达集体利益诉求的制度性平台。相对于此前村支部、村委会极少数人直接决策而言，参与决策的人数大大增加了，自然更有可能使决策代表基层广大民众的利益，也有利于促进决策过程的公开透明。同时，议事会的成长和发展，也促进了公共事务决策与执行的分离，无疑也能进一步强化村务监督。

二是实现多主体的合作式规划治理。在本案例中，参与乡村规划建设的主体包括政府相关部门、乡村规划师、村集体与村民，其中各主体之间基本不存在明显的权利侵占，主体之间职责界限清晰，且各主体在平等、自愿的前提下沟通形成方案。在乡村规划治理中，政府部门提供决策支持与底线保障，乡村规划师负责沟通与规划协调，村民则成为主体并发挥最终决策权，真正实现村民满意的乡村规划，据调研得知，在住房条件、基础设施提供、生态环境等各方面，村民的满意度均有明显提升。

炉坪村乡村治理历程一览表　　　　表 11-3

时间	2006~2011 年准备期	2012 年启动期	2013 年实施期	2014 年运营期
重点	土地整理项目立项、宅基地征收和补偿、居民安置点选取	居民安置点规划、规划申报审批、旧房屋拆除、村民分配住宅	新村居民点建设	土地流转、村庄产业发展、新村运营维护
参与主体	县国土局、县规划局、村委会、村民议事会、村民、乡村规划师	县国土局、县规划局、村委会、小区建设议事会、建筑公司	村委会、村民议事会、村民、自治物业管理委员会	县农委、村委会、村民议事会、村民、新炉合作有限公司
主要内容	①县国土局与村民议事会协商，对该村进行土地整理项目 ②县国土局依据村民意愿，征收宅基地并签订合同，给予建房补贴和征地补贴 ③县国土局在与村民议事会协商确定三处安置点后召开村民大会，由村民投票选点	①县规划局主管，乡村规划师协助，共同完成安置点规划编制。提出方案、村民大会探讨、修改方案，上述流程进行三轮后，最终确定规划方案结果 ②规划方案经由上报审批，进入实施阶段 ③村民大会推选出小区建设议事会 ④村委会动员村民进行旧房屋拆除，县国土局提供租房补助 ⑤村民议事会组织村民抽签完成房屋分配	①民居自建：小区建设议事会在村内召开建筑公司招投标会，由村民自主选取建筑公司，以数户为一组选择一家公司的形式，共选择 7 家 ②由交通、水利、环卫等部门完成村内基础设施建设 ③由县规划局、县国土局、乡村规划师、小区建设议事会共同进行施工管理，并现场对村民诉求进行回应	①村委会组织流转 1000 余亩耕地，每年租金 1200 元/亩，年底分红 500 元/亩 ②村内成立新炉合作有限公司 ③县农委招商引资建设千亩茶叶核心示范园、千亩猕猴桃标准化基地 ④村内成立自治物业管理委员会，每年收取每户 120 元村庄建设维护费用，并进行村庄建设维护工作
特征	尊重意愿、共同决策	合作规划、保障充分	统规自建	产业围村
成就	①212 户居民参与土地整理项目 ②安置点选择合理	①安置点规划编制完成 ②旧居拆除顺利 ③安置房屋分配妥善	①安置点建设遵循规划，且施工顺利 ②居民入住安置点	①实现产业围村，村民收入直线上升 ②形成村庄建设常态化管理体制

三是依托政策提供规划建设资金保障。炉坪村治理成功得益于成都市土地整理相关政策，通过土地增减挂钩的模式形成乡村规划建设的初始动力，为持续性推动乡村建设提供资金保障。在土地增减挂钩中，通过大面积的土地整理产生的市场收益成为乡村规划建设的启动资金，已成为村民补偿、规划施工建设的重要资金组成部分，是实现激活自身资本以推动乡村建设开展的重要途径。

四是大力发挥乡村规划师的承接作用。乡村规划师在成都市乡村规划与建设中起到了至关重要的作用。目前乡村规划师多采用直接的社会招聘形式，基本实现每个镇拥有一名乡村规划师。乡村规划师在成都市乡村规划建设中起到承上启下的作用，一方面将规划理念、规划方案等书面性文件以简单易懂的形式告知村民，保障村民的知情权，提高村民对于乡村规划建设、乡村治理的参与度，并在实际规划建设与村民直接沟通，解决村民的实际难题，推动乡村规划有序开展，如在规划建设阶段施工微调的处理与认证，乡村规划师在其中发挥重要作用，另一方面又将村民集中反映的实际情况汇总上报规划部门，并与规划部门协商解决方案，担任村民的"发声器"，保障了乡村规划切实符合村民的利益。由于乡村规划师多与乡村接触，比规划部门工作人员、传统规划编制单位更真切地了解当地情况，能更好地辅助规划编制部门完成切合乡村需求的乡村规划，同时乡村规划师又比村干部、村民掌握更多规划知识，能更全面、更合理地将村内实际诉求通过规划手段体现在方案编制与实施过程中。因此，乡村规划师确已成为乡村与政府、村民与规划编制单位之间的桥梁，真正推动乡村规划的本土化转变，成为乡村合作治理模式中不可或缺的重要角色。

五是积极推动部门的"服务性"转变。成都市基于乡村规划师与畅通的村民参与机制，反逼政府部门放弃统包统揽的规划管理思路，实现从"管制性"向"服务性"的转变。在成都市炉坪村的乡村规划建设过程中，政府多部门积极参与其中，但没有一个部门采取直接决策的模式，每一个部门都是在提供自身专业技术指导的情况下通力合作，形成符合多部门技术要求的方案初稿，在交由村民议事会讨论并决策后才予以实施,如若提出修改意见,则再次进行方案完善修编。可见在乡村选点、规划建设方案确定、后续施工验收等环节中,政府部门都将自身定位为提供技术支持和明确底线保障的辅助者,不再是传统的方案决策者。所以,总体来说,政府部门多样化的"服务性",放弃传统的主体决策地位,定位为乡村合作治理中的主体之一,为合作治理提供了可能。

(2)治理模式环节

成都炉坪村的乡村规划建设,自始至终体现着为村民提供畅通的利益诉求表达渠道的制度设计,在整个规划建设过程中,包括最初的方案选点、分配方案到之后的规划建设方案均实现了村民的直接参与和决策,保证了参与渠道的贯通。

在选点环节,成都乡村规划均按照村民自愿的原则,村民自愿报名参加土地整理项目,参与项目的村民亦参与选点及后续工作,在炉坪村690户村民中,有212户自愿报名参加。从乡村规划选点开始,考虑到村民在地质分析、承载能力分析等方面的技术不足,政府组织多部门从专业技术角度协商形成多个选点的备选方案后,将最终决策权交还给村民,借助村民议事会制度,由村民自行决定最终选点方案。总体来说,选点环节村民积极参与并拥有真正的决策权。

在分配方案环节,政府完全下放权力至村集体中,不予干预,通过村民议事会自行讨论决定分配方案。炉坪村对于房屋分配方案的确定采取抓阄的形式,根据每户不同人数区分不同户型后,选择同一户型的村民均以抓阄的形式随机分配住房。同时考虑到维持原有社会网络,在分配完成后,在双方自愿的前提下可以在同户型间自行交换。总体来说,分配方案确定中村民全程参与并起到了真正的决策作用。

在规划建设环节,同样由多部门形成规划建设方案,并与村民多次"见面",由村民提出修改建议。炉坪村的规划建设方案一共大修改过3次,小修改若干次,虽然受限于村民对规划建设专业知识的局限性,致使大修改多与村民的建议关系较少,但小修改中仍体现了村民的意愿,如全村房屋房顶式样、材料选取均由村民提出建议并进行修改。在建设主体确定过程中,炉坪村采用政府提供交流平台、村集体组织、村民直接商谈的模式，成都市政府提供市内有资质的建筑公司，由村集体协调召集建筑公司直接入村，与村民面对面协商，在经过3轮商谈后，以数户为一组选择一家公司的形式，共选择7家建筑公司进行施工建设。在施工建设过程中，村民也全程参与并对于其中施工的细节提出建议，如增加屋前微田园面积，相应减少屋后田园面积，在不与规划建设方案有大冲突的前提下予以当场确认。总体来说，在规划建设中已形成畅通的村民参与渠道，村民在其中发挥的作用已不容忽视。

村民在乡村合作治理中不再作为被动信息接纳者，而是通过发挥主体能动性，积极发挥作用，也已成为乡村合作治理中的重要力量。

（3）案例问题

本案例存在如下问题：

一是案例的适用性。本案例得以有效实施，其中很关键的环节是配套制度的综合实施。在传统乡村规划与建设中，资金通常会成为重要瓶颈而限制乡村空间优化和产业升级。在成都炉坪村案例中，成都市土地增减挂钩为乡村规划建设带来多样化的资金渠道，同时受益于成都市城乡之间建设用地指标大幅度的差价，直接导致土地整理带来的资金收入可以覆盖乡村规划建设过程，即使存在资金缺口，亦可通过政府资金予以支持，换言之，不会给政府财政带来较大的负担。因此，在我国目前的土地政策下，这种土地整理模式只在大城市周边乡村较易实现，其余大部分乡村较难满足较大幅度的城乡建设用地差价，即较难通过土地整理产生足够覆盖乡村规划建设的资金。

二是运营管理问题。成都乡村规划建设确实为村民带来了实际利益，村民的居住条件、生活环境、生产环境均产生了质的飞跃，已形成"乡村的自然与城市的社区"并存的空间形态。随着乡村规划建设兴起的农业规模化经营，使得村民可通过土地流转与农业企业招工的双重渠道获得收益，但秉持"谁享用谁付费"的原则，要保证成都的这类乡村新型社区的公共服务水平，必然需要有持续性的资金投入，目前案例村中收取的每户120元/年的村庄建设维护费用仍不足以负担村级公共服务，需要市级财政填补。在我国大部分乡村，每年持续性地用于村级社区公共服务的费用是广大村民难以负担的,这势必容易导致新型乡村社区难以持续性运行,需要探索"投工代费"等多种形式结合的乡村建设常态化管理模式。

三是村民参与能力问题。案例村虽然已形成较成熟的合作治理模式,村民在每个环节也均拥有参与治理的畅通渠道,但实际情况反映出村民参与度与制度建设的预期相差较大,主要原因在于村民参与治理的能力偏弱,空有"发声"途径却"无力发声"。所以,在已为村民提供畅通表达利益诉求渠道的情况下,需要加强村民能力建设,在继续推行义务教育的同时以乡村规划师为媒介传输规划思想与知识,使这部分决策群体有能力与制度设计相衔接,实现更为深刻的合作式乡村规划治理。

第十二章
案例模式总结

乡村类型的多样意味着乡村治理的措施的本土性、手段的差异性和模式的多样性，上述乡村治理的实际案例的成功与否还难以评述，目前选择的案例模式似乎每一种都存在一些欠缺，而且今天的成功可能是明天的失败，今天的不足可能成为明天的动力，都需要辩证来看：一方面，评价模式成功与否的标准是不同的，指标体系多样；另一方面，案例时间不尽相同，时间最长的是黟县宏村，期间波动起伏，争议不断，时间最短的是郝堂村、炉坪村、后兴隆地村等，仅有5~6年的时间。检验模式成功与否还需要时间，对与错并不能马上区分，可能数十年以后见分晓，但案例仍然有一些共性的内容可以总结。

一、主体特征总结

1. 内部主体特征

孙君选择郝堂村的理由可以反映出案例实施过程中本地治理主体的特征和关键要素（表12-1）：一是政府领导。2008年平桥区政府就有进行乡村实验的想法，并不断和孙君联系，当时孙君并未答应，一方面因为忙，另一方面平桥区并没有吸引他的东西。2010年底，平桥区政府又联系孙君，经过了3年，还如此锲而不舍，这让他感觉到了地方政府的诚意、对知识分子的尊重以及宁缺毋滥的决心，而区党校旁边的晏阳初雕像让他相信了地方政府的乡村治理决心，在考察了区干部和镇干部后，他认为满足了乡村治理实验成功的干部素质基本要求。二是村干部和村民。孙君认为乡村治理能否成功最关键的是村干部和村民，因为无论是政府还是学者，都不会永远关注一个乡村，政府会换届、学者会离开，真正生活在乡村的是村集体两委成员和村民。事实上，从了解到村委会账户上还有30多万元开始就已经基本认可他们了。为了验证村干部的驾驭能力,某一天临近晚上,他突然要求开村民大会,没想到村委会通知后,来了很多人,表明村庄自治体系尚存,村干部的调动能力较强,而且村庄是男书记、女村长的治理结构,他认为更像一个家庭治理模式。孙君先生提出"孙九条"实际上也是从规定各方职责的角度提出来的。

郝堂村乡村治理主体的基本特征和素质要求　　　表12-1

具体项目	县级领导	镇级领导	村两委成员
基本特征	一把手	一把手	两委团结,有战斗力,能够驾驭乡村
工作年限	工作两年以下(担心换届风险)	工作两年以下(担心换届风险)	不限年限,有经验
基本素质	当过教师或从事过组织部门工作(干事靠谱)	从强势部门下来或县委书记、县长秘书(统筹能力强)	老干部后代,当过兵,在外做过生意,做过老师(有能力、有奉献精神)

在笔者进行东阿阿胶希望乡村案例试点选择时,旗政府和镇领导并不是最关注的对象,因为东阿阿胶提供选择的4个村庄全部是巴林左旗所管辖的,因此将考察重点放在村干部和村民上:通过多次交谈发现,后兴隆地村村长陶志富最年轻,也最有想法,头脑灵活,也很朴实,有为老百姓做事的决心,而且自己经营粮食销售,不会为了小利而贪腐;走街串户遍访村民后发现,村民极为淳朴,极为善待学生,把家里最好吃的东西给学生吃,可以判别原始的乡村秩序尚存。

2.外部主体特征

外部主体又分为两种类型:

第一类是以天才、知识、能力和社会资源为代表的个人或企业,包括三个方向:一是规划师。根据案例的规划成果判断,规划师基本做到顺势而为,包括顺政府之势,尊百姓之为。二是建筑师。早期下乡的规划师、建筑师普遍水平并不高,2008年金融危机后,国内建筑设计市场整体衰退,一些设计水平较高的建筑师开始走进乡村,一方面为了拓展市场,另一方面因为情怀。王澍等人的乡村建设作品获奖后,对中国建筑师起到了一个极有意思的导向作用：小也可以美，小也可以有所成就。这使得高水平建筑师下乡的门槛和难度有所降低。三是 NGO。以经济学家、社会学家等为主体的学者基于乡村情怀进行乡村实验。从工作视角来看有两种选择：一是以缺欠和不足为关注点，以解决问题、满足需求为实践路径，规划师是为代表；二是动员其他参与主体的力量，善于对话，以达到自己的目标和愿望，建筑师和 NGO 是为代表。

第二类是企业。无论是出于政治目的的国有企业，还是经济目的的私有企业，案例方案能够得到贯彻执行和有序运营都得益于利益分享过程中的适当放利，实现政府有政绩、企业有业绩、集体有成绩、个人有收益的多赢局面。

二、模式特征总结

1. 路径差异

民国时期的乡村建设实践有两种截然不同的思想基础：一是晏阳初、梁漱溟和黄炎培等为代表的乡村建设派（内生型）。他们主张乡村改造从根本的乡村组织结构入手，形成一种政治和教化合一的自治组织，从乡村办学开始，通过乡学改造乡约和村约的路径分化产生出乡村的监督机制，取代原有的基层行政组织（政府乡公所、区公所），认为中国乡村发展的根本出路是走乡村内部的人、组织和文化改造的内发型道路，通过教育顺势改造乡村的人及其生活方式。二是以吴景超[1]为代表的乡村工业化（外力型）。他们认为乡村的根本出路是发展实业、交通，建立现代农业金融机构，让自然的小农经济转变为现代工业的大经济，取消城乡差别，通过发展城市解决乡村问题，类似于当前的工业反哺农业道路。

就内部和外部动力机制而言，应该说总结的乡村治理实践的多数模式属于外力型，内发型还较少，自治收效甚微。集体主导型的两种模式依靠的是集体的力量，社会主导型的三种模式的主要路径是文化在前、

---

[1] 吴景超（1901-1968），中国著名社会学家，安徽歙县人，主要从事都市社会学、经济学和人口学研究，1953 年后于中国人民大学任教。

技术在后，尤其是学者植入的方式，实际上是因袭晏阳初、梁漱溟先生主张的基本改造思想，和政府提供的文化、医疗、社会保障等公共服务相结合，试图引导内生力量的崛起；市场主导型和合作治理型隐含了吴景超为代表的乡村工业化思想的影子，通过乡村产业的切入引导乡村的发展。无论哪种方式，由于政府、企业、集体的经济支撑，都具有改造乡村生活环境的共同属性，试图剔除内存于农民身上的散、愚、私和村庄的脏、乱、差。就路径而言，多种模式均存在可持续性的问题，乡村治理需要外在激励和内生动力的并行才能标本兼治。

2. 成本差异

不同的治理类型的成本是存在差异的，图12-1简单示意了各种力量的组合关系，如果以政府和市场投入的政治成本和经济成本作为治理直接成本，可以发现，社会力量结合集体力量使用得越多，治理的成本就越低，而行政力量动用得越多，治理的成本就越高。

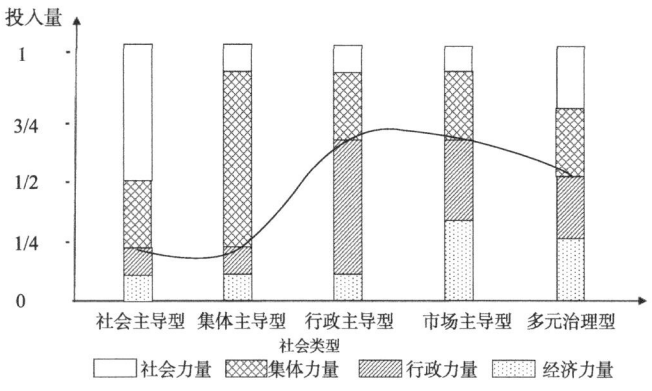

图12-1　基于参与主体投入乡村治理力量的基本治理类型示意图

3. 问题发现

乡村规划可持续实施存在三个方面的问题：

（1）治理主体频变

乡村民主选举制度对乡村的破坏性极大，尤其是在南方与经济发达地区，村干部三年一选，由于个中的利益关系，选上忙三年，选不上闹三年，一个好端端的自然与推让制的乡村民主、熟人社会道德层面的真正的民主活生生地被陌生人竞争模式所取代。也由于三年一选，所以村干部只想三年的事，这种三年一度走马观花的选举与任职，使村干部不能安心建设乡村。同样，短期官员、学者介入与长期农民和土地应对的是短期目标和长期发展乡村的矛盾，短期的思路和做法难以解决乡村长远的可持续发展问题，如郝堂模式出现的村长离职及宣扬"让年轻人回来"后惟一一个回来的年轻人也马上要离开。反面的问题与西湖村老支书20余年主政乡村治理的正向实践都促使人们反思治理目标和治理主体的长期性问题。

（2）治理政策频变

通过抽样调查，参与乡村建设的规划专家发现，在进行乡村实验的总项目中，规划能够实施或部分实施即为成功的项目仅有1/3，2/3是规划根本没有实施或半途而废，其中的主要原因是政府换届和更换领导，主要领导的关注点发生变化后，既有的政策、措施、投资计划相当于全部作废。

（3）行政干预过度

在案例研究过程中，为简化模式类型，将不同层级的政府统称为政府，实质上是有层级差异的，不同层级的政府之间也存在矛盾和问题。乡村治理实践中行政的力量远远超过法律的规定。如按照《城乡规划法》，经过批准的乡村规划属于行政法规，不得随意修改，但面对上级行政指令的下达，尤其是与执行者的升迁挂钩时，规划是让位于行政命令的。如后兴隆地村乡村规划设计采用乡土材料，为红砖外墙，白色石灰勾缝，规划实施过程中，内蒙古自治区各级政府则要求全区乡村统一刷涂白色外墙，张贴印制标语（领导语录），导致千村一面，而且后期继续粉刷或恢复原状都需要巨大的成本，不粉刷则斑驳掉色，面临两难境地。上海庙规划实施过程中也出现了上级领导来视察发现全部是低层，强令建设高层，以体现城市"现代化"的要求，基层政府则不得不要求更改规划的情况。孙君的"孙九条"或许有极端的成分，但也反映了行政过度干预给乡村社会带来的巨大损失和灾难。

后　记

中国乡村从传统格局中脱离，在现代化的加速驱动下有些无所适从，也基于此，乡村治理是在城市过度骄傲与乡村极度卑微的极端背景下进行的，是多领域的政策试验和全方位的试错实践。乡村治理参与者也因此呈现出外部主体逐渐放下身价、内部主体努力提高自信的变化。

从历史的角度看，新中国成立之初的三江平原农业开发在今天来看破坏了大量湿地，改革开放前主宰中国农业20年的大寨模式，到了今天进行反思，是被过度地拔高，改革开放后东南沿海乡镇企业发展的四大模式对环境造成了极度污染……反观今天，总结目前的治理模式后忽然感觉惶惑和担忧：今天的快速建设会不会是明天的粗制滥造，今天的国家典范会不会是明天的发展瓶颈，今天的成功会不会是明天的失败……

农耕文明的核心是慢、散、厚，慢是农业的价值，散是农村的特点，厚是农民的品性，现代乡村建设变得越来越快，居民点越来越集中，居民也变得越来越功利，与理想的乡村渐行渐远。乡村是自然生长的，传统秩序的缺失不是一两天消失的，回归需要时间，需要外部主体的智慧、责任和公共精神，需要内部主体的勇气、担当和自强品格。所以希望乡村治理慢点，再慢点，想清楚了再行动。

无论如何，乡村仍然会成为人类社会的共同理想，我们共同的家园！

附 图

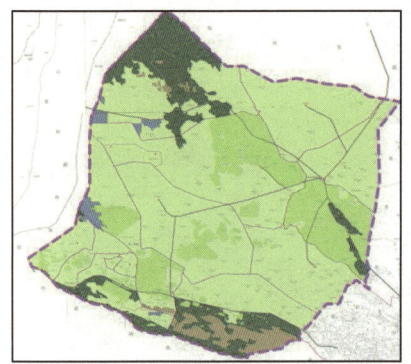

图 7-3 镇域土地利用现状图

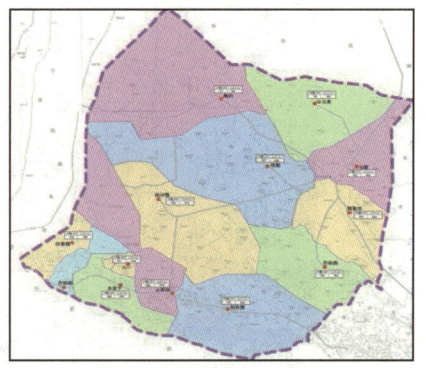

图 7-4 镇域村庄分布图

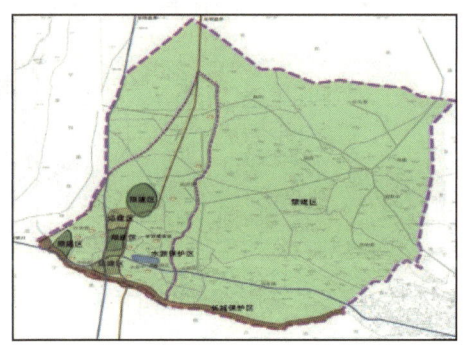

图 7-5 镇域空间管制规划图

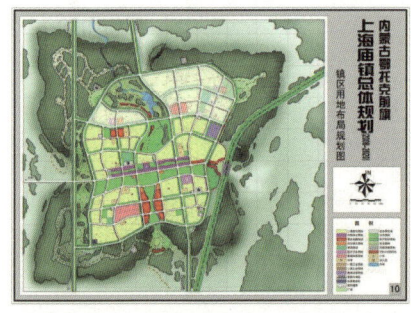

图 7-9 镇区用地布局规划图

图 7-10 镇区近期建设规划图

图 7-11 上海庙镇控制性详细规划

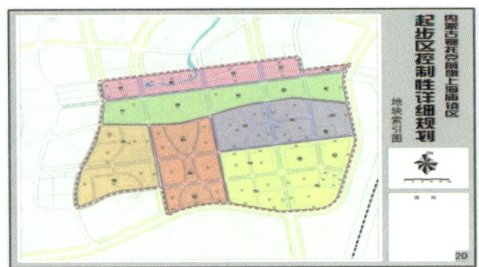

图 7-12 控制性详细规划分区图

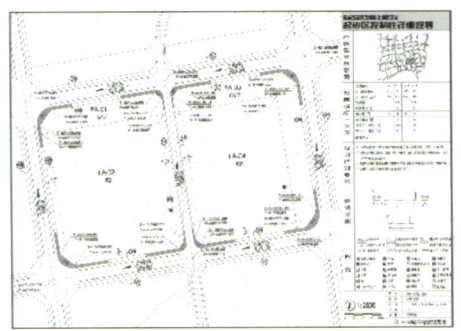

图 7-13 控制性详细规划分图图则

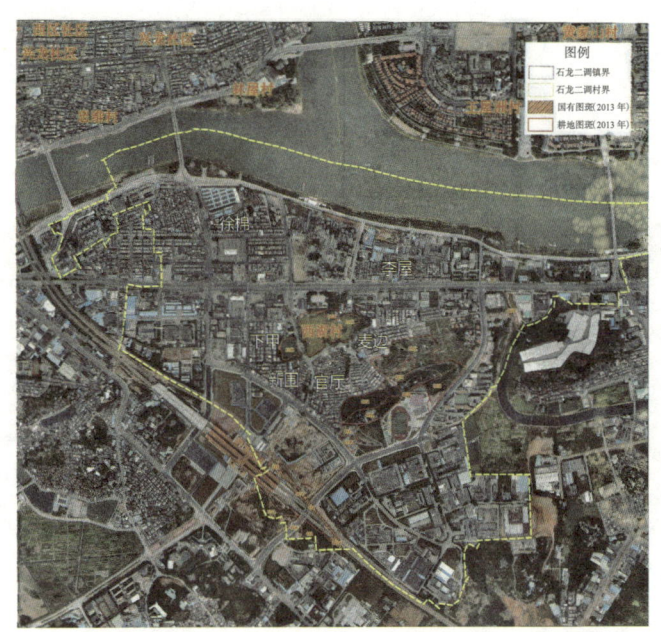

图 8-9 西湖村航拍图 1:600（2013）

资料来源：西湖村委会

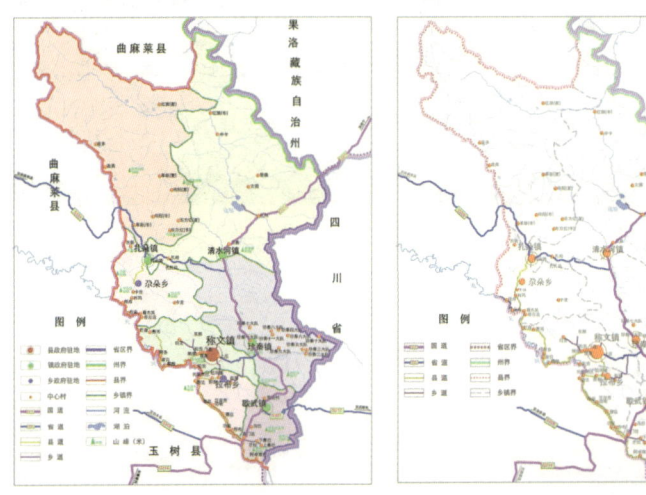

图 9-49 称多县村镇分布现状图　　图 9-50 称多县交通现状图

图 11-15　后兴隆地村村庄现状图

图 11-16　后兴隆地村村庄整治规划图